JN014722

憲法II
人権

[第2版]

新井 誠・曽我部真裕
佐々木くみ・横大道 聡

［著］

NBS
Nippyo
Basic Series

日評ベーシック・シリーズ

日本評論社

第2版　はしがき

　本書『憲法II　人権』の初版は、日本評論社ベーシック・シリーズ（NBS）の1冊として、『憲法I　総論・統治』の初版とともに2016年に刊行された。もともとこの2冊の出版は、法学部等で憲法を初めて学ぶ人たちにもわかりやすいものとなるよう期待を込めて企画された。実際に刊行されると、幸いにも、法科大学院への入学やそこでの学修、予備試験や司法試験合格を目指すうえでの基礎固めのためなど、幅広い層の方々にご愛読いただけたようである。

　その初版から早いもので5年の月日が経とうとしている。この間、憲法を取り巻く状況に加えて憲法に関わる法令や諸制度に変化が生じ、新たに注目すべき（裁）判例も出現している。各筆者も、初版には記載がなかったものの、読者の学修上の利便を考えるならば提示しておきたい論点などを改めて見出すに至った。そこで、初版の基本的なコンセプトをそのままに、新たな加筆や修正をした第2版をここに上梓した。

　本書での工夫は初版の「はしがき」で確認いただきたいが、第2版で新たに特筆すべき点として、巻末で「判例索引」を付加したことを挙げておきたい。これにより第2版が、初版以上に読者にとって使い勝手のよい基本書となることを、筆者一同、期待している。そして、憲法を基礎から学びたい人たちにとっての定番の書となるよう、引き続きご活用いただければ幸いである。

　本書初版の企画段階から編集をご担当いただいていたのは日本評論社の鎌谷将司氏であるが、本書第2版からは同社の柴田英輔氏に新たにその労を取っていただくこととなった。初版から支えてくださった鎌谷氏とともに、この第2版で的確な編集をしていただいた柴田氏に、感謝申し上げたい。

2021年2月

　　　　　　　　　　　新井　誠・曽我部真裕・佐々木くみ・横大道　聡

初版　はしがき

　本書『憲法Ⅱ　人権』は、日評ベーシック・シリーズ（NBS）での、憲法分野に関する2冊本のうち、人権分野を中心に扱ったものである。本書では、人権に関する思想的、歴史的背景から、憲法上保障された権利が実際にどのような意味をもち、また、その権利が一定の制約を受けるとして、どのような場合にそれが正当化できるのかといったことを広く学ぶ。

　人権論は、私たちの日常生活のなかで生じる様々な法的問題にとって重要な役割を果たしており、扱う諸現象も比較的興味をもちやすいものが多い。そこで憲法は、取りかかりやすい法学の入門科目として認識されることもあり、実際、そうした面もたしかにある。

　しかしその反面、実際に学びを進めていくと、憲法の学修に苦手意識をもってしまう人も多いように感じる。その理由としてはまず、他の実定法に比べ、条文の規定が抽象的で、要件や効果が必ずしも条文に明記されているわけではないことや、そのこともあって、憲法の解釈にあたっては、人権規定の——文字には起こされていない、暗黙の——歴史的、思想的意味なども考慮しなければならないことがあるだろう。

　また、人権の不当な制約がなされているか否かの判断方法をめぐって展開される司法審査論では、例えば、問題となる法令自体の憲法適合性を審査する場面と、法令自体を違憲としないとしても、法令の適用の場面において憲法上保障される権利・利益をふまえた法解釈を展開する場面とが存在し、そのどちらの次元で問題を解決すべきかといった、他の実定法学ではあまり求められていない作業をしなければならないことも、苦手意識を助長する一因となろう。特にこの分野では、ロースクール時代に入ってからその理論レベルが一段と向上してきており、錯綜する判例や学説を理解して自ら事案を分析できる手法を身につけるのはなかなか難しい。

　憲法研究者からすれば、そうした点のあくなき探究こそが、憲法学の面白さ

であると思うところである。しかし、本書を手に取る皆さんがすぐにそこにたどり着くことは難しいこともまた確かである。そこで本書では、初学者の皆さんにも、将来的にはそうした憲法学の面白さを感じ取ってほしいとの期待をもちつつ、なお、それまでに至る以前の段階で、わかりやすく、スムーズに学修していただけるよう、いくつかの工夫をこらしている。

　第一に、人権をめぐる重要な問題を網羅しつつ、読者が無理なく通読ができるよう、全体的にコンパクトかつ「わかりやすさ」を重視した記述を心掛けている点である。

　第二に、本書の本文では、最高裁の判例に加え、特に通説的地位を築いている学説を中心に記述を進めることで、読者が、少数説や込み入った理論対立などには立ち入らずに、まずはオーソドックスな憲法解釈の学修をできるようにしている点である。他方、各分野における最先端の議論や、やや発展的な学説の対立などは、必要に応じて「コラム」を設けて説明を加えることで、基礎と応用とのメリハリある学修ができるようになっている。

　第三に、本書では、現代的視点からの適切な解説を加えることを心掛けた点である。近年の憲法学の発展はめざましく、かつて通説的な地位を占めていた見解が揺らぎ、新たな理解が多くの研究者の支持を得るに至っている場合もしばしばある。本書は前述のようにオーソドックスな憲法解釈の解説を目指すものではあるが、新たな理解が十分定着したとみられる場合には、積極的にそれらを取り上げている。

　皆さんには、共著者一同のそうした努力と思いを感じていただきながら本書を読み進め、少しでも憲法の人権論に興味を抱いていただければ幸いである。本書を踏み台に、その先に広がっている深遠な憲法論の世界に入り込んでいってほしい。そして願わくば、本書の読者が将来、発展的、応用的な憲法論へと足を進めていったとき、ふと立ち返り、「憲法に興味をもてたきっかけを、日評ベーシック・シリーズが与えてくれた」などと思ってくれる存在に本書がなっていくことを祈っている。

　2016年2月

　　　　　　　　　　新井　誠・曽我部真裕・佐々木くみ・横大道　聡

憲法II　人権

略語一覧

I　主要法令名
＊日本国憲法の条文は、括弧内では条数のみで示した。

感染症法	感染症の予防及び感染症の患者に対する医療に関する法律
刑事収容施設法	刑事収容施設及び被収容者等の処遇に関する法律
刑訴法	刑事訴訟法
国民投票法	日本国憲法の改正手続に関する法律
国公法	国家公務員法
裁判員法	裁判員の参加する刑事裁判に関する法律
児童ポルノ禁止法	児童買春、児童ポルノに係る行為等の規制及び処罰並びに児童の保護等に関する法律
精神保健福祉法	精神保健及び精神障害者福祉に関する法律
地公法	地方公務員法
通信傍受法	犯罪捜査のための通信傍受に関する法律
入管法	出入国管理及び難民認定法
民訴法	民事訴訟法
明治憲法	大日本帝国憲法

II　判例集

民集	最高裁判所民事判例集
刑集	最高裁判所刑事判例集
集民	最高裁判所裁判集民事
行集	行政事件裁判例集
高民集	高等裁判所民事判例集
下刑集	下級裁判所刑事裁判例集
下民集	下級裁判所民事裁判例集
裁時	裁判所時報
訟月	訟務月報
判時	判例時報
判自	判例地方自治
判タ	判例タイムズ
裁判所 HP	裁判所ホームページ　裁判例情報

第1章

人権総論

　本章では人権に関する基礎理論について概説する。本章の内容は、人権観念の歴史的展開（Ⅰ）から、日本国憲法における人権の観念・類型や保障の方式（Ⅱ）、人権の限界に関する総論的な議論（Ⅲ）といったものであり、政治思想的あるいは哲学的な背景知識から、本書の中心的内容をなす個別の人権規定の解釈のために必要不可欠な前提知識の説明に至るまで幅広いため、読者は個々の項目で論じられている問題の次元に留意しつつ読み進めることが求められる。

Ⅰ　人権の観念

1　古典的な人権観念

(1)　人権観念の確立

　人権観念の発展は近代立憲主義のそれと不可分であり、その概略は憲法Ⅰ1章Ⅱで述べている。ここでは、改めてごく簡単に人権観念の歴史的展開を素描する。

　人権観念の萌芽は中世立憲主義に遡る（その象徴的存在がイギリスのマグナ・カルタ（1215年）であった）が、これはあくまで、身分的な権利の保障を求めるものであった。その後、17-18世紀には、J. ロックやJ. J. ルソーをはじめとする啓蒙思想家によって自然権に基づく人権思想が主張され、18世紀後半、ヴァージニア権利章典（1776年）やフランス人権宣言（1789年）をはじめとする18世紀

権利宣言において、「人は、自由かつ権利において平等なものとして出生し、かつ生存する」（フランス人権宣言1条）という表現に象徴される近代的な人権が宣言された。それ以前は、人一般の権利という観念は認められておらず、権利は身分に付着する特権として存在していたわけであるが、それが大きく転換した。なお、その際、「われわれは、自明の真理として、すべての人は平等に造られ、造物主によって一定の奪いがたい天賦の権利を付与され……」（アメリカ独立宣言）とあるように、自然権思想は、造物主すなわち（もちろんキリスト教の）神の観念と結びついていたことに留意が必要である。また、アメリカ独立革命やフランス革命といった近代市民革命は、一面では、このような人権観念を梃に現実を変革しようとしたものであると捉えることができよう。

(2) 人権思想の後退と社会権の出現

しかし、19世紀に入ると人権思想は後退した。多くの憲法に権利保障の規定がおかれたものの、それはもはや、自然権を確認したものではなく、憲法によって創設的に付与されたものと捉えられるようになった。これを法実証主義的権利観念と呼ぶが、例えば、上述のようにフランス人権宣言が自然権を宣言したのに対し、王政復古の後、欽定憲法として制定された1814年憲法は、「フランス人の公権」を定めていた。1889（明治22）年制定の明治憲法の権利保障に関する章の表題が「臣民権利義務」となっていたのは、こうした傾向を反映したものである。そこでは、憲法あるいは国家に先立つ人権という観念は失われている。他方で、この時代は（経済的）自由主義の時代であり、自由放任主義のもと、経済的自由が広く認められていた。

ところで、19世紀後半から20世紀にかけて、欧米諸国で資本主義が高度に発達してくると、持つ者と持たざる者との格差が拡大し、それを資本家と労働者・農民との階級分化と階級間闘争の角度から捉える社会主義思想も有力になった。こうした思想においては、それまでの人権概念は持たざる者にとっては無意味だと理解されることになる（1917年にはソヴィエト連邦が誕生した）。こうしたなか、自由主義の側においても、それまでの自由放任主義を修正し、社会権を保障することによって国家が個人の生活にも配慮するようになった。その代表例として有名なのが1919年のワイマール（ヴァイマル）憲法である。

(3) 人権思想の復権

　20世紀前半に人類は2つの世界大戦を経験した。これらは人類史上前例のない総力戦であり、膨大な人命が失われたほか、戦間期にはナチズムやファシズム、さらには日本の軍国主義を生み、考えられないような大規模かつ徹底した人権侵害が行われた。こうした事態に対する人権思想レベルでの反省として、第二次大戦後には人権思想の復権が見られた。例えば、1945年6月に署名された国連憲章の前文には、「われら連合国の人民は、われらの一生のうちに二度まで言語に絶する悲哀を人類に与えた戦争の惨害から将来の世代を救い、基本的人権と人間の尊厳及び価値と男女及び大小各国の同権とに関する信念をあらためて確認し……」とある。その翌年公布された日本国憲法は、こうした流れのなかにあるのである。

2　人権をめぐる現代的な議論

　今述べたように、第二次大戦後には人権思想の復権が見られた。とはいえ、キリスト教の神の観念と結びついた自然権思想は、合理主義的な考え方が広まり、価値観の多様化した現代においてはかつてのような説得力はもちえない。そこで、人権の新たな基礎づけについて、特に英米において政治哲学的な議論が展開されることとなった。

　日本にも特に大きな影響を与えた文献として、J. ロールズの『正義論』（1971年）、R. ドゥオーキン『権利論』（1977年）といったリベラリズムと呼ばれる潮流に属するものがある。リベラリズムは、個人の自律と一定の社会権保障を認めるものである。

　これに対して、自由の至上性を強調して「最小国家」の主張を行うリバタリアニズムという立場も、R. ノージック等により有力に唱えられた。また、フェミニズムや批判的人種理論、多文化主義といった立場からは人権観念の普遍性への批判がなされたし、共同体主義（コミュニタリアニズム）からは共同体から切り離された個人の自律を想定する点でリベラリズム批判がなされている。

3 国際的な人権保障

(1) 国際的な人権保障の発展

　第二次大戦後の新たな特徴として、人権思想の復権に加え、国際的な人権保障の発展がある。戦後まもなく、1948年に国連総会で採択された世界人権宣言は、法的な拘束力のない文書であったが、これをふまえて1966年（1976年発効、日本の批准は1979年）に同じく国連総会で採択された国際人権規約（社会権規約（日本ではＡ規約と呼ばれることがある）と自由権規約（Ｂ規約）とからなる）は、法的拘束力を有する。その他、国連の枠組みによる重要な人権条約としては、女子差別撤廃条約（1981年発効、日本は1985年に締結）、児童（子ども）の権利条約（1990年発効、日本は1994年批准）、人種差別撤廃条約（1969年発効、日本は1995年に加入）、障害者権利条約（2008年発効、日本は2007年に署名）等がある。

　条約ごとに詳細は異なるが、実効性確保の仕組みがある。国際人権規約の自由権規約の例をとると、個人資格で選ばれた専門家による規約人権委員会が設けられ、各国に条約の遵守状況の報告を求め、勧告を行ったり、条約解釈についての「一般的意見」を示している（法的拘束力はない）。また、個別事案についての国家通報制度や個人通報制度も設けられている（日本はいずれも受け入れていない）。こうした活動を通じて人権条約の解釈についてかなりの蓄積が生まれており、これが人権に関する国際的な基準を形成している点に注意すべきである。個人通報制度への加入は、こうした国際的な基準を日本に導入する契機となるし、間接的に違憲審査制度の活性化にもつながる可能性もあり、前向きな検討が求められる。

　なお、人権条約の実効性確保のための制度が高度に発達している例として、ヨーロッパ人権条約の例がある。これはヨーロッパおよびその周辺47カ国が加盟する地域条約であるが、それに基づいて設置されたヨーロッパ人権裁判所が条約違反の申立てを受けて判決を行い、それが加盟国を拘束するという仕組みが確立している。

(2) 人権条約と憲法との関係

　今日では国際人権法は国際法の一分野として重要な地位を占めており、詳し

くは国際法で学修することになる。ここでは、人権条約と国内法との関係について述べる。

　条約（国際法）と国内法との優劣関係について、一般論としては、条約は憲法よりも下位にあるが、法律よりは上位にあるとするのが通説であり、人権条約と憲法との関係についても同様に考えられる。また、98条2項の趣旨からして、条約は原則として特段の立法措置を要することなく国内法的な効力を有すると理解される。

　そのうえで、重要なのは、それを前提として、人権条約が訴訟においてどのように援用されうるかということである。上記のような理解を素直に受け取れば、ある人権を制約する法律について人権条約違反が主張された場合、裁判所は違憲審査と同様の方法で条約適合性の審査を行い、条約違反との結論に至った場合には当該法律規定の適用を排除する判断をすべきことになる（人権条約の「直接適用」と呼ばれる）。

　しかし実際には、裁判例はそこまでの強い効力を人権条約に認めておらず、直接適用は基本的には否定されている（例外として、大阪高判平成6・10・28判時1513号71頁など）。裁判例の多くは、人権条約の保障する人権とそれに対応する憲法上の人権とは同趣旨であるとしたうえで憲法判断のみを行うか、あるいは、人権条約を考慮する場合でも、それを国内法令の解釈指針として用いる形を採っている（「間接適用」と呼ばれる）。近年の著名な例として、「わが国の裁判所は、人種差別撤廃条約上、法律を同条約の定めに適合するように解釈する責務を負う」と明言したうえで、朝鮮学校に対する暴力的な抗議活動を同条約1条1項に言う人種差別に当たるとして、高額の損害賠償を認めた地裁判決がある（京都地判平成25・10・7判時2208号74頁〔京都朝鮮学校事件〕）。また、アイヌ民族は自由権規約27条にいう少数民族であり、文化享有権が保障されるとした二風谷事件判決（札幌地判平成9・3・27訟月44巻10号1798頁）も注目される。

　最高裁は従来、人権条約の適用のあり方について明確に述べてこなかったが、近年は変化の兆しが見られる。例えば、非嫡出子法定相続分格差違憲訴訟では、自由権規約や児童の権利条約の規定に加え、規約人権委員会や児童の権利委員会が日本政府に対して勧告や見解提示を行っていることを、違憲の理由の1つとして明示している（最大決平成25・9・4民集67巻6号1320頁）。

このような判断の背景には、人権に関する NGO が、国内の人権問題を積極的に人権条約に基づいて設置された委員会に提起し、勧告や見解を引き出して日本政府や裁判所に対して主張していることがある。日本の人権問題の解決に人権に関する国際的な基準を援用しようという戦略である。学説上も、98条2項の趣旨から、こうした基準の尊重が求められるとする見解がある。非嫡出子法定相続分格差違憲訴訟はこうした主張に最高裁が肯定的に応答した事例であるが、他方で、夫婦同氏制合憲判決（最大判平成27・12・16民集69巻8号2586頁）では、女子差別撤廃委員会から繰り返し是正が要請されてきたことに言及しなかった。今後、最高裁が人権保障の国際基準をどの程度考慮することになるのか、注目される。

　他方で、こうした展開を通じて人権条約の国内法的な効力が実質的に強化されていくとすれば、憲法と人権条約との緊張関係が顕在化しうることにも留意が必要である。例えば、人種差別撤廃条約は、「人種的優越又は憎悪に基づく思想のあらゆる流布」等の処罰を求めている（4条(a)）が、これは憲法による表現の自由の保障に明らかに反するとされている。これは極端な例であって、日本政府は同条(a)(b)に留保を付しているが、それ以外にも憲法と人権条約との緊張関係は生じうる。個別の人権内容の齟齬のほか、国際人権においては「第三世代の人権」として民族や人種に基づく集団に人権を認める潮流があることなどは、基本的な考え方の次元での緊張関係が生じる例である。

　憲法論においては、これらの点をふまえつつ、憲法と人権条約との関係について検討を深めることが求められる。

II　日本国憲法における人権保障

1　「基本的人権」の観念

　憲法97条は、「この憲法が日本国民に保障する基本的人権は、人類の多年にわたる自由獲得の努力の成果であって、これらの権利は、過去幾多の試錬に堪へ、現在及び将来の国民に対し、侵すことのできない永久の権利として信託されたものである」とし、また11条後段は「この憲法が国民に保障する基本的人

権は、侵すことのできない永久の権利として、現在及び将来の国民に与へられる」という。これらからすると、憲法の保障する人権（文言上は「基本的人権」であるが、「人権」と言い換えて差し支えないことについてはコラム参照）は、前節で略述したような欧米における人権思想のうえに立ったものであることが分かる。

そこで、人権には、①固有性、②不可侵性、③普遍性という3つの主な性格が認められる。①固有性とは、人権が人間であることによって当然に有する権利であることである。前述のように、近代人権思想において固有性は自然権思想によって基礎づけられたのであり、日本国憲法も、「与へられる」（11条後段）、「信託されたものである」（97条）といった文言からは、こうした思想の影響が見られる。

13条前段の「すべて国民は、個人として尊重される」という規定は、日本国憲法は国や家といった共同体ではなく、個人に最高の価値を認めるという個人主義原理を採用したことを示し、さらに、人間が社会を構成する自律的な個人として自由と生存を確保し、その尊厳性を維持するため、それに必要な一定の権利が当然に人間に固有のものとして認められるという考え方を採用したことを示すものである（→憲法Ⅱ3章Ⅰ）。そこから、日本国憲法はリベラリズムの立場を採用したものと解釈されている。

次に、②不可侵性とは、人権が、原則として、公権力によって侵されないということである。もっとも、人権が不可侵であることは、無制約であることを意味するわけではない（→本章Ⅲ）。③普遍性とは、人権は、人間であることに基づいて当然に享有する権利であることから、人種、性、身分などの区別に関係なく認められるということである。普遍性に対しては、実際には女性や黒人などが人権保障から排除されてきたことを理由にその欺瞞性が指摘されたり、あるいは、人権観念は欧米的な思想によるものであって他の地域（例えばアジア）には妥当しないといった批判がなされてきたが、これらに対し、日本国憲法は普遍的な人権観念を維持するものといえる。

人権、基本的人権、基本権、憲法上の権利
憲法の条文には「人権」という文言そのものはなく、「基本的人権」（11条・

97条）という文言が用いられている。また、学説上は「基本権」（あるいは「憲法上の権利」）といった用語が用いられているが、これらの相互関係はどのようなものだろうか。

　結論としては、「人権」「基本的人権」「基本権」とは、本書で扱うような憲法解釈の文脈では同一のものを指すと理解してよく、したがって、本書でも互換的に用いている。

　そのうえで若干補足すると、「人権」という語は、18世紀自然権思想以来の用語であって、実定法によって保障される以前の政治思想レベルの権利をも含み、また、自然権思想を前提とする場合には、国家を前提とする権利（社会権や参政権など）は含まないというニュアンスがある。「基本的人権」は、ポツダム宣言第10項（「基本的人権の尊重は確立せらるべし」）に由来するものであるが、憲法の文言としては、社会権や参政権等も含め、憲法で保障されている権利をすべて含むものと理解される。

　これに対して、「基本権」は、ドイツ憲法に由来する用語であり、憲法によって法的に保障されている権利を指し、上記の意味での人権との区別を明確にする趣旨がある。もっとも、基本権の多くは上記の意味での人権を背景として憲法によって保障されるに至ったものであり、また、憲法解釈の文脈で人権といえば、憲法上保障されているものを指すのが通常であるため、人権と基本権とは互換的に用いてもよい。

2　人権の類型

(1)　国家と国民との関係に由来する類型論

　憲法の保障する人権は、様々な観点から分類が行われる。具体的な分類の仕方は設定される観点によって様々であり、唯一の正解は存在しない。そのうえで、日本の憲法学においてもっともよく言及されてきたのは、19世紀ドイツの公法学者 G. イェリネックによる国民の地位の類型論に示唆を受けた、自由権、社会権、受益権・国務請求権、参政権という4分類である。

　この類型論に対しては、包括的権利（13条）や平等権（14条）が位置づけられていないといった批判があり、今日では修正を受けている。修正のあり方に

ついては論者により様々であるが、例えば、①包括的基本権、②法の下の平等、③自由権、④受益権（国務請求権）、⑤参政権、⑥社会権と分類するもの（芦部信喜）や、①消極的権利（自由権）、②積極的権利（国務請求権と社会権）、③能動的権利（参政権）、④包括的権利（13条・14条）と分類するもの（佐藤幸治）などがある。

　この種の類型論の意義としては、本書のような教科書の構成を適切に行うという点もさることながら、より重要なのは、個々の人権の本来の性格を明確にして、その保障の確実を期する点にある。すなわち、実際には、個々の人権は複合的な性格を有することもある。例えば、表現の自由は自由権であるが、政府の情報公開を求める文脈では請求権的な側面も有し、複合的な性格をもつ。しかし、表現の自由の本来の性格は自由権であることを明確にすることによって、公権力の過度の介入を抑止しようとしているのである。

(2)　権利の具体性に基づく類型論

　本書の内容を理解するにあたって重要な類型論をもう1つ紹介する。それは、具体的権利、抽象的権利、プログラム規定という区別であって、人権の裁判的保障のあり方との関係で意義を有する。

　具体的権利は訴訟において直接に援用できる人権であり、自由権は基本的には具体的権利としての性格を有する。抽象的権利は、それ自体としては訴訟で直接に援用することができず、法律による具体化を要するものであり、生存権をはじめとする請求権的な人権は基本的にはこれに属する。そして、法律によって具体化された場合には、その解釈指針として機能する。

　他方、プログラム規定とは、条文の文言上は権利を保障しているように見えても、解釈上は権利を付与するものではなく、単に国家に対する政治的・道義的な目標を示すにとどまる規定のことである。日本国憲法上は、生存権（25条1項）の解釈学説の1つとしてプログラム規定説が唱えられたことが著名である（→憲法Ⅱ13章Ⅱ）。もっとも、憲法が文言上、権利としているものをプログラム規定だと解釈することには批判が強い。

　抽象的権利説とプログラム規定説との違いはやや分かりにくいが、抽象的権利説は、当該権利の法律による具体化は国家の法的な義務であること、法律が

制定された際にはその解釈指針として機能すること、等が異なる。

3　人権の保障方式

(1)　総　説

　人権保障のために憲法が定める方式として古典的なものは、「法律の留保」である。これは、人権を制約する場合には議会の制定する法律によらなければならないという原則である。これは、行政権による人権侵害の危険性を念頭に、それを国民の代表である議会がコントロールするという考え方である。これは19世紀のヨーロッパ各国の憲法では標準的なものであり、明治憲法も「臣民の権利」を「法律の範囲内において」保障していた。

　しかし、明治憲法における法律の留保原則については、権利保障のための意義よりもむしろ、法律によりさえすれば個人の権利をどのように制約してもよいとするものだと批判的に言及されることが多い。これは、特に戦前昭和期、治安維持法をはじめ、自由を過度に侵害するような法律が制定されたという事実の反映である。このような法律による人権侵害は、戦前のドイツやイタリア等にも見られ、法律の留保による人権保障の限界が明らかとなった。こうした反省を踏まえ、第二次大戦後は、裁判所による法律の違憲審査が各国で一般化し、日本国憲法もこうした流れに属するものである。

　なお、これらに加え、近年、非裁判的な人権保障の方式も各国に広がっていることにも注意が必要である。具体的には、主として行政に対する苦情（人権侵害を含む）の申立てを受けて調停・あっせん等を行うオンブズマンや、公権力あるいは私人による人権侵害の救済等を行う独立機関としての国内人権機関といったものである。これらについて憲法で規定する例も出てきているが、日本では憲法上の規定がないことはもちろん、法律によるこれらの機関の設置もなされていない。

　本書も含め、憲法の人権論は、人権制約に対する裁判所の違憲審査のあり方を中心に展開される。他方で、法律の留保原則の意義は今日でも軽視されてはならない。また、関連して、人権のなかにはそれを具体化する法律が制定されて初めて意味のある保障が可能となるものがある。すなわち、人権と法律、違憲審査との関係は単純ではなく、自由権の場合と制度を前提とする人権の場合

とでは違憲審査の枠組みが異なる。以下ではこれについて簡単に説明する。

(2) 自由権の場合

人権のうちでも自由権は、公権力による制約の排除を要請するものである（「防御権」と呼ばれることもある）。すなわち、原則は自由であり、公権力による介入（制約）は例外であって憲法上の正当化を必要とする。

自由権の制約の違憲審査の枠組みは、このような構造をふまえて理解する必要がある。まず、①問題となっている行為等がどの人権に含まれるのかの判断が必要である。この判断には、憲法の人権条項で保障される各人権の範囲をどのように理解すべきかという点も含まれる（「保護領域」の画定問題）。例えば、わいせつ表現は表現の自由に含まれるか否か、といった問題である。

次に②そのような保護領域に対する公権力による制約があるかどうかという問題である。防犯カメラによる監視は、何か法的な義務づけを行うものではなく、事実行為にすぎないが、プライバシーに対する制約といえるかどうか、といった問題である。

③制約が認められるとすれば、憲法上の正当化が必要である。これには2種類のものがあり、まず、法律の留保原則からは、公権力による制約は法律によって定められる必要がある（形式的正当化）。次に、制約の内容そのものが憲法上許容されるものでなければならない（実質的正当化）。これらそれぞれの内容については、③に関する一般論が本章**Ⅲ**で概説されるほか、さらに具体的な内容については本書全体で論じられる。

このように、①保護領域、②制約、③正当化という3段階からなる違憲審査の判断枠組みは、「三段階審査」と呼ばれ、ドイツの憲法判例・学説に由来するものである。

なお、平等権についても、同一取扱いが原則であり、区別を設けることが例外であるから、同様の判断枠組みが用いられうる。ただ、実際には①と②とが一体的に捉えられ、①別異取扱い、②正当化という2段階で判断すべきとされる。

⑶ 制度形成を要する人権の場合

　生存権（25条）をはじめとする社会権や選挙権（15条）、さらには財産権（29条）などの人権は、⑵で見た自由権（防御権）とは異なり、公権力による介入がないことが原則とはいえない。これらの人権を実現するには、社会保障制度や選挙制度、私法制度などの制度が法律によって定められなければならない（したがって、先に抽象的権利として説明したものと基本的には重なる）。そして、制度形成のあり方が憲法上一義的に定まっているわけではないことが通常であるから、国会には立法裁量が認められることになる。

　以上のことから、制度形成を要する人権については、関係立法の違憲審査の枠組みとして三段階審査を用いることはできないことになる。そこでは、立法裁量をどのように統制するかということが課題となるが、三段階審査のような明確な判断枠組みは形成されていないのが実情である。これについても、具体的には個別の人権に関する箇所で検討する。

制度的保障

　本文⑶で述べたのは、人権のなかには法律による制度形成を必要とするものがあるということであったが、人権と制度との関係については、「制度的保障」論と呼ばれる議論がある。それによれば、人権規定は、個人の権利・自由を直接保障する規定だけでなく、権利・自由の保障と密接に結び合って一定の制度を保障すると解される規定を含んでおり、こうした制度に対して、立法によってもその核心ないし本質的内容を侵害することができないという保障を行っている場合、それを制度的保障というとされる。日本国憲法での具体例としては、政教分離、大学の自治、私有財産制といったものが挙げられてきた（政教分離については最高裁も制度的保障であると明言する（最大判昭和52・7・13民集31巻4号533頁〔津地鎮祭事件〕））。

　こうした議論は、ドイツに由来するものであるとされ、戦後の日本で通説化したのであるが、その後の研究によって元となるドイツの議論は上記のようなものとはかなり異なるものであることが明らかとなった。本来の制度的保障論は、憲法に先立って存在する制度体を憲法上保障するというものであり、日本国憲法でいえば、天皇制がその典型例となるようなものである。こうして、従来の意味での制度的保障論は動揺しつつある。

なお、日本国憲法上、一定の制度を明確に忌避している規定がある（貴族制度の禁止（14条2項）、国教制度の禁止（20条1項後段・3項、89条）など）。

　これらの規定は公権力を拘束するものではあるが、人権ではなく客観法と呼ばれるものであるから、違反に対して個人が直接出訴することはできない（ただし、法律により客観訴訟が制度化されている場合は別である（→憲法 I 12章））。

Ⅲ　人権の限界

1　総　説

　人権は不可侵のものであるが（11条・97条）、人が社会のなかで共同生活を送る以上、無制約のものではありえず、法律によって人権を制約しても憲法上許される場合がある。問題は、このことを憲法解釈上どのように捉えるべきか、そして、過度の人権侵害がないように公権力を枠づける解釈をどのように構築するか、といった点にある。

　この点について、まずは「公共の福祉」（12条・13条・22条1項・29条2項）の解釈が問題となる。しかし、公共の福祉の解釈によっては具体的な人権制約の限界を画することは困難であることから、学説上、違憲審査基準論が展開されてきた。

　ところで、憲法解釈を離れると、人権の限界に関する基本的な考え方として重要なのは、19世紀イギリスの政治思想家 J. S. ミルの主張した「他者加害原理（harm principle）」である。それによれば、個人の自由を正当に制約しうる唯一の目的は、他人に対する危害の防止であり、本人自身にとって有益であるという理由で制約すること（「パターナリスティックな制約」という（→本節3））は認められない。このことは、日本国憲法における公共の福祉の解釈にあたっても念頭におく必要がある。

2 公共の福祉

　ここで論じられるのは、まず、公共の福祉を人権制約の一般的な原理と理解してよいかということである。というのは、次に述べるように公共の福祉は、その内容を明確化する努力がなされてはいるものの、なお十分に明確な概念とはいいきれないため、公共の福祉を人権の外にあってそれを制約する一般的な原理と捉えると（一元的外在的制約説）、過剰な人権侵害がなされるおそれがあったからである。実際、最高裁は憲法施行後も20年以上、いわゆる「抽象的な公共の福祉論」によって実質的な理由を十分に示すことなく、様々な人権の制約を合憲とし続けていた（例として、最大判昭和24・5・18刑集3巻6号839頁）。

　初期の有力な学説のなかには、こうした懸念を重視して、公共の福祉によって制約が可能なのは、個別の人権規定に公共の福祉による制約が明文化されている職業選択の自由（22条1項）および財産権（29条）に限られ、他の人権については公共の福祉による制約には服さない（ただし、内在的な制約には服する）という見解が主張された（内在・外在二元的制約説）。この見解は、12条および13条の公共の福祉は訓示規定であるとする。

　この見解については、13条を訓示規定としてしまうと、同条を「新しい人権」の根拠規定と解釈することができなくなる点に致命的な難点があるとされる（もっとも、この見解が提唱された当時は、13条にこのような位置づけはされていなかった）。

　これに対して、その後有力となったのは、一元的内在的制約説である。この説は、「公共の福祉」は一般的な人権制約原理となるとしたうえで、その内容をもう一段具体化しようとする。すなわち、①公共の福祉とは、人権相互の矛盾・衝突を調整するための実質的公平の原理である。②この意味での公共の福祉は、すべての人権に論理必然的に内在している。しかし、その意味合いは一様ではなく、③この原理は、自由権を各人に公平に保障するための制約を根拠づける場合には、必要最小限度の規制のみを認め（「自由国家的公共の福祉」と呼ばれる）、社会権を実質的に保障するために自由権の規制を根拠づける場合には、必要な限度の規制を認める（「社会国家的公共の福祉」）として働くという。

　この一元的内在的制約説は、それ自体としては今日の学説においても正面か

ら否定されているわけではないが、一般論としてはこの説をとりつつも、むしろ議論はこの先の問題に展開している。すなわち、この説をとったとしても、公共の福祉の内容はなお抽象的であり、こうした抽象的な原理によって直接的に人権の制約を認めるわけにはいかない。

そこで、1960年代後半以降、個別の事件において人権制約の合憲性を判断するための基準を議論する違憲審査基準論（→本節4）がアメリカから導入され、今日では公共の福祉論自体の重要性は相対的に小さくなっている。

なお、一元的内在的制約説自体は今日でも正面から否定されているわけではないと述べたが、とりわけ、「公共の福祉とは、人権相互の矛盾・衝突を調整するための実質的公平の原理である」という点については、留保を付しておかなければならない。例えば、選挙の公正を確保する目的で選挙運動を規制することや、街の美観を維持するために屋外広告やビラ貼りを規制することは、人権相互の矛盾・衝突の調整のための表現の自由の規制とはいいがたいが、一定の範囲で憲法上認められうる。

3　パターナリスティックな制約の許容性と位置づけ

未成年者には飲酒や喫煙が禁止されている（未成年者飲酒禁止法、未成年者喫煙禁止法（ただし、いずれの場合も未成年者に対する罰則はない））が、それは、飲酒や喫煙が未成年者自身の健康にとって特に有害であるからである。このように、本人自身の利益になるからという理由でその人権に制約を加えることをパターナリスティックな制約という。

自律とは、何が自身の利益になるかを自ら判断することであり、そして、個人の自律が憲法の人権保障の核心に属することは既に述べたとおりである（→本章Ⅱ1）。パターナリスティックな制約はまさに個人の自律に対立するものであるから、原則として許されない（→本節1）。

もっとも、判断能力が未熟な未成年者や、判断能力の衰えた高齢者等についてはその限りではなく、パターナリスティックな制約も認められる（未成年者につき→憲法Ⅱ2章Ⅰ3）。もっとも、この場合においても、保護と自律との調整に留意することが求められる。

ところで、このパターナリスティックな制約は、公共の福祉に含まれるのだ

ろうか。この点については必ずしも明確ではないが、公共の福祉に含まれるとしても、先に触れた内容とは別の類型のものということになる。

4 違憲審査基準論

(1) 総　説

　公共の福祉論からは抽象的な原則が示されるだけであるから、個々の事件において当該制約が合憲か否かを判断する際には有用とはいえない。そこで、1960年代後半以降、学説においては、アメリカの憲法判例や学説を参照して違憲審査基準論が展開され、判例にも一定の影響を与えている。

　他の人権との矛盾・衝突を調整するために人権を制約する場合を考えてみよう。その場合、制約が合憲か否かを判断するのは、結局のところ、具体的な文脈をもふまえた人権相互の比較衡量によることになる。この比較衡量の方法としては大別して、個別的な（「アド・ホックな」といわれることもある）比較衡量と、ルールに基づく比較衡量とがある。

　最高裁は、個別的な比較衡量を原則としているとみられる。しかし、個々の事案ごとにこうした衡量を行うのでは、主観性が排除できないし、全体としての一貫性も確保できない。そこで、学説は一般に、衡量の方法をルール化することが必要であるとして、違憲審査基準の採用を主張する。

　そして、違憲審査基準論では、どのような場合にどのような基準を用いるかが議論される。その具体的な内容については、後に個別の人権について検討する際に順次示されることとなるので、ここではごく一般的な点についていくつか述べておきたい。

　なお、違憲審査基準論はアメリカに由来するものであり、前述したドイツ由来の三段階審査とは出自が異なるが、あえて三段階審査のなかに位置づけるとすれば、③正当化のうちの主に実質的正当化に関わるものである。

(2) 代表的な違憲審査基準

　違憲審査基準には様々なものがある（特に表現の自由との関係で様々なものが登場する→憲法Ⅱ7章ⅡⅢⅣ）が、ここでは汎用性が高いという意味で代表的なものを3つ紹介する。いずれも、人権制約の目的、および目的と手段との関連性

の両面から審査を行うものである（「目的・手段審査」と呼ばれる）。

　まず、厳格審査基準と呼ばれるものは、立法目的が必要不可欠なものであり、手段がそのために不可欠なものでなければならないとする。そして、その際には合憲性の推定が排除され、立法が合憲だと主張する側（主に公権力）が積極的にその合憲性を論証しなければならない。

　他方、緩やかな基準として、合理性の基準（明白性の原則ともいわれる）があり、これは、立法目的が正当（積極的な正当性は必要なく、不当でないという程度の意味）であり、手段が目的と合理的に関連していればよい。また、合憲性が推定されるため、違憲を主張する側が積極的に論証することが求められる。

　両者の中間に、厳格な合理性の基準（中間審査基準）がある。これは、立法目的が重要であり、目的と手段との間に実質的な関連性がなければならないとするものである。手段が目的の実現のために役に立たないものであったり（「適合性」が欠ける場合）、役に立つとしてもより緩やかな規制手段が実際に存在しうるような場合（「必要性」が欠ける場合）には実質的関連性が否定される。

　以上からも分かるように、違憲審査基準には、基準そのもののほか、論証責任の問題も含まれることに注意する必要がある（これは、法的な主張に関する責任であり、事実の立証責任を問題にする民訴法・刑訴法における主張責任・証明責任とは異なる概念である）。

(3)　二重の基準論

　(2)で述べたものをはじめとする違憲審査基準の使い分けに関する一般論として重要なのが、二重の基準論である。二重の基準論とは、表現の自由をはじめとする精神的自由と経済的自由との区別を前提に、前者に対する制約は後者に対するそれよりも厳格な基準で判断すべきというものである。

　その根拠として様々な主張があるが、主なものを紹介すると、まず、精神的自由（といっても表現の自由が主に念頭におかれている）は、個人の自律（この文脈では「自己実現」ともいわれる）にとって不可欠であるとともに、立憲民主政の維持運用（「自己統治」）にとってなくてはならないものであるのに対し、経済的自由には自己実現の要素は強くなく、また、自己統治の価値を欠くということがある。もっとも、経済的自由においては自己実現の要素は強くないとする

ことには異論がありえよう。

　関連して、経済的自由の規制が仮に過度に規制されてしまったとしても、民主政のプロセスによって是正が可能であるのに対し、精神的自由が規制されてしまえば民主政のプロセス自体が破壊されてしまうため、裁判所は厳格に審査すべきであるとされる。

　また、別な角度からの根拠づけとしては、政治部門（内閣・国会）と裁判所との地位の違いに着目した議論（「機能論」と呼ばれる）がある。すなわち、経済的自由に対する制約立法には様々なものがあり、とりわけ、社会的弱者の保護や経済全体の調和のある発展を目的とする立法などについては、経済全般にわたる情報と専門的・政策的な判断とが必要になる。他方で、裁判所は原則として当事者が法廷に提出した証拠のみに基づいて事実認定を行うのであり、また、法的判断においても専門性が十分ではない場合がありうる。したがって、経済的自由の制約の合憲性については、裁判所の審査能力には限界があり、むしろ政治部門がよりよい判断をなしうる地位にあるため、裁判所は政治部門の判断を尊重すべき（つまり、緩やかな基準を用いるべき）とされる。これに対して、精神的自由の制約立法については裁判所の審査能力の限界の問題はあまりないとされる。

　以上のような議論は表現の自由の保障根拠（→憲法Ⅱ7章）や経済的自由の保障の意義（→憲法Ⅱ10章Ⅱ1）に関する議論とパラレルであるので、ここで触れられなかった点も含めて、該当箇所を参照してほしい。

　ところで、判例は二重の基準論に対してどのような立場をとっているのだろうか。この点については、判例は一般論としてはそれを否定していないが、具体的な判断に十分反映されているとはいい難い。

　若干の例を見てみると、小売市場事件（最大判昭和47・11・22刑集26巻9号586頁）は、個人の経済活動の自由に関する限り、精神的自由等に関する場合と異なって、一定の合理的規制措置を講ずることは、もともと憲法が予定し、かつ許容するところであるとし、むしろ、経済的自由に対する制約が広く認められる趣旨で二重の基準論的な発想を用いている。他方、泉佐野市民会館事件（最判平成7・3・7民集49巻3号687頁）は、集会の自由の制約は、精神的自由の制約であるから、経済的自由の制約における以上の厳格な基準によって判断すべ

きだとし、実際にも相対的にかなり厳格な基準で判断を行っており、学説からは評価されている。もっとも、常にこのような判断がなされてきているわけではない。

国民の義務

　日本国憲法には国民の義務を定める規定もある。まず、憲法12条は「この憲法が国民に保障する自由及び権利は、国民の不断の努力によって、これを保持しなければならない。又、国民は、これを濫用してはならないのであって、常に公共の福祉のためにこれを利用する責任を負ふ」として、一般的な義務を定めている。この規定は、97条とともに、公権力による圧政に対する抵抗権の根拠として援用されることもあるが、一般的には、特段の法的な効果はなく、訓示的な規定であると理解されている。

　他方、憲法にはより個別的な義務を定める規定もある。立憲主義憲法の重要な目的は個人の権利・自由の保障にあるが、国民は公権力に服する地位にあるから、憲法自体が政策的に国民の義務を定めることも不当とはいえない。個別的な義務として規定があるのは、①子女に普通教育を受けさせる義務（26条2項）（→憲法Ⅱ13章Ⅲ）、②勤労の義務（27条1項）（→憲法Ⅱ14章Ⅰ）、③納税の義務（30条）である。

　ここでは、②について一言述べておく。勤労の義務といっても戦時に見られるような徴用が当然に許されるという趣旨ではないのはもちろんであり、基本的には法的義務の色彩は薄い。ただし、勤労の義務を根拠として、勤労能力を有しながらも勤労の意思のない者に対しては社会保障給付を行わないことが認められている（生活保護法4条1項など参照）。

第2章

人権の保障の射程

　人権が保障されるのは誰だろうか。人権は公権力によって侵されないとされるが（→憲法Ⅱ1章Ⅱ1）、それは、公務員のように公権力と法律上特別な関係にある者にも言えるのだろうか。また、人権を侵害してはいけないのは公権力だけで、私人による侵害に対しては人権は無力なのだろうか。第一の問いは「人権の主体」の問題として、第二の問いは「特別の関係における人権の保障」の問題として、最後の問いは「私人間効力」の問題として、それぞれ論じられている。本章では、これらの問いについて検討していく。

Ⅰ　人権の主体

　人権が「人がただ人であるということだけに基づいて認められる権利」であるとすれば、人権はすべての人に保障されるはずである。しかし、日本国憲法が基本的人権の保障について定める第3章のタイトルは「国民の権利及び義務」であり、一見すると日本国憲法は日本国民にしか人権を保障していないように読める。日本に日本国民しかいないのであれば人権保障を国民に限定しても問題はなさそうであるが、日本には現在280万人を超える外国人が在留している。他方で、日本国憲法が保障する権利は、自然人である「人」以外にも保障されている。例えば、表現の自由が保障される「マス・メディア」は、本来「人」とはいえないはずである。このような現状を踏まえると、日本国憲法が人権を保障する「国民」とは誰なのか考えなければならなくなる。

　人権の享有主体について考える際には、「憲法上の権利（基本権）」と「自然

権としての人権」とは異なるものである、ということを意識しておく必要がある。人がただ人であるということだけで人権を享有しているといっても、実社会で現実に自然権としての人権が保障されるには、保障のための制度が必要となる。日本国憲法が保障する人権は、そのような意味で、「実定法上の権利」なのであって、憲法上の権利としての人権は、自然権としての人権とは区別して論じる必要がある（→憲法Ⅱ1章Ⅱ1）。このことを踏まえたうえで、日本国憲法が保障する憲法上の権利が保障されるのは誰なのか考えていこう。

1　外国人の人権

(1)　国民と外国人

　日本国憲法第3章の「国民の権利及び義務」の「国民」の中に、自然人たる日本国民が含まれることには争いがない。日本国民であれば、憲法上の権利が保障される。ここでの国民とは、特定の国家の構成員として認められる法的資格である「国籍」を有し、その国の法に支配される人をさし、国籍法が、どのような者が日本という国の構成員と認められるかについて定めている。国籍法が認める日本国籍の取得は、出生時と出生後の2つに大別される。出生時の国籍取得について、国籍法は原則として父母両系血統主義をとっている（国籍法2条）。また、出生後の国籍取得としては、子の出生の時点で日本国民である父又は母による出生後の認知（同法3条）と、帰化（同法4条）とがある。こうして、国籍法の定めにしたがって日本国籍を取得した日本国民には、憲法上の権利が保障されることになる。

　これに対し、国籍法4条によれば、日本国民でない者が「外国人」とされる（なお、日本国籍とともに他国の国籍も有する重国籍者もいる。国籍法には、重国籍の防止を目的とした国籍選択制度や国籍留保制度などが定められているが、世界的には、重国籍を容認する傾向がみられる）。それでは、日本国籍をもたず、日本国民ではない外国人には、憲法上の権利は一切保障されないのだろうか。憲法上の権利は自然権としての人権を現実に保障するための仕組みであり、さらに、日本国憲法は前文で国際協調主義の立場に立つことを明らかにしていることなどから、外国人にも憲法上の権利が保障されると考えるべきであろう。判例も、マクリーン事件（最大判昭和53・10・4民集32巻7号1223頁）で、憲法上の権利の保障が

外国人にも及ぶことを明確にしている。

　ただし、すべての憲法上の権利が保障されるわけではない。外国人に保障される権利を見極める方法については、憲法の文言に着目する文言説と権利の性質に着目する性質説とがある。文言説によると、憲法の条文で「何人」にも保障されるとされている権利は外国人にも保障されるが、「国民」に保障が限定されている権利は外国人には保障されない。しかし、憲法22条2項が外国人には保障されない国籍離脱の自由を「何人」にも保障しているように、日本国憲法は「国民」「何人」という文言を厳密に使い分けているとは思われない。そこで、憲法上の権利の性質に応じて外国人に保障される権利を決定する性質説が通説となり、判例もマクリーン事件で権利性質説に立つことを明らかにしている。

　なお、一口に外国人といっても、日本には永住者もいれば難民や旅行者もおり、どのような目的で日本に滞在しているのかによっても、保障される権利の内容は変わってくる。

(2)　外国人には保障されないとされてきた権利

　権利の性質から外国人には保障されないと考えられてきた代表的な権利が、「入国の自由」「社会権」「参政権」である。

(a)　入国の自由・在留の自由・出国の自由

　憲法上の権利が保障される外国人とは、既に日本に入国している外国人をさしており、入国する自由は外国人には保障されていない。というのも、日本への入国の自由が保障されるかどうかは憲法上の問題ではなく国際慣習法上の問題とされており、国際慣習法では、一般に外国人の入国を認めるかどうかはその国の裁量によって決められると解されているからである。

　日本に入国した後に日本に留まる在留の自由も、滞在は入国の延長として捉えられ、外国人には保障されないと考えられている。したがって、在留が認められるか否かも、国の裁量に委ねられることになる。英語講師として日本に滞在していた外国人の在留期間延長が認められなかったことの違法性が争われた先述のマクリーン事件でも、「憲法上、外国人は、わが国に入国する自由を保障されているものでないことはもちろん、……在留の権利ないし引き続き在留

することを要求しうる権利を保障されているものでもない」と判断された。

　これに対して、日本から出国する自由については、権利の性質上外国人に及ばないとする理由はないと判例は述べる（最大判昭和32・12・25刑集11巻14号3377頁）。しかし、判例が保障する出国の自由は、日本を出国した後に再入国する自由をも憲法上の権利として認めるものではない。通常、出国の自由を認めるのであれば、世界人権宣言13条2項が規定するように、再入国の自由とセットでなければ意味がないが、判例は、森川キャサリーン事件（最判平成4・11・16集民166号575頁）で、日本に滞在する外国人に「外国へ一時旅行する自由」が憲法上保障されていないことは明らかであるとした。

　出国の自由や再入国の自由が認められないことで特に影響を受けるのが永住者である。森川キャサリーン事件で再入国不許可について争ったのも、日本人の夫と婚姻し日本で暮らす永住者であった。永住者にとって、再入国の自由が認められないということは、出国の自由も認められていないことを意味する。外国人一般には再入国の自由が保障されないとしても、永住者のように日本国民と同様に生活を営む外国人については、再入国の可否を決める国の裁量は限定的であるべきであろう。なお、2012年に在留管理制度が改められ、出国後1年以内に再入国する永住者などには原則として再入国を認める「みなし再入国許可制度」が現在は導入されている。

(b)　社会権

　憲法25条が保障する社会権については、国籍を有しているそれぞれの国で保障されるべきであるという考えがかつては一般的であり、外国人に社会権は認められなかった。そもそも社会権は日本国民に対して保障される場合でも、それを具体化する法律が必要であるとされ、どのように社会権を保障していくかについては立法府に広い裁量があるとされてきた（→憲法II第13章II）。このような社会権の性質を前提とすると、外国人に社会権が憲法上保障されていると考えることは容易ではない。

　判例も、国民年金法の国籍条項について、社会法上の施策における外国人の処遇については立法府に裁量があるとして合理性を認めた（最判平成元・3・2判時1363号68頁〔塩見訴訟〕）。同様に、戦後補償の国籍条項についても広い立法裁量が認められ、旧日本軍の軍人軍属であった台湾住民と在日韓国人につい

て、戦傷病者戦没者遺族等援護法等による補償が及ばないことも合理的であると判断された（最判平成4・4・28判時1422号91頁、最判平成13・4・5判時1751号68頁）。

　しかし、塩見訴訟に対しては、原告が国家の施策により日本国籍を取得・喪失するという過去をもつ者であったため、このような外国人は他の外国人と分けて考える必要があるといった批判がある。戦後補償に関する判決に対しても、戦争損害を被った時点では日本国籍を取得していた者が戦後の国籍の有無だけで補償面で区別されることは不合理であるとの批判がある。

　そもそも、今日では、社会権を国民ではなく社会構成員の権利とみなす説も有力であり、少なくとも永住者については、財政事情等の支障がない限り、法律によって社会権を保障すべきだろう。実際に、1979年の国際人権規約の加入を契機に、公共住宅が永住者にも開放され、また1981年の難民条約の批准を契機に、国民年金法や児童扶養手当法などの国籍条項が撤廃され、その後1986年には国民健康保険の国籍条項も撤廃されている。現在では、生活保護のように、実務の上では外国人にもその保障が及ぶような運営がなされつつも、法律上の国籍要件が撤廃されていないものもあるが、社会保障関係法令にみられた国籍要件は原則として撤廃され、社会保障は国籍を問わず日本に居住する者一般に適用されるようになってきている。なお、生活保護について、判例は、外国人は行政措置によって「事実上の」生活保護の対象とはなりうるが、生活保護の受給権が生活保護法によって「法律上」保障されているわけではないと判断している（最判平成26・7・18判例地方自治386号78頁）。

(c)　参政権

　参政権は、従来、国民が自己の属する国の政治に参加する権利と定義され、国家の存在にかかわりなく人であるということだけで認められる人権とは考えられてこなかった。さらに、憲法15条1項が保障する選挙権については、国民主権に基づき国民が公務員を終局的に任免することを認める権利であるとされ、これらの性質を前提に、選挙権は外国人が当然に享有する憲法上の権利ではないとされてきた。国の政治は地方レベルと国レベルとに分けることができるが、現在日本では、いずれのレベルでも外国人に選挙権は認められておらず（公職選挙法9条）、判例もそれを合憲と判断している。

しかし、少なくとも地方レベルでの選挙権については、法律で一定の外国人に保障しても憲法に違反しないという考えが次第に有力になってきている。北欧諸国のように、実際に地方レベルの選挙権を外国人に認めている国もある。判例も、傍論ながら、「住民の日常生活に密接な関連を有する公共的事務は、その地方の住民の意思に基づきその区域の地方公共団体が処理するという政治形態」を日本国憲法は保障しようとしており、永住者等で「居住する区域の地方公共団体と特段に緊密な関係を持つ」者に、法律で地方レベルの選挙権を与えることは憲法上禁止されていないと述べている（最判平成7・2・28民集49巻2号639頁〔在日外国人地方参政権訴訟〕）。

(d) 公務員になる権利（公務就任権）

公務就任権も、国家意思の形成や国家権力の行使に関わる公務員になるという広い意味での参政権的性質があるとして（→憲法Ⅱ15章）、従来、外国人には保障されてこなかった。しかし、公務員といっても様々な職種があり、教員のような専門職についてまで外国人の就任を認めないのはいきすぎだろう。実際の法制度上も、かつて外国人の教授などへの任用が認められていなかった国立大学（現在の国立大学法人）や公立大学で、1982年から外国人教員の任用が可能になっている。また、地方公務員についても、1980年以降、一部の職種の受験資格から国籍条項を撤廃する地方自治体が増えている。

このような動きのなかで、地方公務員について近年さらに問題になっているのが、外国人の管理職への昇任である。東京都で国籍を理由に保健師の管理職試験の受験が認められなかった特別永住者が起こした裁判で、「公権力行使等地方公務員」と「企画や専門分野の研究を行うなどの職務を担当し公権力行使等地方公務員には当たらない者」とを区別せずに一体的な管理職の任用制度を設けたうえで、管理職への昇任のために国籍条項を定めたとしても、憲法に違反しないと最高裁は判断した（最大判平成17・1・26民集59巻1号128頁〔東京都管理職選考受験資格事件〕）。

(3) 外国人に保障される権利とその保障の程度

自由権、平等権、国務請求権は、権利の性質から原則として外国人にも保障される。例えば、憲法は拷問や差別を禁じているが、外国人であれば拷問や差

別も許されると考える者は少ないだろう。判例も、マクリーン事件で、外国人に政治活動の自由が基本的に保障されるとしている。

　とはいえ、これらの憲法上の権利が外国人に保障される程度については、日本国民と全く同じというわけではない。特に、政治活動の自由に関しては、外国人には参政権が制限されていることから、日本の「政治的意思決定又はその実施に影響を及ぼす活動」は認められないとするのが判例の立場である（マクリーン事件）。また、経済的自由についても、外国人に無線局の免許を認めていない電波法のように、様々な制限が課されているのが現実である。国務請求権についても、国家賠償法6条によって、外国人が日本で国家賠償請求できるのは、当該外国人が国籍を有する国で日本人の国家賠償請求が認められている場合に限定されている。さらに、かつては、外国人登録法によって外国人に指紋押捺が義務付けられており、これがプライバシーの権利を侵害するとして問題視されていた。これについて、最高裁は、憲法13条によって「何人もみだりに指紋の押なつを強制されない自由」が保障されており、この「自由の保障は我が国に在留する外国人にも等しく及ぶ」としながらも、外国人登録法による義務づけはこの自由を侵害してはいないと判断した（最判平成7・12・15刑集49巻10号842頁〔指紋押捺拒否事件〕）。しかし、その後1999年に、このような指紋押捺制度は廃止された（ただし、2001年のアメリカ同時多発テロ以降のテロ対策の一環として、新たに、特別永住者を除く16歳以上の外国人に指紋押捺が義務づけられるようになった）。なお、外国人登録法も、2012年に新しい在留管理制度が施行された際に廃止されている。

在留制度の枠内での憲法上の権利の保障

　マクリーン事件は、権利性質説に立つことを明らかにした判決と理解されているが、他方で、「外国人に対する憲法の基本的人権の保障は、……外国人在留制度のわく内で与えられているにすぎない」とも述べている。外国人には在留の権利が保障されていないのだとすると、政治活動の自由といった憲法上の権利を行使した者には在留期間の延長を認めないという方法で、憲法上の権利を制限することが可能となり、憲法上の権利が保障されるといっても、それはあくまで認められた在留期間内の保障にとどまるということになる。実際に、

マクリーン事件の原告は、日本で政治活動に関わることはできたが、在留の延長は認められず、その後日本を離れることを余儀なくされた。

　このような、あくまで外国人在留制度の枠内での権利の保障を憲法上の権利の保障といってよいのか、近年議論がある。そこでは、「人がただ人であるということだけに基づいて認められる権利」である人権を憲法上の権利として保障する際に、国籍を基準としてその保障範囲を確定していく制度の正当性が、問われているのである。

2　法　人（団体）

　現代では、自然人だけでなく、法人も、法律上の権利義務の主体として認められている。それでは、法人には憲法上の権利も保障されるのだろうか。少なくとも、人であることから認められる権利である人権は、自然人ではない法人には保障されないとするのが素直な反応であろう。しかし、これまで、通説は法人にも憲法上の権利が保障されるとし、判例も、八幡製鉄政治献金事件（最大判昭和45・6・24民集24巻6号625頁）で、憲法上の権利が「性質上可能なかぎり、内国の法人にも適用される」とした。

　なお、憲法上の権利が保障される主体であるか問われるのは、私法上「法人格」を認められて成立する法人だけに限られない。したがって、ここでの「法人」は、「法人格を有する団体」より広く、「自然人を統一・組織した団体」を意味する。

(1)　法人に憲法上の権利を保障する根拠

　自然人ではない法人にも憲法上の権利が保障されると考えられてきたのはなぜだろうか。2つの根拠が指摘されている。第一の根拠は、法人の活動は、法人を構成する自然人を通じて行われ、その活動の効果や利益も法人構成員である自然人に帰属するから、法人に憲法上の権利を認めるといっても、法人の活動を実際に行う自然人に憲法上の権利を認めているにすぎず、法人にも憲法上の権利が認められるというものである。第二は、現代社会において法人は自然

人と同様に活動する実体であり必要な構成要素であるという事実から、法人にも憲法上の権利が認められるとするものである。

　第一の根拠に対しては、大企業やマスコミのように、構成員との関係が希薄で、活動やその成果を構成員に還元することが難しいような巨大な法人に憲法上の権利を保障することが難しくなるといった批判や、逆に、法人の構成員である自然人に対する憲法上の権利の保障に還元して考えることができるのであれば、なにも法人に憲法上の権利を保障する必要はないといった批判が向けられている。また、高度に組織化された現代社会においては、集団的行為を個人の個別的行為に分解することは非現実的であるともいえる。そこで、第二の根拠がより有力であるが、これに対しても、法人が社会的に実在しているという事実から、自然人ではない法人にも憲法上の権利を保障すべきであるという規範を導き出すことはできないのではないかという疑問が向けられている。今日では、法人に憲法上の権利を保障することによってかえって個人の自由が抑圧される場面も増えている。そこで、「法人にも憲法上の権利が保障される」といった一般論をたてるのではなく、個別の事例ごとに、法人に憲法上の権利を保障することが個人の憲法上の権利の保障や社会全体の利益の保障に役立つかといった観点から、法人に憲法上の権利を認めるかどうかを判断すべきであるとする説が有力になってきている。

(2)　法人に保障される憲法上の権利

　権利の性質上、法人にも保障されるのが、経済的自由や裁判を受ける権利等の国務請求権、一部の刑事手続上の権利である。これに対して、身体の自由や生存権、参政権といった自然人だからこそ保障されることが明らかな憲法上の権利は法人には保障されない。それでは思想良心の自由等の精神的自由はどうであろうか。何かを思ったり考えたりすることができるのは自然人だけであって精神的自由は法人には認められないようにも思われる。しかし、報道機関には報道の自由のような表現の自由が保障され、また、宗教団体には信教の自由、学校法人には教育の自由がそれぞれ保障される。また、八幡製鉄政治献金事件は、「会社は、自然人たる国民と同様、国や政党の特定の政策を支持、推進または反対するなどの政治的行為をなす自由を有する」とした。

ただし、法人に保障される憲法上の権利は、自然人と同じ程度の保障を受けるわけではない。むしろ、法人が憲法上の権利を行使することによって自然人の自由が不当に制限されてはならないという限界がある。例えば、政治的行為の自由は、法人には巨大な経済力と社会的影響力があることから、自然人とは異なる特別の規制を受ける。

(3) 法人の憲法上の権利が論じられる場面

　法人の憲法上の権利が問題となる場面は、①法人が国家と対立する場面、②法人が外部の私人と対立する場面、③法人がその内部の構成員と対立する場面に大きく分けることができる。

　法人の自由が国家によって制限されようとしている①の場面については、法人に憲法上の権利を保障しても、少なくとも直接的には、それによって個人の自由が抑圧されることはなく、法人にも憲法上の権利が保障されていると考えても問題ない。例えば、裁判所によるニュースフィルムの提出命令が放送局の報道の自由を侵害しないか争われた博多駅事件で、最高裁は、法人が憲法上の権利の主体であるかについて一切論じることなく、「報道機関の報道は……憲法21条の保障のもとにある」と判断した（最大決昭和44・11・26刑集23巻11号1490頁）。また、オウム真理教解散命令事件（最決平成8・1・30民集50巻1号199頁）も、信者の他に宗教団体にも信教の自由が保障されることを前提としているように見える。

　法人が外部の私人と対立する②の場面にあたるのは、ある新聞社が社外の私人の名誉を毀損する記事を掲載したような場合である。このような場面で法人に憲法上の権利が保障されるかについては、従来、私人間効力の問題の中で論じられてきており、法人が憲法上の権利の主体であるかは議論されてこなかった（→本章**Ⅲ**）。

　これに対して、③の場面も法人と法人内部の構成員という私人間における憲法上の権利の保障が問題となる場面だが、③の場面については私人間効力の問題への言及は見られず、法人に憲法上の権利の保障が及ぶかが議論されてきた。最高裁が初めて法人を人権の享有主体と認めた判決とされる八幡製鉄政治献金事件も、株式会社の政治献金を憲法に違反し無効であると株主が争った事

件であり、この場面に分類できる。ほかに、南九州税理士会事件（最判平成8・3・19民集50巻3号615頁）や、群馬司法書士会事件（最判平成14・4・25判時1785号31頁）も、③の場面に分類できる（→憲法Ⅱ9章Ⅰ4）。

学説は、従来、③の場面を、内部の構成員の自由を制約しうるような憲法上の権利が法人にも保障されるかという問題と捉え、法人の憲法上の権利と構成員の憲法上の権利の調整が必要であるとしてきた。しかし、最近は、③の場面を、結社（法人）の「統制権」と内部構成員の権利・義務の対立の場面とみなす学説も見られる（→本書でも、③の場面の問題について、詳しくは9章Ⅰ4で扱う）。八幡製鉄政治献金事件についても、法人を人権の享有主体と認めたとされる部分を傍論とみなす説がある。この点で、南九州税理士会事件でも群馬司法書士会事件でも、法人に憲法上の権利が保障されるかという点への言及はないということに注意する必要がある。

3　未成年者と天皇

日本人であり、かつ自然人であるにもかかわらず、憲法上の権利が特別に制限されている者がいる。未成年者と天皇である。

(1)　未成年者

日本国籍を有する自然人であるにもかかわらず、未成年者には保障されない権利がある。例えば、憲法15条3項は、選挙権の保障を「成年者」に限定しており、未成年者には選挙権が認められていない。未成年者には、法律上も様々な制約が課されている。まず、民法では、未成年者の行為能力が制限されている。また、未成年者には、飲酒や喫煙が法律で禁じられている（→学校の校則による制限については憲法Ⅱ3章Ⅳ3参照）。

このように、未成年者の権利に対して、成年者であれば許されないような制限が課されているのは、未成年者が、肉体的にも精神的にも発達段階にあり、一般に成年者に比べて判断能力も未熟だからである。そこで反対に、未成年者に対しては特別な保護が与えられてもいる。例えば、憲法は、「子女」の「普通教育」を受ける権利を保障し（26条2項）、「児童」を「酷使」することを禁じている（27条3項）。民法で行為能力が制限されていることも、未成年者を保

護するためのものであり、ほかにも、労働基準法（56条）や児童ポルノ禁止法など、様々な法律が未成年者を特別に保護しようとしている（→パターナリスティックな制約の問題については憲法Ⅱ1章Ⅲ3参照）。

　なお、何歳までが未成年者であり何歳からが成年者であるかについては、憲法には規定がなく、関連する法律によって年齢が定められている。例えば、選挙権が認められる年齢を定めるのは公職選挙法である。2015年の公職選挙法の改正によって、それまで満20歳以上の者に認められていた選挙権が、満18歳以上の者に認められるようになった。また、国民投票法も投票権者を満18歳以上の者とする。民法が定める成年年齢も、2018年に民法が改正され、満20歳から満18歳に引き下げられた（2022年4月1日施行）。

(2) 天　皇

　天皇は、日本国籍を有する自然人であるが、憲法4条で「国政に関する権能」を否定されていることから、「天皇・皇族」には選挙権がなく、政治活動の自由なども一定の制限を受けると考えられている。また、婚姻の自由についても、皇室典範で制約が課されている（→詳細は憲法Ⅱ13章Ⅰ2参照）。これらの点に関して、未成年者は、憲法上の権利が保障される主体であることは争いがないのに対し、天皇は、そもそも憲法上の権利が保障される主体であるかが問題となる。

　日本国籍を有してはいる天皇・皇族が、憲法第3章によって権利が保障される「国民」に含まれるのかという問題について、通説は、憲法によって天皇が国の象徴とされていることから、それに伴い必要最小限度の制限を受けるが、憲法上の権利が一般には保障されるとする。これに対して、近年は、天皇は憲法第3章の権利が保障される国民には含まれないとする説も有力に唱えられている。この説によると、世襲制を採用する「天皇制」は、「家系・血統などの家柄」という、憲法14条が禁止する「門地」に基づく差別を行っており、憲法自体の中に矛盾を抱えることになるから、矛盾なく憲法を解釈するためには、天皇制は人権の観念の例外と位置づけられることになる。

II 特別の関係における基本権

1 「一般の関係」と「特別の関係」

(1) 国と国民の「特別権力関係」

以上の「憲法上の権利の享有主体」論では、特に「日本国民」であり「自然人」に該当する人々であれば、未成年者や天皇（皇族）に対する権利制約の場合を除けば、憲法上の権利は、広く一般的に保障されることが示された。また未成年者や天皇（皇族）もすべての憲法上の権利が制約されるわけではないことについては前節ですでに学んだ。

そこで、日本国民であり、自然人であり、成年者であり、天皇や皇族でもない人々について憲法上の権利は、その人が置かれている法律上の地位に関係なく、通常、保障されるはずである。ところが公法学の議論では伝統的に、そうした人であっても、国との関係において、公法上、特別な関係にない（一般的な関係にある）人々と、特別な関係にある人とを区別し、後者の場合には、法律の根拠なくして国家による包括的な支配権を行使できるとして、憲法上の権利保障の対象から外し、この問題について司法権が及ばないとする議論が展開されてきた。このような議論を「特別権力関係」論と呼ぶ。

では、そうした「特別権力関係」にはどのようなものが含まれてきたか。これについては、例えば、①国や地方公共団体と、それらの機関に「公権力の担い手」として雇われている国家公務員、地方公務員との関係、②国と、国の逮捕権や刑事裁判権に基づいて身柄を拘束されている刑事施設被収容者との関係、③国立大学と、その学生との間の在学関係、などが挙げられてきた。

(2) 「特別権力関係」論の問題点

もっとも「特別権力関係」をめぐっては、かねてより、国と国民との関係性のなかに「特別」な部分があるとし、それを憲法上の権利保障の枠から一律に外して議論を展開することへの批判があった。また、仮に一定の権利制限が観念されるとしても、それぞれ違う法的関係を「特別権力関係」という概念で包括的に捉えることへの批判もある。そこで現在、「特別権力関係」という概念

は憲法学では使用されない状況になっている。大学と学生との在学関係をめぐる富山大学事件（最判昭和52・3・15民集31巻2号234頁）において最高裁は、国公私立大学を問わず大学には「一般市民社会とは異なる特殊な部分社会」性があるとしているが、この「部分社会の法理」が現在有効であるかどうかを別にしても、この時点で、そもそも特別権力関係論自体が否定されていることを示しておく（→憲法Ⅰ12章Ⅱ5参照）。

(3) 現在の状況

現在では、国とこうした人々との関係性も一般的な憲法上の権利の保障と制限の問題と捉えつつ、それぞれの権利の性質や制約目的をふまえ、その制約が果たして正当な理由や手段に基づいているのかどうかを審査して、これらの問題を考える状況になってきた。以下では、現在でも問題となりやすい、公務員と刑事施設被収容者の場合を見ておくこととしよう。

2 公務員

(1) 公務員と基本権

公務員は、国家や地方公共団体における公務を達成する要員として採用されている。こうしたことから、適切な公務の達成のため、非公務員の一般市民であるならば通常広く保障されるいくつかの権利が、一部あるいは全部、法律や内部規律によって制限される。一般的な国民に比べ、公務員に関して特に制限されるものとして、副業の禁止や届出をしないままの海外渡航の禁止があり、これらは職業選択や居住・移転の自由（憲法22条1項）との関係で検討できる。また公職選挙における立候補の禁止（国公法102条2項など）も、立候補の自由に対する強い制限となる。

憲法学で従来、頻繁に議論されてきたのは、公務員の政治活動の自由と労働基本権をめぐる問題である。このうち労働基本権の詳細は別章に譲り（→憲法Ⅱ14章Ⅰ3参照）、ここでは主に政治活動の自由に触れておきたい。

(2) 政治活動の自由（21条1項）

(a) 法律上の制限

国公法102条や地公法36条には一般職公務員の政治的行為の制限について規定されている。これを行った場合、地方公務員には懲戒処分が下される可能性があるが、国公法には、懲戒処分だけではなく刑罰も設けられている点が特徴的である（国公法82条・110条1項19号）。

国家公務員が禁止される政治的行為について国公法102条は「職員は、政党又は政治的目的のために、寄附金その他の利益を求め、若しくは受領し、又は何らの方法を以てするを問わず、これらの行為に関与し、あるいは選挙権の行使を除く外、人事院規則で定める政治的行為」と規定する。これについては、政治的行為の中身を、国会の定める法律が具体的に定めずに、行政（人事院）の定める命令（人事院規則）が定めていることが問題視される。すなわち、「法律による行政」の原理や憲法41条による「唯一の立法機関」の解釈をめぐって生じる、委任命令の限界を超えた「白紙委任」ではないかといった疑問である（この点、→憲法Ⅰ7章Ⅰ3を参照）。

この問題はおいたとして、人事院規則は、政党機関誌や刊行物の発行・配布（人事院規則14-7第6項6号）や政治的目的を有する文書や図画などの発行・掲示・配布（同13号）をはじめとする広汎な行為を一般職の国家公務員が行うことを禁止し、これらを行った場合に懲戒処分や100万円以下の罰金の対象となる。これは憲法21条1項で保障される政治活動の自由を過度に制約していないであろうか、といった問題も生じる。

(b) 猿払事件判決

国家公務員の政治活動の自由が問題となった有名な事件が猿払事件である。この事件では、北海道猿払村の、当時、非管理職の国家公務員であった郵便局員（現在は郵便事業は民営化されている）が、衆議院議員選挙の特定候補者のポスターを掲示したり、掲示を依頼するために配布したりした行為が、国公法102条1項、人事院規則14-7第6項13号の禁止行為にあたるとして、国公法110条1項19号を理由に起訴された。この事件の第一審は、すべての国家公務員に懲戒処分を行うことに加えて刑事罰を科すことは、法目的を達するうえで合理的ではなく、法の規定は本件に適用する限りにおいて違憲であるとし、被告人を

無罪とした（旭川地判昭和43・3・25下刑集10巻3号293頁。2審・札幌高判昭和44・6・24判時560号30頁も同様）。しかし、最高裁（最大判昭和49・11・6刑集28巻9号393頁）は、「禁止の目的」と、「この目的と禁止される行為との関連性」、「政治的行為を禁止することにより得られる利益と禁止することにより失われる利益との均衡」の観点から審査し、下級審判決を覆して、政治活動の一律禁止を合憲とし、被告人を有罪とした。

　その後、この猿払事件最高裁判決の判断枠組みは、公務員の政治的行為に関する判断以外の事例でも言及されるようになる。しかし2010年代に入り、国家公務員の政治的活動をめぐっては、新たに注目される最高裁判決が登場してきている。それが、堀越事件判決（最判平成24・12・7刑集66巻12号1337頁）と宇治橋（世田谷）事件判決（最判平成24・12・7刑集66巻12号1722頁）である。

(c)　堀越事件・宇治橋（世田谷）事件

　これら両事件では、国家公務員が、それを明示せず、休日を使って、政党の機関誌等を住居に配布したことについて、国公法110条1項19号等を理由に起訴された。両事件では、ほぼ同等の行為が問題となっているが、前者の被告人は管理職的地位にはなく、後者のそれは管理職的地位にあった。

　両事件において最高裁は、上記の猿払事件の判断枠組みを明示的に覆すことはなく、また国家公務員法の諸規定につき合憲判断を行っている。しかし、諸行為が国公法違反になるかどうかを判断するにあたり、猿払事件における最高裁は「公務員の政治的中立性を損なうおそれ」があるかないかの判断をしたのに対し、堀越、宇治橋の各事件における最高裁は「公務員の職務の遂行の政治的中立性を損なうおそれが実質的に認められる」かどうかを判断基準としており、後者のほうが公務員の政治活動の自由を広く認める理解に結びつきやすくなっている。こうした判断枠組みを前提に堀越事件では、当事者が管理職的地位にないこともあり、そのおそれが実質的に認められず無罪とされた一方で、宇治橋事件ではそうした地位にあることもあり、そのおそれが実質的に認められるとして有罪となり、判断が分かれた。

3　刑事施設被収容者

　刑事施設被収容者とは、主に懲役や禁錮の受刑者、死刑確定者、未決拘禁

者、留置施設の留置者などをいう。これらの人々の収容目的として、受刑者に関しては、懲役や禁錮それ自体の強制的実施のため、あるいは矯正や教化といった点が考えられる。これに対して死刑確定者は、死刑という刑罰を達成するまでの逃亡等を防ぐ意味があり、身柄が拘束されている。また未決拘禁者や留置者の場合には、逃亡・証拠隠滅の防止といった理由が考えられる。

これらの人々に対しては従来、刑事施設内での秩序維持といった広く漠然とした理由づけにより大幅な権利制約がなされてきた。しかし、そうした人々に関して制約が当然であるということにはならず、拘禁の目的に沿った、適切な制約理由が考えられる必要があろう。

そこで、これまでも様々な制約の合理性が問題となり、裁判で争われてきた。例えば、拘置所が、文書等の閲読を拘禁者にどの程度許すのか、その具体的制限内容を定めることを命令に委任する旧監獄法31条と同施行規則86条1項（「文書図画ノ閲読ハ拘禁ノ目的ニ反セズ且ツ監獄ノ規律ニ害ナキモノニ限リ之ヲ許ス」）に基づいて、拘置所内で未決拘禁者の定期購読する新聞におけるよど号ハイジャック事件に関する記事を墨塗りにしたことについて国家賠償請求がされた事件がある（最大判昭和58・6・22民集37巻5号793頁〔よど号ハイジャック記事抹消事件〕）。同事件で最高裁は結論的には旧監獄法や同施行規則の規定を合憲とし、本件の賠償請求を棄却したが、特別権力関係論ではなく、法（規則）解釈にあたり憲法適合的な手法をとった点に一定の評価がされた。その他、旧監獄法施行規則120条が、「14歳未満の者には在監者と接見を為すことを許さず」と規定していたことから、同規定が旧監獄法50条の委任の範囲を超えて違法ではないかが争われた事件で最高裁は、委任の範囲を超えているとして違法と判断した（ただし国家賠償は不認容）（最判平成3・7・9民集45巻6号1049頁）。

その後、受刑者等の待遇改善も議論され、旧監獄法の名称も含めた改正が行われ、現在「刑事収容施設及び被収容者等の処遇に関する法律」となっている。その第1条には「この法律は、刑事収容施設（刑事施設、留置施設及び海上保安留置施設をいう。）の適正な管理運営を図るとともに、被収容者、被留置者及び海上保安被留置者の人権を尊重しつつ、これらの者の状況に応じた適切な処遇を行うことを目的とする」と規定される。さらに、刑事施設被収容者の選挙権制限の合理性をめぐる裁判も起きている（詳細は→憲法Ⅱ15章Ⅰ4を参照）。

Ⅲ　私人間効力

1　どのような問題か

　社会の人々にとって最も脅威となるのは権力を独占する国家であるから、憲法上の権利とは国家によって侵害されることがないように人々に保障されるものである、というのが近代立憲主義の憲法観のもとでの考え方であった。この考え方のもとでは、私人と私人とは互いに対等であるから、ある私人が他の私人の権利を侵害したとしても、憲法上の権利が侵害されたことにはならず、憲法上の権利は私人に対して法的効力をもつものではないということになる。

　しかし、人々の自由や権利を保障するうえで脅威となるのは国家に限られない。例えば、大企業に思想や国籍理由に採用拒否されるのではないかといった不安や、マスコミによって一般の人々のプライバシーが暴露されて甚大な被害を被ったという話は珍しくない。現代社会では、大企業などの大きな力をもった私的団体（法人）が、国家権力に劣らない影響を人々に与え、私人同士の関係が必ずしも対等な私人同士から成り立つとはいえなくなっているのである。そこで、大きな力をもつ私人によって何らかの権利が侵害された場合、憲法を手がかりにして救済を図らなくてよいのかという問題が出てくる。この問題は、一般には、憲法上の権利の効力を国家だけでなく私人にも及ぼす必要があるかという問題と言い換えられ、「私人間効力」の問題といわれる。

　もちろん、私人間の紛争を法律の制定によって解決することは、私人間効力の問題を論ずるまでもなく、憲法上当然認められている。例えば、職業安定法は、企業に対し、採用を希望する者の個人情報の収集を制限することで、雇用者と被用者という私人間の権利の対立の解決に努めている。つまり、私人間効力の問題として論じられるのは、私人間の権利の対立場面について、法律による解決が十分に図られていないときに、裁判所が憲法上の権利を用いて解決を図ることができるかという問題なのである。

2　学説状況

　私人間効力の問題については、「無効力説」「直接効力説」「間接効力説」が

対立してきた。このうち憲法上の権利に関わる規定は憲法自体に特段の定めのある場合を除いて私人間には適用されないとする無効力説は、最近までほとんど支持されていなかった。無効力説は、憲法を国家対個人の関係を規律する法とみる近代立憲主義の憲法観に忠実ではある。しかし、無効力説では現実に生じている私人間での深刻な権利侵害に対処できないおそれがある。そこで、学説は、憲法上の権利の効力は何らかの形で私人間にも及ぶということを前提として、ではその効力をどのような形で私人間に及ぼすのかという点で、直接効力説と間接効力説とに分かれてきた。

　なお、いずれの説も、労働基本権や投票の秘密など、憲法の中には憲法自体が私人にも効力が及ぶと想定している権利があることは認めており、そのような条文については私人間にも直接効力が及ぶことになる。

(1)　直接効力説

　直接効力説は、国家と私人の関係と同じように、私人間での権利侵害についても、憲法上の権利を根拠に救済が図られるとする。権利を侵害される側からすれば、侵害主体が国家であれ私人であれ侵害されていることに変わりはなく、救済を望むはずだからである。

　直接効力説に対しては、様々な問題点が指摘されている。まず、企業などが巨大化した現代社会で私的自治の原則を絶対視できないことは確かだとしても、依然として市民社会の原則は私的自治であり、この原則に直接効力説は反する。また、憲法上の権利の保障にとって最大の脅威は公権力であり、歴史的にも憲法上の権利は対国家的なものであったということが曖昧になる。さらに、私人間に対して公権力の介入が行われやすくなり、本来国家の義務であるはずの憲法上の権利を保障する義務が市民の義務へと転化する可能性がある。このように、直接効力説は従来の憲法観を転換させ、近代立憲主義の論理をあまりにも没却するという問題点を抱えているのである。

　判例も、大学時代の政治運動への関与を入社試験で隠して採用された学生がその後採用を取り消されたことから、会社が政治運動を理由として採用を取り消すことは憲法の保障する思想の自由に反すると争った三菱樹脂事件（最大判昭和48・12・12民集27巻11号1536頁）で、憲法第3章の保障する自由権について、

「国または公共団体の統治行動に対して個人の基本的な自由と平等を保障する目的に出たもので、もつぱら国または公共団体と個人との関係を規律するものであり、私人相互の関係を直接規律することを予定するものではない」とする。

(2) 間接効力説

そこで、私的自治の原則を尊重し人権の対国家性を維持しながらも、同時に、私人間における実質的な人権保障を試みる間接効力説が、通説・判例の立場とされてきた。間接効力説というのは、私人間での権利侵害が争われている場合に、裁判所が紛争を解決する過程で民法90条や709条といった私法の一般条項を解釈する際に、憲法上の人権の趣旨を読み込むという手法を指し、この手法では、間接的に憲法上の権利の効力が私人間にも及ぶことになると説明される。

具体的には、契約などの法律行為により私人の権利が制約されている場合には、民法90条の「公序」に反するとしてその法律行為を無効にすることで権利の救済を図る。その際、公序の内容のなかに「憲法上の権利の趣旨」と「私的自治の原則」とを読み込むことで、憲法上の権利と私的自治との適切な調和が実現されることになる。例えば、男女で異なる定年を定めていた就業規則が民法90条に違反するとして無効とされた日産自動車事件（最判昭和56・3・24民集35巻2号300頁）は、民法90条の「公序」のなかに憲法が定める平等の趣旨を読み込むという方法を用いたと解釈される。

また、私人の事実行為によって権利が制約された場合には、不法行為に対する損害賠償を規定する民法709条に憲法上の権利の趣旨を読み込んで救済を図る。例えば、外国人一律入浴拒否を不合理な差別で社会的に許容しうる限度を超えて不法行為にあたると判断した小樽入浴拒否事件（札幌地判平成14・11・11判時1806号84頁）は、憲法が保障する平等の趣旨を民法709条に読み込み、私人間にも間接的に憲法上の権利の効力を及ぼした例とされる。

以上のような間接効力説は、私人間における憲法上の権利の実質的な保障を試みるものであるという点で、無効力説が抱える問題点を解消すると同時に、他方で、私的自治の原則を尊重し、憲法上の権利の対国家性を維持するもので

あるという点で、直接効力説の問題点をも解消するものとして、評価されてきた。判例も、三菱樹脂事件で、間接効力説に立つことを明らかにしたと一般には理解されている。

(3) 間接効力説に対する批判

　間接効力説にも、私法の一般条項の解釈の際に憲法上の権利の趣旨をどの程度読み込むのか不明であるとの批判がある。憲法上の権利の趣旨を読み込む程度を理論上確定できないとすれば、結局、私法の一般条項を解釈する際に、解釈者である裁判官に大きな裁量を認めることになり、個々の裁判官が憲法上の権利の趣旨を読み込む程度に応じて、実質的には無効力説にも直接効力説にもなりうる。そうだとすると、間接効力説に立ちながらも私法の解釈において憲法の趣旨を十分に読み込まず私人間における権利侵害を救済しなかったと批判される三菱樹脂事件も、間接効力説自体が抱えていた問題を露呈しただけということになる。

　他方で、判例を間接効力説に立つと評価すること自体にも批判がある。例えば、私人間で表現の自由と名誉やプライバシーとの調整が求められるような事案では、判例は必ずしも間接効力説を示唆するような言及をしていない。また、前述の、私人間である法人と法人構成員との対立関係が問題になっている事案（→本章 I 2 (3)）でも、私人間効力の問題への言及は見られない。さらに、このような判例の動向を受け、私人間で権利が対立している場面を私人間効力の問題としてひとくくりに扱うことへの疑問が提起されるようになっている。

　私人間効力論をめぐる近時の学説状況は「百家争鳴」と形容されるが、なかでも有力な保護義務論と新無効力説からは、憲法上の権利が国家に向けられるものなのだとすれば、私人間を規律する私法の一般条項のなかに憲法上の権利の内容を読み込むことは不可能ではないかという、より原理的な批判も、間接効力説には向けられている。ただし、いずれの説も、私人間の権利問題の解決について裁判官の活躍に期待する点は共通している。私人による権利侵害について、法律による解決が図られていない場合に、裁判官が憲法上の権利を援用し解決を図るという手法を認めるとすれば、どういう場合に、どの程度憲法上の権利の効力を私人間にも及ぼしていくかということが重要になる。しかし、

従来の学説でも近時の学説でも、これらの問題に対する回答は十分ではなく、これからの議論の蓄積が待たれる。

保護義務論と新無効力説

　ドイツの学説・判例を下敷きに展開されている保護義務論は、まず、憲法上の権利が、①国家に対して不作為義務を課す「防御権」的側面をもつだけでなく、②私人が「憲法上の法益」を侵害しないよう国家に作為義務を課す側面ももつということを出発点とする。憲法上の権利によって国家に課された①②の義務の調整は、国家のなかでも立法の役目であるが、裁判所もその役を担うことがある。保護義務論によれば、この後者の場面、すなわち、裁判所による①②の義務の調整の場面を取り上げたのが私人間効力の問題とされる。

　新無効力説は、伝統的な憲法観を維持するために、憲法上の権利は私人間では効力をもたないという点から出発するが、私人による権利侵害の問題を放置するわけではない。新無効力説によれば、私人間でも「理念としての人権」あるいは「自然権」がまずは「法律上の人権」として保護され、法律による調整が不十分である場合には裁判官にその調整が委ねられる。ただし、この裁判官の権限も、あくまで、理念としての人権を具体化した私法の一般規定（現行民法2条）によって委ねられるものとされる。

　両説の大きな違いは、憲法上の権利の伝統的な理解をどう評価するかという点にある。保護義務論は、私人間効力の問題を私人と国家間の問題に再構成する試みであり、それによって憲法上の権利を国家を義務付けるものとみなす伝統的憲法観が維持されるようにみえる。しかし、そのために、保護義務論では、憲法上の権利が、憲法上の法益として、私人にもその保障が求められる「価値」でもあるとされる。この点を捉えて、保護義務論は結局は憲法観を転換するものであると、新無効力説は批判する。憲法上の権利が私人に対しても包括的な価値として存在しうるという点については、憲法13条の包括的権利には既にそのような価値が認められているとして、擁護する向きもある。しかし、新無効力説は、私人間で効力をもつのはあくまで理念としての人権であって憲法上の権利ではないと主張する。

第3章

幸福追求権

　憲法13条は、前段で「個人の尊重」を謳い、後段で「幸福追求権」を保障する。思想的には、1776年のヴァージニア権利章典やアメリカ独立宣言の影響を受けた規定であるとされる。

　憲法は14条で平等を保障し、15条以下で個別の人権規定を置いているが、憲法13条が保障する幸福追求権は、それらの人権規定をまとめて一言でいい表した規定なのだろうか。それとも、個別の人権規定では保障されない独自の人権を保障する規定なのだろうか。後者であるとしたら、具体的にどのような権利が保障されることになるのだろうか。本章では、判例との整合性を意識しながら、幸福追求権の保障内容をめぐる学説の対立を整理し、検討していきたい。

I　幸福追求権の位置づけ

1　憲法13条の構造

⑴　前段と後段の関係と保障内容

　憲法13条前段は、「すべて国民は、個人として尊重される」と規定する。13条前段は、他の人権規定には還元されない独自の権利を保障すると解する立場もあるが、学説の多くは、具体的な権利としてではなく、日本国憲法全体の基本原理・理念として捉えている。

　この理解によれば、憲法が14条以下で詳細かつ個別的に保障している人権は、すべて13条前段の「個人の尊重」を具体化するものと位置づけられること

になるが、そこから漏れた利益であったとしても憲法上の保障に値しないとされるわけではない。このことについて、憲法制定過程で大きな役割を果たした金森徳次郎は、著書『憲法遺言』のなかで次のように述べている。「小間物屋の蔵の中には多くの小間物があるにしても、店の前のショウ・ウィンドウにはその代表的なものが並んでいると同じであって、憲法に列挙してあるものだけが基本的人権であるという断言はできない。ただ、ここに列記したものは、国民の納得によって明白に定まったものであるということが出来る。従って、憲法の叙述は、多くの場合に制限的ではなくて、例示的であるという方が本体に合するものであろう」。

(2) 具体的権利性

個別の憲法条項で明示的に定められていない人権を、憲法上根拠づける際に用いられるのが、13条後段の「生命、自由及び幸福追求に対する国民の権利」、いわゆる幸福追求権である。その意味で13条後段は、前段の「個人の尊重」という基本原則・理念を、個別の人権規定よりも一段階抽象度の高いレベルで具体化し、それを国民の権利として保障した規定であると解することができる。後述するように裁判所も、憲法13条の具体的権利性を認めている。

2 権利の内実

それでは、幸福追求権はどのような行為や要求を保障しているのだろうか。幸福追求権の保障内容をめぐって学説では、人格的利益説と一般的（行為）自由説とが対立してきた。

(1) 人格的利益説と一般的自由説

人格的利益説は、「幸福追求」という観念は漠然としてはいるものの、どのような行為も幸福追求権として憲法上保障されるわけではないとして、保障の範囲を人格的生存にとって必要不可欠（ないし重要）であるものに限定する説である。これに対して、一般的自由説はそのような限定を付さず、個別の人権規定によってカバーされない行為一般（一般的自由）が、広く幸福追求権として憲法上保障されるとする説である。一般的自由説のなかには、「他者加害行

為を除く」といった条件をつける立場や、一般的自由そのものが保障されるのではなく、いかなる事柄であっても「自己決定」したことを尊重するという見地から一般的自由の保障を説く立場もあり、必ずしも一枚岩ではないが、人格的生存との関係で保障の範囲に限定を付さない点では共通する。

人格的利益説に対しては、何が人格的生存にとって不可欠ないし重要な利益であるか不明確であるとか、それを裁判所が判断するとなると裁判官が道徳的価値の判定者になってしまう、といった批判が提起されている。他方、一般的自由説に対しては、自由のすべてが憲法上の権利となり「人権のインフレ化」を招く、その結果、個別の人権規定が保障する権利と単なる自由との区別が消滅してしまう、といった批判が提起されている。

(2) 学説の帰結

両説は、異なった憲法観、人間像に立脚しており、一見すると激しく対立しているように見える。しかし、両説から導かれるとされる具体的な結論をみると、実はほとんど違いはない。

人格的生存にとって不可欠な行為は、どちらの説でも幸福追求権によって保障されるから、問題となるのは、人格的生存に不可欠ではない行為に対する制限をどのように考えるかということになる。人格的利益説は、憲法上の権利としてそれら行為を保障することを否定するが、だからといっていかなる制限を課してもよいとするわけではなく、なお平等原則や比例原則などの統制があると主張する。他方、一般的自由説は憲法上の権利としてそれら行為を保障するものの、一切の行為を一律・同程度に保護するべきだと主張しているわけではなく、行為の性質によって審査の程度を変更することを容認するとともに、その判断に際して人格的価値を考慮に入れることを必ずしも否定しない。その結果、具体的な結論を見ると、両説はほとんど異ならないのである。

(3) 人格的利益説の一貫性

上述したように人格的利益説は、人格的生存に不可欠とはいえない自由であっても、平等原則や比例原則に違反する規制は許されないと主張するが、そうすると結局、一般的自由を幸福追求権として保障しているのと変わりがないの

ではないかという疑問が生じる。しかし、人格的利益説のこの主張は、憲法上の主観的な権利として個々人に一般的自由が保障されるという主張ではない。ある行為が憲法上の主観的な権利として保障されないとしても、およそ公権力が個人の自由を制限する際には法律の根拠が必要であり、また制限するにしても、平等原則や比例原則に違反してはならないという法治国家における客観法的な要請（実質的法治国家原理とも称される）が及ぶのだとする主張なのであり、一般的自由説の考え方とは異なっている。

(4) 実質的法治国家原理

　それではこうした客観法的な要請はどこから導かれるのだろうか。憲法の条文に基づいて根拠づけるとすれば、平等原則は14条、比例原則は13条、31条になると考えられる。

　比例原則は、行政法学上、公の行政活動全般に妥当する一般原則の一つに挙げられるとともに、その根拠を13条に求めるのが一般的である。憲法学説においても、行政手続において適正な手続的処遇を受ける権利を13条から導く立場が有力に主張されている（→憲法Ⅱ12章Ⅱ3）。そして日本国憲法下における比例原則は、行政のみならず、裁判所、立法者に対しても向けられた法原則であり、裁判所は国家活動のすべてについて比例原則を適用して審査し得るとされる。これは、個人を尊重すべきことを要請する13条前段の客観法的要請ということになろうか。

　刑事領域における比例原則は31条が関係するが、これは31条が、罪刑法定主義を保障する規定と解されていることから説明できる（→憲法Ⅱ12章Ⅱ2）。すなわち罪刑法定主義は、①構成要件の明確性の要請、②規制内容の合理性の要請、③「罪刑の均衡」の要請などを含むとされるが、とりわけ②の要請により、人格的生存に不可欠ではない自由であっても、なお、憲法上の問題としてそれに対する規制内容の合理性が問われるのである。なお、通説や判例が31条の保障は行政手続にも及ぶと解していることから、行政手続における比例原則を31条から基礎づけることも不可能ではない。

(5) 13条の保障構造

　このように解すれば、幸福追求権の保障内容をめぐる学説の対立は発展的に解消できる。すなわち、憲法13条は、人格的生存に深く関わる行為のみを「憲法上の権利」として保障するが、憲法はそれにとどまらず、国家行為が合理的になされること、恣意的になされないこと一般も客観法的に要請しており（13条・31条）、その結果、「一般的行為の自由」が保障される、という理解である。

3　人格的生存に不可欠とはいえない自由の制限に関する判例

　以上の理解は、判例の立場とも整合的である。判例は、人格的生存にとって不可欠とはいえない自由であっても、その自由に対する制限の合憲性を審査しているからである。

　例えば、賭場開帳事件（最大判昭和25・11・22刑集4巻11号2380頁）では、原告側から、賭博行為は「公共の福祉に反せざる娯楽、違法性なき行為、犯罪視すべからざる行為として国家自体が公認して居るもの」だから、それは「国民の自由権に基く憲法上保障尊重されて居る自由行為」であり、規制は憲法13条に反して違憲であると主張されたが、最高裁は、そもそも「賭場開帳の自由」あるいは「娯楽の自由」が憲法13条によって保障されるか否かを検討せず、当該制限の正当化理由の検討のみを行って合憲とした。また、未決拘留者喫煙訴訟（最大判昭和45・9・16民集24巻10号1410頁）でも、「喫煙の自由は、憲法13条の保障する基本的人権の一に含まれるとしても、あらゆる時、所において保障されなければならないものではない」と述べて、仮定をしたうえで議論を進め、制限の必要性と合理性の検討を行って合憲と判断している。どぶろく訴訟（最判平成元・12・14刑集43巻13号841頁）や、わいせつ物単純所持目的輸入規制判決（最判平成7・4・13刑集49巻4号619頁）でも、「自己消費目的の酒類製造の自由」や「わいせつ物の個人観賞目的で単純所持をする自由」が13条、31条によって保障される自由であるか否かの検討をせず、規制の必要性と合理性の検討を行って合憲判断を導いている。近年でも、ストーカー規制法合憲判決（最判平成15・12・11刑集57巻11号1147頁）において、ストーカー行為が憲法13条によって保障される行為か否かを検討せず、規制法の目的の正当性と規制内容の合理性・相当性の検討を行い、憲法13条等に違反しないと判断している。

このように最高裁は、13条から主観的な権利として「賭場開帳の自由」とか「喫煙の自由」とか「わいせつ物を個人観賞目的で単純所持する自由」などが保障されるとは認めないものの、それらの自由を規制する法令の合憲性の審査は行っている。憲法上の権利を制約していないにもかかわらず、規制内容の合憲性の検討が行われるのは、比例原則などの客観法的な要請との抵触が審査されているからだと理解すれば、最高裁の立場を説明することが可能となろう。

Ⅱ　憲法13条によって保障される具体的な自由

それでは、憲法13条の幸福追求権によって保障される「憲法上の権利」として、どのような行為・状態が保障されるのだろうか。

1　最高裁判例の展開

最高裁が、憲法13条を根拠に具体的な自由を初めて認めたのは、京都府学連事件（最大判昭和44・12・24刑集23巻12号1625頁）においてである。最高裁は、13条は「国民の私生活上の自由が、警察権等の国家権力の行使に対しても保護されるべきことを規定しているものということができる。そして、個人の私生活上の自由の１つとして、何人も、その承諾なしに、みだりにその容ぼう・姿態（以下「容ぼう等」という。）を撮影されない自由を有するものというべきである」と述べたうえで、「これを肖像権と称するかどうかは別として、少なくとも、警察官が、正当な理由もないのに、個人の容ぼう等を撮影することは、憲法13条の趣旨に反し、許されないものといわなければならない」と判示した。

以降も最高裁は、13条から個別的な自由の保障を根拠づけている。指紋押捺拒否事件（最判平成７・12・15刑集49巻10号842頁）では、「憲法13条は、国民の私生活上の自由が国家権力の行使に対して保護されるべきことを規定していると解されるので、個人の私生活上の自由の１つとして、何人もみだりに指紋の押なつを強制されない自由を有するものというべきであり、国家機関が正当な理由もなく指紋の押なつを強制することは、同条の趣旨に反して許され」ないと判示した。住基ネット訴訟（最判平成20・３・６民集62巻３号665頁）では、「憲法13条は、国民の私生活上の自由が公権力の行使に対しても保護されるべきこと

を規定しているものであり、個人の私生活上の自由の1つとして、何人も、個人に関する情報をみだりに第三者に開示又は公表されない自由を有するものと解される」と判示している。

なお、いずれの判決も、結論として13条違反の主張を認めていないことには留意が必要である。

2　裁判所のアプローチ

このように最高裁は、若干の言い回しの違いはあるものの、13条は「個人の私生活上の自由」を国家権力の行使から保護する規定であるとしている。そして、「個人の私生活上の自由」の中身の全貌を明らかにせず、事案に応じて小出しにしながら保護を図る、という手法を採用している点に特徴がある。

最高裁で「個人の私生活上の自由の1つ」として認められた自由は、上述のとおり、「みだりに容ぼう等を撮影されない自由」（京都府学連事件）、「みだりに指紋の押なつを強制されない自由」（指紋押捺事件）、「個人に関する情報をみだりに第三者に開示又は公表されない自由」（住基ネット訴訟）がある。

さらに、13条への言及はないものの、「前科及び犯罪経歴……は人の名誉、信用に直接にかかわる事項であり、前科等のある者もこれをみだりに公開されないという法律上の保護に値する利益を有するのであって、市区町村長が、本来選挙資格の調査のために作成保管する犯罪人名簿に記載されている前科等をみだりに漏えいしてはならない」として、前科等の取扱いには「格別の慎重さ」が要求されると判示した前科照会事件（最判昭和56・4・14民集35巻3号620頁）や、「学籍番号、氏名、住所及び電話番号」といった「個人識別等を行うための単純な情報」であっても、「本人が、自己が欲しない他者にはみだりにこれを開示されたくないと考えることは自然なことであり、そのことへの期待は保護されるべきものであるから、本件個人情報は、上告人らのプライバシーに係る情報として法的保護の対象となるというべきである」として、「このようなプライバシーに係る情報は、取扱い方によっては、個人の人格的な権利利益を損なうおそれのあるものであるから、慎重に取り扱われる必要がある」ため、これを「上告人らの意思に基づかずにみだりにこれを他者に開示することは許されない」とした早稲田大学江沢民講演会名簿提出事件（最判平成15・9・

12民集57巻 8 号973頁〔以下、早大江沢民事件〕）などがある。これらも含めれば、最高裁は、「みだりに前科を公表されない法的利益」（前科照会事件）、「単純個人情報を自己が欲しない他者にはみだりに開示されない自由」（早大江沢民事件）も、「個人の私生活上の自由」の 1 つと考えていると解することができる。

なお、GPS 捜査について、「個人の行動を継続的、網羅的に把握することを必然的に伴うから、個人のプライバシーを侵害し得る」とした判決（最大判平成29・ 3 ・15刑集71巻 3 号13頁）もあるが、この事例は35条の問題として処理されている（→第12章Ⅲ 3 ）。

3 「個人の私生活上の自由」の諸相

(1) 情報の「収集」と「開示」

最高裁で認められた「個人の私生活上の自由」は、情報の「収集」からの自由（京都府学連事件、指紋押捺拒否事件）と、情報の「開示・公表」からの自由（住基ネット訴訟、前科照会事件、早大江沢民事件）とに大別できる。

そして最高裁は、前者の自由を制限することは、13条の「趣旨」に反して許されないという言い方をしている一方、後者の自由の制限に関する住基ネット訴訟では、13条の「趣旨」ではなく、端的に「13条により保障された上記の自由」を侵害するかが検討されていた。ここから、最高裁は後者の自由に重きを置いて「個人の私生活上の自由」を考えている可能性を読みとれる。

それでも、下級審において公権力による個人情報の「収集」が違法とされた例がある。例えば、大衆闘争や労働運動の拠点付近に監視カメラを設置したことにつき、プライバシーの利益を侵害するとした事例（大阪地判平成 6 ・ 4 ・27判時1515号116頁〔釜ヶ崎監視カメラ事件〕）、大阪市が全職員に対して回答を義務付けて行ったアンケートにつき、その質問項目の一部が職務と関連しない、開示を望まない私生活上の事実に関するものであり、その回答を強制することはプライバシー権を侵害するとした事例（大阪高判平成27・12・16判時2299号54頁）、陸上自衛隊情報保全隊が、自衛隊のイラク派遣反対運動への参加者らの活動を監視し情報を収集していたことにつき、一部の原告についてのプライバシー情報の収集、保有を違法とした事例（仙台高裁平成28・ 2 ・ 2 判時2293号18頁〔自衛隊情報保全隊事件〕）などを挙げることができる。

(2) 情報の「利用・管理」

　さらに上述の最高裁判決から、「収集」と「開示」の中間に存する「利用・管理」の視点も、不十分ながら見出すことができる。この視点がよく表れているのが住基ネット訴訟である。

　この事件では、住基ネットへの接続以前から既に収集・管理されていた情報（氏名、生年月日、性別及び住所から成る4情報）に住民票コードと変更情報を加えた本人確認情報が問題になっているため、「収集」は直ちには問題とならない。また原告側は、住基ネットに接続されることからの離脱を求めたのであって、「開示」もまた直接に争点となっていたわけではない。それにもかかわらず最高裁は、この事件での「個人の私生活上の自由」を、「何人も、個人に関する情報をみだりに第三者に開示又は公表されない自由」であるとして「開示」の問題として構成した。そして、当該自由が住基ネットへの接続によって侵害されないという結論を導く際に重視されたのは、「住基ネットのシステム上の欠陥等により外部から不当にアクセスされるなどして本人確認情報が容易に漏えいする具体的な危険はないこと、受領者による本人確認情報の目的外利用又は本人確認情報に関する秘密の漏えい等は、懲戒処分又は刑罰をもって禁止されていること、住基法は、都道府県に本人確認情報の保護に関する審議会を、指定情報処理機関に本人確認情報保護委員会を設置することとして、本人確認情報の適切な取扱いを担保するための制度的措置を講じていることなど」、すなわち、情報の「利用・管理」のあり様であった。

　指紋押捺拒否事件でも、個人の内面に関わらない情報である指紋が、「利用方法次第」で「個人の私生活あるいはプライバシーが侵害される危険性」があるとされていたが、ここに「利用・管理」の視点を読み取ることも可能である。さらに、早大江沢民事件で不法行為責任が認められた理由として、「任意に提供したプライバシーに係る情報の適切な管理についての合理的な期待を裏切る」ものであったとされていたことにも、「利用・管理」の視点を読み取ることが可能である。

　関連する下級審の裁判例として、警察の公安当局が国際テロ防止のためにイスラム教徒の個人情報の収集・保管・利用したことに対して、「自身の信仰内容・信仰活動に関する情報を行政機関に収集・管理されない自由」の侵害であ

るとする主張を退けつつ、当該情報を流出させてしまったことについて情報管理上の注意義務違反を認めた事例（東京地判平成26・1・15判時2215号30頁、東京高判平成27・4・14判例集未登載〔公安テロ情報流出事件〕）を挙げることができる。

(3) 情報の「質」

　さらに最高裁は、情報の「質」にも着目している。指紋押捺拒否事件では、「指紋は、指先の紋様であり、それ自体では個人の私生活や人格、思想、信条、良心等個人の内心に関する情報となるものではないが、性質上万人不同性、終生不変性をもつので、採取された指紋の利用方法次第では個人の私生活あるいはプライバシーが侵害される危険性がある。このような意味で、指紋の押なつ制度は、国民の私生活上の自由と密接な関連をもつものと考えられる」としたうえで、「指紋押捺を強制されない自由」を導いていた。この説明と、前科照会事件において前科等が「人の名誉、信用に直接にかかわる事項」であるから、「その取扱いには格別の慎重さが要求される」とされていたことなどを合わせて考えると、最高裁は、原則として個人の私生活情報、内心に関する情報、名誉・信用に直接かかわる情報のようにセンシティブな情報のみが「国民の私生活上の自由と密接な関連をもつ」と捉えているかのようである。

　もっとも、個人識別のための単純情報は、「秘匿されるべき必要性が必ずしも高いものではない」とした早大江沢民事件では、「このような個人情報」でも、「本人が、自己が欲しない他者にはみだりにこれを開示されたくないと考えることは自然なことであり、そのことへの期待は保護されるべきものであるから、本件個人情報は、上告人らのプライバシーに係る情報として法的保護の対象となるというべき」とし、「このようなプライバシーに係る情報」は、「取扱い方によっては」、「個人の人格的な権利利益を損なうおそれ」があるため「慎重に取り扱われる必要がある」としていた。また、住基ネット訴訟では、住基ネットによって管理、利用等される本人確認情報について、「これらはいずれも、個人の内面に関わるような秘匿性の高い情報とはいえない」としていたが、それでも上述の通り、システムとしての脆弱性の有無を検討していた。

　これらの判例からは、センシティブ情報ではないからといって、13条により保障されないわけではないという最高裁の立場を読み取ることができる。

4 プライバシー権との関係

(1) 自己情報コントロール権としてのプライバシー権

　学説では、最高裁が憲法13条を根拠に「個人の私生活上の自由」を保障していることを捉えて、実質的にプライバシー権を認めていると理解するのが一般的である。

　プライバシー権とは、もともとは不法行為法の領域で「一人で放っておいてもらう権利（the right to be let alone）」として、アメリカの判例のなかで生成・発展してきた権利であり、日本では「宴のあと」事件（東京地判昭39・9・28下民集15巻9号2317頁）において、「私生活をみだりに公開されない法的保障ないし権利」として、私法上の権利として承認された。その後、高度情報通信社会の到来を踏まえて、より積極的に、「個人が道徳的自律の存在として、自ら善であると判断する目的を追求して、他者とコミュニケートし、自己の存在にかかわる情報を開示する範囲を選択できる権利」、すなわち「自己情報コントロール権」としてプライバシー権を再構成する学説が支持を集めている。この理解は、上述した判決が、「個人の私生活上の自由」として、個人の情報に関する自由を導き出していたこととも平仄が合う。

(2) 自己情報コントロール権と人格的生存

　それでは、「自己情報コントロール権」としてのプライバシー権は、人格的生存とどのような関係があるのだろうか。これについて、人格的利益説の主唱者であるとともに、「自己情報コントロール権」の主唱者でもある論者（佐藤幸治）は、個人が自律的存在として人格的統一を図る上で必要な道徳的・良心的決定を保全するために不可欠のものであり、このような意味でのプライバシーの権利は、人間にとって最も基本的な、愛、友情および信頼関係にとって不可欠な生活環境の充足のために必要であると説明している。このような見地から、コントロールの対象となる「自己情報」を、「道徳的自律の存在に関わる情報」、具体的には、個人の思想・信条・精神・身体に関する基本情報、重大な社会的差別の原因となる情報である「プライバシー固有情報」と、個人の道徳的自律の存在に直接かかわらない外的事項に関する情報である「プライバシ

ー外延情報」とに区別し、前者についてはその情報の取得、利用ないし対外的な開示が原則的に禁止されるのに対し、後者については正当な目的のために適正な方法を通じて取得・保有・利用しても、直ちにはプライバシー権の侵害にはならないと主張するが、これもまた、情報の「質」を問題にしていた判例の立場と整合的である。

(3) 個人情報保護法制

自己情報コントロール権の具体化ともいえる個人情報保護法制について、ここで簡単に触れておきたい。

2003年に「個人情報の保護に関する法律」（個人情報保護法）、「行政機関が保有する個人情報の保護に関する法律」、「独立行政機関等の保有する個人情報の保護に関する法律」が制定され、法律の整備がなされたが、その後、高度情報通信社会のさらなる進展に伴って個人情報の利用が著しく拡大していることに対応するため、2017年5月から個人情報保護法の改正法が施行されている。

改正法は、顔認識、指紋、音声データなどのデジタル情報や、パスポート番号や運転免許証番号など個人に割り振られた番号である「個人識別符号」も保護の対象となる個人情報に含まれることを明確にするとともに、本人の人種、信条、社会的身分、病歴、犯罪歴など、取扱いに特に配慮を要する「要配慮個人情報」について、本人の同意なしの取得を原則禁止にする。他方、特定の個人を識別することができないように個人情報を加工し、復元できないようにした「匿名加工情報」については、利用目的に制限を設けず、また本人の同意なく第三者に提供することを認め、いわゆる「ビッグデータ」をビジネスで活用できるようにしている。そして個人情報の適正な取扱いを確保するための組織として、個人情報保護委員会が設置された。

システム・コントロール権

情報技術が飛躍的に拡大し、情報のデータベース化、ネットワーク化が進行している今日、プライバシー外延情報であっても、その集積・連結・解析を通じて、個人をかなりの程度正確に把握することができる。そうした状況は、自分の情報が、どこに、どの程度、いつまで保存されるか、また誰に、どのよう

に利用されるのか、といった漠然とした不安を私たちに抱かせるとともに、私たちの行動にも影響を与えかねない。プライバシー権を愛・友情・信頼関係の形成といった親密な関係との関係で把握する自己情報コントロール権は、この種の問題に対して適切に対応しきれないのではないかという問題意識から、近時、システム・コントロール権としてのプライバシー権という把握を試みる説が注目を集めている。

　この説は、システム構築を目的とした個人情報の収集・保存によって、情報の「質」にかかわらず、プライバシー権が侵害されうるとし、その正当化の段階でシステムの堅牢性といった構造の審査を要請するとともに、かかる構造審査を担う専門的な第三者機関の設置の有無、権限の内容などといった組織法的観点からの審査を要請する。先に述べたように、住基ネット訴訟において最高裁が、住基ネットシステムの構造に目を向けた検討を行っていたことは、システム・コントロール権としてのプライバシー権理解に親和的である。

　もっとも、システム・コントロール権と自己情報コントロール権とは必ずしも相互に排他的関係にあるわけではない。自己情報コントロール権としてのプライバシー権の側面を踏まえつつも、システム・コントロール権としてのプライバシー権の側面を理論化していくことが課題である。

Ⅲ　人格権

1　私法上の人格権と憲法上の人格権

　私法上、個人の人格的価値に関係する非財産的利益を総称した権利として、人格権が認められている（民法710条参照）。上述したプライバシー権は、もともと私法上の人格権の一内容として認められたものである（「宴のあと」事件）。

　憲法13条は、この私法上認められた人格権の一部を、憲法上の権利として承認している。例えば、北方ジャーナル事件（昭和61・6・11民集40巻4号872頁）で最高裁は、「人の品性、徳行、名声、信用等の人格的価値について社会から受ける客観的評価」と定義される名誉について、「人格権としての個人の名誉の保護（憲法13条）」と述べ、13条によって根拠づけている。また、夫婦同氏制

を定める民法750条の合憲性が争われた事件（最大判平成27・12・16民集69巻 8 号2586頁）で最高裁は、氏名は「人が個人として尊重される基礎であり、その個人の人格の象徴であって、人格権の一内容を構成するものというべきである」としつつも、「婚姻の際に『氏の変更を強制されない自由』が憲法上の権利として保障される人格権の一内容であるとはいえない」として、憲法13条違反の主張が退けたが（→ 4 章Ⅲ3(3)）、この言い回しには、私法上の人格権の一内容を構成する利益が必ずしも憲法上の権利として保障されるわけではないが、憲法上の権利として保障される人格権が存在するということが示されている。

　Ⅱで見た13条によって保障される「個人の私生活上の自由」も人格的価値に関係するものであるから、人格権の一内容として整理することができる。他方で、憲法上の人格権として認められた名誉権は、社会から受ける客観的評価であるから、判例のいう「個人の私生活上の自由」に分類しにくい面もある。また、後述する自己決定権ともやや性質が異なる。そのため本章では、13条に基づいて認められる権利を、Ⅱで述べた「個人の私生活上の自由」に関する自己情報コントロール権、Ⅲの人格権、そしてⅣで述べる自己決定権の 3 つに区別して論じているが、幸福追求権の整理・分類の方法はこれ以外にも複数あり得ること、各々が密接に関連していることに注意を喚起しておきたい。

2　環境権

　憲法13条から環境権を根拠づけようとする議論は、ここに分類できるだろう。

(1)　背　景

　1960年代の高度成長に伴い、環境汚染、公害が深刻な社会問題となった。これに対処するために、各種公害規制立法の制定などの対策が取られたものの、十分ではなかった。そうしたなかで、1970年に大阪弁護士会所属の弁護士有志によって提唱されたのが、環境権である。そこでは、「人は、誰しもが生まれながらによき環境を享受し、かつこれを支配する権利をもっているのである」とされ、「みだりに環境を汚染し、住民の快適な生活を妨げ、あるいは妨げようとしている者に対しては、この権利に基づいて、妨害の排除、又は予防を請求しうるもの」とされた。この主張は、憲法上の環境権ではなく、環境破壊等

によって個人に被害がもたらされる前段階で、加害行為の差止を認める法的根拠として主張されたものであったことに注意が必要である。その後、1986年の日弁連人権擁護大会で「自然享有権」が提唱されたが、この主張も基本的には、自然破壊行為に対する差止請求等を根拠づけようとするものであった。

このような背景のもと、憲法学でも、環境権の憲法上の根拠やその構造に対する検討が進められることになったのである。

(2) 憲法上の環境権

憲法上の環境権をめぐっては、よい環境は幸福追求のための必要最低限の条件であるとして、憲法13条に根拠を求める立場がある一方、「健康で文化的な最低限度の生活」の必要最小限の条件であるとして、憲法25条に根拠を求める立場もある。環境権が自由権的・防御権的な側面と社会権的側面を有していることから、憲法13条と25条が競合的に保障しているという立場もみられる。

もっとも、防御権としての環境権に対しては、なぜ環境という公益を個人の防御権として構成できるのか不明であるという批判が提起され、社会権としての環境権に対しても、社会権の場合、立法裁量が広く認められることになるから、憲法上の環境権として認める意義が乏しいなどと批判されている。さらに、①環境権の享有主体を特定個人に限定できないのは環境権の保護法益は公益だからであり、②個人の尊重を基調とする憲法からして異質であり、③環境権の名宛人は国家に限定されないため、国家権力の統制の規範である憲法からしても異質である、などとして、環境権は憲法上の権利ではないとする主張が有力である。

(3) 判 例

環境権を正面から認めた最高裁判所の判例は存在しない。下級審では、環境的利益の侵害を人格権に対する侵害として構成し、それに基づく差止請求を容認した大阪空港騒音公害訴訟控訴審判決（大阪高判昭和50・11・27判時797号36頁）が注目を集めたが、最高裁において本件の民事訴訟の差止請求は不適法であるとされ、簡単に退けられている（最判昭和56・12・16民集35巻10号1369頁）。

IV　自己決定権

1　総説

憲法13条の幸福追求権は、どのような人生をどのように生きるかに関する基本的に重要な決定を、自らの意思で自由になしうるという「自己決定権」を保障していると解されている。上述したように、自己決定それ自体をすべて尊重しようとした一般的自由説（の1つ）とは異なり、人格的利益説に基づく自己決定権の場合、人格的生存にとって「重要な事柄」についての自己決定のみが、13条により保障されるということになる。自己決定権も広い意味では人格権の一内容を構成するが、ここではそれとは区別して取り上げる。

これまで自己決定権として主張されてきたものを整理すれば、①子どもを持つかどうかなど、性や家族のあり方を決める自由（避妊、妊娠中絶など）、②髪型、服装などライフスタイルにかかわる自由、③医療拒否、尊厳死など生命・身体の処分を決める自由、に大別できる。もっとも最高裁は、正面から自己決定権を認めておらず、また①から③に関する自由が問題になった訴訟においても、必ずしも自己決定権という名前で主張されていたわけでもない。そのことに注意しながら、以下では、自己決定権と関連しうる事例を取り上げて見ていくことにする。

2　性・家族のあり方に関する自己決定権

家族に関しては、婚姻・離婚の自由、同性婚の自由などが問題となるが、基本的には24条2項とそのもとでの立法裁量の問題として考察されることになる（→第13章 I 3）。

子どもを持つかどうかに関して、妊娠中絶は、一定の場合に堕胎罪（刑法212、213条）として処罰対象とされているが、母体保護法14条に基づいて広く実施されているのが現状であり、自己決定権の制約として争点化することはほとんどない。むしろ、かつて法律に基づき妊娠中絶を強制したことが問題となっている。旧優生保護法に基づき、優生上の見地から不良な子孫の出生を防止するなどという理由で不妊手術を強制したことについて、仙台地裁は、「子を

産み育てるかどうかを意思決定する権利は、これを希望する者にとって幸福の源泉となり得ることなどに鑑みると、人格的生存の根源に関わるものであり、上記の幸福追求権を保障する憲法13条の法意に照らし、人格権の一内容を構成する権利として尊重されるべきものである」としたうえで、不妊手術の強制は「子を産み育てる意思を有していた者にとってその幸福の可能性を一方的に奪い去り、個人の尊厳を踏みにじるもの」で、「何人にとっても、リプロダクティブ権を奪うことが許されないのはいうまでもな」いなどと強く非難して、13条に違反すると判示している（仙台地判令和元・5・28判時2413・2414号合併号3頁）（ただし、立法不作為に基づく国家賠償請求は棄却している。→立法不作為については、憲法Ⅰ第13章Ⅲ3を参照）。

性に関する自己決定に関しては、性自認に従った取扱いを受ける権利が主張されている。しかし最高裁は、「性同一性障害者の性別の取扱いの特例に関する法律」（性同一性障害特例法）が、性同一性障害者の性別変更における「現に子がいないこと」要件（3条1項3号。現在は「現に未成年の子がいないこと」に改正されている）と、「現に婚姻をしていないこと」要件（3条1項2号）について、家族秩序や婚姻秩序を混乱させないための配慮として合理性を欠くとはいえないなどとして、いずれも13条等に違反しないとしている（前者が最決平成19・10・19家月60巻3号36頁、後者が最決令和2・3・11裁判所HP）。

3　ライフスタイルに関する自己決定権

髪型・服装などのライフスタイルに関する自己決定権は、学校の校則による制限との関連で主張されることが多い。

校則に違反してパーマをかけたことなどを理由として自主退学の勧告を受けた女子生徒が、退学後、卒業認定および損害賠償を求めた私立修徳高校パーマ事件第一審（東京地判平成3・6・21判時1388号3頁）は、「個人が頭髪について髪型を自由に決定しうる権利は、個人が一定の重要な私的事柄について、公権力から干渉されることなく自ら決定することができる権利の一内容として憲法13条により保障されている」と判示して注目を集めた（ただし、校則による規制は髪型の自由を不当に制限するものではないとされた）。しかし上告審（最判平成8・7・18判時1599号53頁）は、憲法上の規定の私人間相互関係における適用を否定

したうえで（→私人間効力については憲法II2章IIIを参照）、本件校則は社会通念上不合理なものとはいえず、生徒に対してその遵守を求める本件校則は、民法1条、90条に違反するものではないとして、もっぱら私法上の問題として事案を処理している。私立東京学館高校バイク事件（最判平成3・9・3判時1401号56頁）も同様に、憲法の私人間効力を否定したうえで、バイク免許取得を禁止する校則が社会通念上不合理であるとはいえないとした原審の判断は正当として是認することができるとした。

　公立中学校での髪型の自由の制約が問題となった熊本丸刈り訴訟（熊本地判昭和60・11・13判時1174号48頁）では、13条に基づく自己決定権の侵害は主張されずに、14条、21条、31条の侵害が主張されたが、裁判所は学校側の裁量を強調して、いずれの主張も退けている。

4　生命・身体に関する自己決定権

　憲法13条後段が「生命」を明示していることから、生命そして身体の権利が同条によって保障されると解されるが、その多くは個別の人権規定の問題に解消できる。ここでは、そこに解消しきれない生命・身体に関する自己決定権について説明する。

(1)　死の選択に関する自己決定権
　死を選択するという自己決定は、自殺、積極的に死期を早める積極的安楽死、延命治療をしないこと等による消極的安楽死（尊厳死）といった局面で問題となる。それらが重要な決定であることは疑いないものの、自己決定権の行使によって自己決定の主体である「自己」が消滅してしまうという矛盾を抱えてしまう。これが死の選択に関する自己決定権の特徴である。

　そこで学説は、自己決定を、「そのときそのときの自律権の行使」（一回的自律）と、「人の人生設計全般にわたる包括的ないし設計的な自律権の行使」（包括的自律）とに区別し、一回的自律権の行使が、包括的自律権を不可逆的に侵害する場合に限り、パターナリスティックに制約することを正当化できるとする説が有力である。この立場からすると、自殺や積極的安楽死を選ぶ自己決定は、不可逆的に包括的自律を侵害するため、それに対する制約を憲法上肯定し

得るが、回復不可能な苦痛を伴うような場合に、本人が明確な意思に基づいて選択した延命治療拒否によってもたらされる尊厳死のような自己決定を制約することは違憲とされる可能性がある。この場合、死を選択する自己決定ではなく、避けられない死の「迎え方」、ないしは最後の「生き方」の自己決定権として構成されるからである。

なお、安楽死については、患者本人が意思表示できない状態にあり、かつ、事前に意思表示をしていなかった場合に、家族等が患者の自己決定を代理して行うことができるか、安楽死を実行した医師の刑事責任はいかなる場合に免責されるのか、といった論点もあり、問題を複雑にしている（最決平成21・12・7刑集63巻11号1899頁〔川崎協同病院事件〕、横浜地判平7・3・28判時1530号28頁〔東海大学病院事件〕等を参照）。

(2) 治療内容に関する自己決定権

治療内容に関する自己決定権に関連する事案として、不法行為責任に関する民事事件であるが、エホバの証人輸血拒否事件（最判平成12・2・29民集54巻2号582頁）がある。宗教上の信念から、輸血を拒否する意思を示している患者を手術するにあたり、輸血なしでの手術が可能であると説明していた医師が、事前の約束に反して輸血を行ったため、損害賠償を請求されたという事案である。控訴審（東京高判平成10・2・9判時1629号34頁）は、治療内容・方針に対する十分な説明に基づく患者の同意（いわゆるインフォームド・コンセント）は、「各個人が有する自己の人生のあり方（ライフスタイル）は自らが決定することができるという自己決定権に由来するもの」とし、本事案では医師が十分な説明をしなかったことで患者が自己決定権を行使する機会が奪われたとして、不法行為の成立を認めて損害賠償を認容したため注目を集めた。しかし、最高裁は自己決定権という言葉を使わずに、「患者が、輸血を受けることは自己の宗教上の信念に反するとして、輸血を伴う医療行為を拒否するとの明確な意思を有している場合、このような意思決定をする権利は、人格権の一内容として尊重されなければならない」とし、輸血する可能性があることを告げずに手術を実施し、患者が手術を受けるか否かについての意思決定する自由を奪ったことで、「同人の人格権を侵害した」と判断した。

(3) 身体に関する自己決定

　身体に関する自己決定に関連する事案として、性同一性障害者の性別変更の要件として、「生殖腺がないこと又は生殖腺の機能を永続的に欠く状態にあること」を求める性同一性障害特例法3条1項4号の合憲性が問題となった事件を挙げることができる（最決平成31・1・23集民261号1頁）。多数意見は、本件規定は性同一性障害者の「意思に反して身体への侵襲を受けない自由を制約する面もあることは否定できない」とし、補足意見も、「このような手術を受けるか否かは、本来、その者の自由な意思に委ねられるものであり、この自由は、その意思に反して身体への侵襲を受けない自由として、憲法13条により保障されるものと解される。……本件規定は、この自由を制約する面があるというべきである」と指摘している。

　もっとも結論として多数意見は、「本件規定は、当該審判を受けた者について変更前の性別の生殖機能により子が生まれることがあれば、親子関係等に関わる問題が生じ、社会に混乱を生じさせかねないことや、長きにわたって生物学的な性別に基づき男女の区別がされてきた中で急激な形での変化を避ける等の配慮に基づくものと解される。これらの配慮の必要性、方法の相当性等は、性自認に従った性別の取扱いや家族制度の理解に関する社会的状況の変化等に応じて変わり得るものであり、このような規定の憲法適合性については不断の検討を要するものというべきであるが、本件規定の目的、上記の制約の態様、現在の社会的状況等を総合的に較量すると、本件規定は、現時点では、憲法13条、14条1項に違反するものとはいえない」とし、補足意見も、「現時点では、憲法13条に違反するとまではいえないものの、その疑いが生じていることは否定できない」としている。

　本件規定は、性別変更の要件として生殖能力を失わせるための手術を要求するものであるから、子どもを持つか否かに関する自己決定権を不可逆的に制約するという側面もある。本決定が「現時点では」憲法13条に違反しないと述べていることに留意しながら、その合憲性を不断に問い直していくことが求められよう。

第4章
平　　等

　　例えば、フランス人権宣言が「人は、自由かつ権利において平等なものとして出生し、かつ生存する」（1条）と定めているように、「平等」は近代の政治制度において、「自由」と並んで個人の尊厳から派生する中核的原理の一翼を担ってきた。しかし、明治憲法における平等の保障は極めて不十分なものだった。明治憲法の平等に関する規定は公務就任能力の平等について定めた規定（19条）だけで、現実にも、華族を特権階級とする貴族制度が存在し、また、参政権や、民法、刑法といった様々な領域で女性が差別的に扱われていた。

　　これに対して、日本国憲法は、個人の自由とともに、平等についても徹底して保障する規定をおいている。まず、14条1項が、前段で「法の下の平等」を宣言し、後段で「差別」を禁止している。さらに、14条2項が貴族制度の廃止を、14条3項が栄典に伴う特権の廃止と栄典の世襲的効力の否定とを定める。ほかにも、夫婦の同等の権利の保障と婚姻及び家族に関する事項における両性の本質的平等（24条）、教育の機会均等（26条1項）、普通選挙の保障（15条3項）、議員および選挙人の資格の平等（44条）など、平等について定める特別の規定が多く設けられている。ここでは、それらのうち、14条1項を中心に、日本国憲法が保障する平等について考えてみよう（→教育の機会均等については憲法Ⅱ13章Ⅲ3、投票価値の平等については憲法Ⅰ6章Ⅰ1参照）。

Ⅰ　「法の下に平等」の意味

　　憲法14条1項前段は法のもとの平等を宣言しているが、「法の下に」平等で

あるということの意味と、「平等」であるということの意味がそれぞれ問題になる。なお、「平等」は多義的な概念であり、以下で取り上げる「絶対的平等」「相対的平等」「実質的平等」「形式的平等」といった用語も人によって定義が微妙に異なる場合がある。

1 「法の下に」の意味

一見すると、「法の下に平等」ということは、法の内容について平等を求める「法内容の平等」ではなく、法を適用する際は平等に適用されなければならないという「法適用の平等」を求めるように思える。法のもとの平等が法適用の平等のみを意味するとすれば、14条1項前段は、法を適用する行政権と司法権とを拘束するにとどまり、法を制定する立法権を拘束する原理ではないということになる。これに対して、法の内容についても平等が要請されるとすると、14条1項前段は立法権をも拘束することになる。そこで法適用の平等は「立法者非拘束説」、法内容の平等は「立法者拘束説」ともいわれる。

日本国憲法が施行された初期の頃は、立法者非拘束説も有力であったが、今日では、14条1項は、法適用の平等だけでなく、法内容の平等をも意味するものと理解されている。法が平等に適用されていても、適用される法の内容に不平等な取扱いがあれば平等は実現されようがないし、また、日本国憲法は裁判所に法律の違憲審査権を与えていることから、法を適用する行政権のみならず、法を制定する立法権からも個人の自由や平等を保障しようとしていると考えられるからである。

2 「平等」の意味

(1) 絶対的平等と相対的平等

「法の下に平等」の「平等」の意味について、判例は「絶対的な平等」ではないとし（最大判昭和39・5・27民集18巻4号676頁〔待命処分事件〕）、通説も判例と同様の立場に立つ。

絶対的平等とは、人の現実の様々な差異を無視して全く機械的に均一に扱うことをいう。しかし、一般に、法は、「一定の要件を満たした者」に「一定の効果」を与えるものであり、何らかの区別を行うことを避けることはできず、

もし区別が合理的な理由に基づく場合にまで平等違反になってしまうとすると、そもそも法というものが作れなくなってしまう。法の領域で絶対的平等を求めることは非現実的なのである。

そこで、平等違反になるのは、「差別すべき合理的な理由なくして差別する」場合と考えられている。つまり、「事柄の性質に即応して合理的と認められる差別的取扱をすること」は、憲法によって禁止されていない。このような立場は「相対的平等」観に立つものと理解され、通説も判例も、憲法が保障する平等を相対的平等と解している。

(2) 形式的平等と実質的平等

「事柄の性質」に関連して、個人をどのようなものと捉え対応するかという観点によって区別されるのが「形式的平等」と「実質的平等」である。

形式的平等では、個人を「人」であるという形式において抽象的に捉え、事実上の違いがあったとしても法律上は均一なものとして対応することが求められる。これに対して、実質的平等では、個人を性別や経済環境などの実質において具体的に捉え、事実上劣位に置かれている者を有利に扱うなど、事実上の違いを考慮した対応が求められる。

近代の政治制度のもとでは、出生や財産などの事実上の差異にもかかわらず、すべての人は法律上平等に自由が保障されなければならないと考えられ、形式的平等の実現が求められた。しかしその後、資本主義の発展に伴い、貧富の差が生まれそれが固定化していくと、形式的平等だけでは不十分であり、現実に存在する事実上の不平等も是正されなければならないと考えられるようになり、実質的平等も同時に要求されるようになる。

ただし、形式的平等が自由と両立しうるのに対して、実質的平等は自由の保障によってもたらされる事実上の差異の是正を要求するから、自由とも形式的平等とも対立する契機を秘めている。そこで、日本国憲法のもとでは、形式的平等の実現が基本となるが、例外的に実質的平等の実現も認められると考えられている。判例も、この点について、夫婦同氏合憲判決（最大判平成27・12・16民集69巻8号2586頁）で、民法750条が定める夫婦同氏制「それ自体に男女間の形式的な不平等が存在するわけではない」としながらも、「夫の氏を選択する

夫婦が圧倒的多数を占めている」現状に「社会に存する差別的な意識や慣習による影響があるのであれば、その影響を排除して夫婦間に実質的な平等が保たれるように図ることは、憲法14条1項の趣旨に沿うものである」と述べている。

(3) 積極的差別是正措置と合理的配慮義務

　実質的平等と関連して問題になるのが、積極的差別是正措置である。積極的差別是正措置とは、歴史的に差別を受けてきた集団に対し、差別を解消する目的で優先的な処遇を与える措置のことである。もともとは、黒人や女性などの「マイノリティ」に対し大学入試や雇用の場面で特別枠を設けるといったアメリカでとられた措置を指し、アファーマティブ・アクションともポジティブ・アクションとも称される。日本でも、被差別部落解消のための同和政策やアイヌ民族の保護対策などが講じられたり、男女共同参画社会基本法のもとで厚生労働省が「ポジティブ・アクション宣言」を行ったりしている。2018年には、国会と地方議会における男女の候補者数ができる限り均等になることを目指す、政治分野における男女共同参画推進法も施行された。

　ただし、積極的差別是正措置は、いき過ぎると「逆差別」となり平等違反の問題を生む。というのも、そもそも積極的差別是正措置には、実質的平等を実現するために形式的平等の放棄を認める面があるからである。また、積極的差別是正措置には、それが差別を受けてきた集団を前提とする取り組みであることから、平等が保障されるのは集団ではなく集団に分類される個々人であるという大前提が忘れられがちであるという問題もある。そこで、各国が性差別解消のための積極的差別是正措置を導入する契機となっている女子差別撤廃条約は、積極的差別是正措置が「機会及び待遇の平等の目的が達成された時に廃止されなければならない」として、積極的差別是正措置が暫定的なものであることに注意を促している（4条）。日本国憲法14条も、積極的差別是正措置を直接要求しているとまでは解されていない。

　これに対して、2013年に制定された「障害を理由とする差別の解消の推進に関する法律」が行政機関や民間事業者に課す合理的配慮義務は、集団を前提とする取り組みではなく、個人の権利救済であるとされる。同法によれば、「障

害がある者にとって日常生活又は社会生活を営む上で障壁となるような社会における事物、制度、慣行、観念その他一切のもの」をさす「社会的障壁」について、その除去を必要とする旨の意思表示が「障害者」からあった場合に、「障害者の権利利益を侵害することとならないよう、……社会的障壁の除去の実施について必要かつ合理的な配慮」が行政機関などには求められる（なお、民間事業者については努力義務にとどまる）。

II　合理的な理由の有無の判断の仕方

1　平等問題の違憲審査の枠組み

　憲法14条が保障する平等は相対的平等であると解されていることから、ある区別が平等違反かどうかは、その区別が合理的な根拠に基づくものであるかどうかによって決まることになる（→本章 I 2）。しかし、「合理性」というだけではあまりにも漠然としており、何が合理的な根拠に基づく区別で、何が不合理な差別に当たるのかを明らかにするのは容易ではない。そこで、区別することに合理的な理由があるかを判断するための違憲審査の枠組みが重要になる。

　平等問題の違憲審査の枠組みは、尊属殺重罰規定違憲判決（最大判昭和48・4・4刑集27巻3号265頁）が旧刑法200条を違憲と判断するにあたって「立法目的」と「立法目的達成の手段」について審査して以来、平等違反とならないためには「立法目的の合理性」と「区別の合理的関連性」の双方が必要であるというように、判例でも通説でも、立法目的と立法目的達成手段を審査するという枠組みが定着してきた。

2　平等問題の違憲審査の厳格度

(1)　学　説

　通説は、立法目的と立法目的達成手段を審査するにあたって、①区別が関わる権利・義務と②区別の指標（区別事由）とがそれぞれ何であるかに応じて、異なる厳格度で審査するという立場に立つ。

　①区別が関わる権利・義務が、二重の基準論で厳格な審査が要求されるもの

の場合には、平等違反の有無も厳格な審査が要求される（→二重の基準論については憲法Ⅱ１章Ⅲ４参照）。同時に、②区別事由が憲法14条１項後段に列挙されている「人種、信条、性別、社会的身分又は門地」に該当する場合にも、これらの区別は原則として不合理なものと考えることができるから、厳格な審査が要求される。

(2) 判　例

判例にも、しばしば違憲審査の厳格度を「区別により侵害される利益」に関連させて決しているものがみられ、上記①の区別が関わる権利・義務に応じて、審査の厳格度を変えるという立場に立つように解される判例もある。例えば、国籍法違憲判決（最大判平成20・６・４民集62巻６号1367頁）は、日本国籍が重要な地位であることを理由の１つに挙げて、合理性を「慎重に検討する」と述べている。また、再婚禁止期間違憲判決（最大判平成27・12・16裁時1642号１頁）は、憲法24条の趣旨に照らし「十分尊重に値する」婚姻の自由が「直接的制約」を受けていることを理由に、「事柄の性質を十分考慮に入れた」合理性の審査が求められるとし、補足意見のなかには、この審査の厳格度について、「形式的な意味」での「合理的な関連性」の審査だけでなく、手段それ自体の「実質的な」相当性の審査を要求するものと解するものもある。

他方で、上記②の区別事由については、違憲審査の厳格度に関連して言及する判例はあるが、少なくとも単独で厳格度を規定しうる要素とはされていない。例えば、国籍法違憲判決でも、婚外子という区別事由の問題性が指摘されているが、同時に、上述のとおり、区別が関わる権利への言及も見られるのである。

3　憲法14条１項後段列挙事由

２で述べたように、通説は、14条１項後段列挙事由を、禁止される区別事由の例示と解釈したうえで、区別事由がこれに該当する場合には厳格な審査が要求されるとし、後段列挙事由に特別な意味をもたせている。ただし、通説が14条１項後段列挙事由に特別な意味をもたせているのは、単に憲法14条に列挙されているということだけを根拠としているわけではない。後段列挙事由に基づ

く区別の違憲性を厳格に審査すべきなのは、後段列挙事由に基づく区別が歴史的な経験から悪質な差別で不合理である蓋然性が高いからである。したがって、後段列挙事由以外の事由による区別であっても、厳格な審査が求められる場合がありうることは通説でも否定されていないし、また、後段列挙事由のなかでも審査の厳格度に区別を設ける説も有力である。

　これに対し、判例は通説とは異なる立場に立つ。まず、初期の判例には、後段列挙事由以外の区別事由による区別はそもそも憲法によって禁止されていないとして、憲法が禁止される区別事由を限定するものとして後段列挙事由を解釈し、これに特別な意味をもたせるものもあった。しかし、現在の判例（待命処分事件）は、後段列挙事由を例示列挙と解しており、この点では、現在の判例と通説は同じ立場に立つ。

　ただし、判例は、通説と異なり、後段列挙事由を例示と解釈するにとどまっており、違憲審査の厳格度に関連して後段列挙事由に言及する判例はあるが、後段列挙事由に基づく区別は厳格に審査されるといった特別の意味を見出しているわけでは必ずしもない（→本章Ⅲ参照）。

憲法14条1項前段と後段の関係——平等と差別の禁止

　従来、通説では、「平等とは差別を受けないことである」というように、憲法14条1項後段の「差別の禁止」は、前段の「法の下の平等」の要請に吸収されるものと理解されてきた。これに対し、近年は、14条の要請する「法の下の平等」と「差別の禁止」とは区別して考えるべきであるという見解が多く見られるようになってきている。

　例えば、婚外子法定相続分規定に関する平成7年大法廷決定（最大決平成7・7・5民集49巻7号1789頁）の多数意見と反対意見の違いは、問われている平等問題の本質を「権利・利益の分配のレベルでの別異取扱い」の問題に限定する立場と「地位のレベルでの格下げ」の問題に広げる立場の違いであると分析され、従来の理解では、後者の問題が十分に考慮されないという指摘がある。最高裁の個別意見のなかにも、「差別的取扱い」が「端的に問題に」なる、婚外子法定相続分規定に関する平成25年大法廷決定（最大決平成25・9・4民集67巻6号1320頁）のようなケースと、「立法目的・手段の合理性等の有無」が審査されるべきケースとを区別するものがある（再婚禁止期間違憲判決・千葉補足意見）。

ほかにも、「区別と区別目的との間に合理的関連性があるか」という問題と、「人格の価値がすべての人間について平等であるという大原則」との区別を主張するものや、「問題となっている区別の目的への適合性の要請（14条1項前段）」と「差別抑制の要請（後段）」の区別を主張するものなどがある。

Ⅲ　平等をめぐる諸問題

　平等に関する判例には様々なものがある。以下では、憲法14条1項後段列挙事由を中心に、平等をめぐる諸問題について検討する。

1　人　種

　「人種」とは、皮膚の色や頭髪といった、身体の生物学的特徴を共有するとされる人々の集団を指すが、社会通念上、母語や宗教、生活様式といった文化的特徴を共有するとされている人々の集団を指す「民族」も、後段列挙事由の「人種」に含まれると考えられている。人種差別は、黒人差別やユダヤ人差別など、どの国でも深刻な社会問題となっており、人種差別撤廃条約や国際人権規約の制定など、人種差別を撤廃する動きは国際的な動きとなっている。

　日本では、「アイヌ民族」や入管特例法が定める「特別永住者」に対する人種差別が問題になってきた。アイヌ民族は、1899年に制定された北海道旧土人保護法のもと、アイヌ民族保護の名目で、アイヌ民族の土地を奪ったり日本人の暮らしに同化させたりする政策が推進されたことによって、独自の文化を失い、差別や偏見を受けるようになった。北海道旧土人保護法は1997年にようやく廃止され、アイヌの伝統を守るアイヌ文化振興法が制定された。その後、2019年には、アイヌ文化振興法に代わって、アイヌ民族を「先住民族」と初めて明記した、アイヌ施策推進法が制定されている。特別永住者に関しては、在日朝鮮人であることを理由とした採用内定取消につき、「国籍」を理由とした差別を禁止する労働基準法3条に違反するとした判決がある（横浜地判昭和49・6・19判時744号29頁）。ただし、日本国籍を有しない「外国人」を日本国籍保有者から区別することについては、一般には、外国人にも日本人と同様に憲法上

の権利が保障されるかという「人権の主体」の問題として議論され（→憲法II 2章I 1参照）、人種差別の問題とはされていない。

2　信　条

　「信条」とは、かつては宗教上の信仰を意味していたが、今日ではより広く、政治的・哲学的な信念や主義主張も含むと考えられている。信条に基づく差別は、雇用の場面で特定の信条の持ち主が排除されるといった形でしばしば生ずる。この点、国家公務員法は、「公務」の本質から「日本国憲法又はその下に成立した政府を暴力で破壊することを主張する政党その他の団体を結成し、又はこれに加入した者」が官職に就くことは認めていない（38条5号）が、一般論としては、信条による差別の禁止を確認している（27条）。

　これに対し、私企業における雇用については、三菱樹脂事件（最大判昭和48・12・12民集27巻11号1536頁）が、思想・信条を理由に雇入を拒んでも違法ではないと判断し、信条を理由とした不採用を明確に禁止する法律もない。ただし、採用後の労働者に対しては、労働基準法3条によって、使用者が思想・信条により差別することが禁止されている（なお、現在は、職業安定法5条の4および平成11年告示第141号により、採用時に、思想・信条を含め、社会的差別の原因となるおそれのある個人情報などを収集することは、原則として認められていない）。

　なお、信条や信仰を理由とした差別は、憲法が別に保障する「思想及び良心の自由」（19条）や「信仰の自由」（20条）にも違反すると考えられ、実際の裁判は、これらの条文に関わる紛争として提起されることが多い。

3　性　別

　「性」については、生物学的・身体的意味での性（sex）と、社会的・文化的意味での性（gender）があるとされるが、後段列挙事由の「性別」は、一般的には、生物学的な男女の区別を意味すると解されている。

　性別に基づく区別が禁止されるようになったのは、世界的に見ても、そう古いことではない。例えば、フランス人権宣言で求められている平等も、性別に基づく差別を禁止するものではなかった。そもそも、平等なものとして出生する「人」とは、男性のことであって、女性は「人」には含まれなかったのであ

る。そのため、女性に対する差別が性別に基づく差別として禁止されるように
なったのは、女性の社会的地位が向上してからのことであった。例えば、女性
参政権が確立したのも、多くの国で、20世紀に入ってからのことである。

　日本でも、明治憲法のもと、第二次大戦の終了時までは、女性には国政レベ
ルの参政権や公務就任権が否定されていた。また、「家」制度を背景として、
妻は民法上無能力とされ、刑法上も姦通罪の主体は女性だけに限られるなど、
家族における地位についても、女性は男性に比べ差別的取扱いを受けていた。
そこで、日本国憲法は、14条のほかにも、44条で両議院の議員とその選挙人の
資格について性別に基づき差別することを禁じ、さらに、24条では、1項で婚
姻の自由と夫婦の同等の権利を保障し、2項で家族に関する法律の制定が「個
人の尊厳と両性の本質的平等に立脚して」行われなければならないことを定
め、女性差別を徹底して禁じている（→憲法24条については憲法Ⅱ13章Ⅰ参照）。

　しかし、男女の間の生物学的な条件の違いを理由に女性を保護し、あるいは
女性の権利を高めるために行われる区別は差別には当たらないと考えられてき
たこともあり、性差別的な法制度や、社会における慣行としての事実上の差別
は残っている。例えば、女性の深夜労働の禁止や、女子の生理的成熟の早さを
理由に婚姻能力について男女間に2歳の差を設けることは、男女の生物学的な
条件の違いに由来するものと考えられてきた。しかし、このような区別がかえ
って女性に不利益をもたらすこともあり、前者について定めた労働基準法の規
定は1997年に削除され、後者について定める民法731条についても2018年に改
正され、2022年4月1日から女性の婚姻年齢も18歳に引き上げられる。

　ほかに、性別に基づく差別であることが疑われている問題として、(1)雇用関
係における女性に対する差別的取扱い、(2)女性のみの再婚禁止期間、(3)夫婦同
氏の問題などがある。

「性別」と「性的指向」

　夫婦の同等の権利を保障し、婚姻及び家族に関する事項における両性の本質
的平等を定める憲法24条は、女性を劣位に置く戦前の「家」制度を否定するこ
とに大きな意義があった（→詳細は憲法Ⅱ13章Ⅰ）。しかし、性別をめぐる差別
の問題は、女性差別の問題を超えた広がりをみせている。同性婚の問題はその

１つである。日本国憲法制定当時は同性婚の問題は念頭になかったと思われ、24条も婚姻が「両性の合意のみに基づいて」成立するとしか規定していない。そこで、24条のもとで同性婚が許容されるかが新たに議論されている。

同性愛者は婚姻の場面に限らず一般に偏見をもたれることが多く、同性愛者の宿泊を拒否した公共施設の処分につき、実質的に差別的取扱いであり違法と認定された裁判もある（東京高判平成９・９・16判タ986号206頁〔東京都青年の家事件〕）。ただし、同性愛者に対する差別は、同性愛者本人の「性別」に基づいて行われているわけではない。そこで、同性愛者に対する差別は、性差別の問題としてよりも「性的指向」に基づく差別の問題として論じられることが多い。

一方、性同一性障害者は、出生時の身体的特徴によって決まる法律上の性別と心理的には別の性別が自身の本当の性別であるとの持続的な確信をもつ者のことを指し、これまで法が前提としてきた「性別」の取扱いそのものに新たな問題を提起している。なお、2003年には「性同一性障害者の性別の取扱いの特例に関する法律」が制定され、性同一性障害者は、一定の要件を満たす場合に家庭裁判所の審判を受ければ、民法などの法令の適用につき、心理的に確信をもっている性別に変わったものとして取り扱われることとなった（→法律上の性別変更の要件に関する最高裁の判断については、憲法Ⅱ３章Ⅳ２、４参照。なお、関連して、性別変更を受けたことだけを理由としたゴルフクラブ入会拒否等が不法行為と認定された東京高判平成27・７・１判例集未登載や、法律上の性別変更はしていない性同一性障害の職員に対し、自認する性別のトイレの使用を経産省が制限したことを国賠法上違法と評価した東京地判令和元・12・12労働判例ジャーナル96号２頁等がある）。

(1) 雇用関係における女性に対する差別的取扱い

かつての民間企業では、労働者の職種、資格などに基づき複数のコースを設定し、コースごとに配置・昇進等を行う「コース別雇用管理制度」のもとで実際上女性を差別したり、女性の定年を男性よりも早くする「女子若年定年制」が多く採用されたりしていた。そのため、雇用関係における女性に対する差別的取扱いを撤廃する必要があることが指摘されてきた。

まず、女子若年定年制については、1981年に最高裁が、日産自動車事件で、定年を男性55歳、女性50歳と定める会社の就業規則を民法90条に違反するとし

て無効とし（最判昭和56・3・24民集35巻2号300頁）、原則無効であることが判例上確立した。

　その後、雇用関係における女性への差別的取扱いに対する立法上の取り組みとして、1985年に、男女雇用機会均等法（雇用の分野における男女の均等な機会及び待遇の確保等に関する法律）が制定され、賃金以外の労働条件に関する女性差別が規制されるようになる。1997年には、男女雇用機会均等法が改正され、それまで男女の均等な取扱いの努力義務を事業主に課すにとどまっていた労働者の募集、採用、配置、昇進について、女性差別が禁止されるようになる。同年、労働基準法も改正され、上述のように、妊娠・出産に関わる母性保護以外の一般的女性保護規定が削除された。2006年にも男女雇用機会均等法が再度改正され、女性だけでなく男女双方に対する性差別や、外見上は性に中立的な慣行でも実質的に特定の性に属する者の多くに不利益を与える「間接差別」などが、新たに禁止されるようになった。

(2)　女性のみの再婚禁止期間

　民法旧733条は、女性に対してのみ離婚後6か月間再婚を禁止していた。733条の立法目的は、判例によれば、「父性の推定の重複を回避し、父子関係をめぐる紛争の発生を未然に防ぐこと」であり（最判平成7・12・5判時1563号81頁）、懐胎するのが女性だけであるという生物学的な条件の違いに基づく合理的な区別と解されてきた。しかし、2015年に最高裁は、再婚禁止期間違憲判決で、6か月の再婚禁止期間のうち100日を超える部分に限って違憲と判断した（これを受けて2016年に733条が改正され、再婚禁止期間は100日に短縮された）。

　再婚禁止期間違憲判決は、民法733条によって男女で行使しうる要件が区別されている「婚姻をするについての自由」は「十分尊重に値する」とし、そのような区別の憲法適合性は、区別をする「立法目的」につき合理的な根拠があり、また、区別の具体的内容が「立法目的との関連において合理性を有する」かという観点から審査されるとした。そのうえで、父性の推定の重複の回避という立法目的は子を保護するための正当な目的と評価できても、民法772条の規定によって子の父性の重複が生じるのは、離婚後100日を経過せずに再婚し子が生まれた場合に限られ、重複を回避するためであれば禁止期間は100日で

足り、100日を超える期間を正当化することはできないと判断した。

　民法733条は、明治民法から戦後もそのまま引き継がれた規定である。この規定が作られた当時は、科学技術も未発達で外見から懐胎していることを推測できるようになる時期がおおよそ妊娠6か月であったということから、前婚の子を懐胎しているかがわかるまでの間として再婚禁止期間に一定の幅をもたせることも不合理ではなかったとしても、判例が述べる通り、医学や科学技術が発展した今日これを正当化することは難しい。

(3)　夫婦同氏

　婚姻に際して夫婦が同一の氏を称する「夫婦同氏」を求める民法750条については、妻が夫の「家」の氏を名乗らなければならなかった戦前の制度と比べると、婚姻に際し妻の氏を称することもできるようになっており、婚姻に際する氏の選択方法という点では、男女の間に形式的平等が保障されている。

　しかし、戦後の民法改正時から、750条については、婚姻に際し夫婦が同一の氏にしなければならないのは「家」制度の残滓であるとの指摘があった。また、実際には、婚姻した夫婦の9割以上が夫の氏を選択しており、間接差別であるとの指摘もある。さらに、女性の社会進出が進むと、取引関係等の社会生活で従来の氏を称することが許されないという弊害がこの制度にはあるということが明らかになり、一方の氏の放棄を強制することの合理性に疑いが向けられるようになった。そこで、1996年の民法改正要綱では、選択的夫婦別姓案が示された。しかし、法改正されることのないまま、2015年に、夫婦同氏合憲判決（最大判平成27・12・16民集69巻8号2586頁）は、民法750条は夫婦の氏の決定を夫婦になろうとする男女の選択に委ねており、「その文言上性別に基づく法的な差別的取扱いを定めているわけではなく」、合憲であると判断した。

4　社会的身分・門地

　「門地」が「家柄」を指すことに争いはない。明治憲法のもとで華族等に世襲などの特権が認められたことは、門地に基づく差別に当たる。出生という本人の意思とは無関係に生来の偶然によって決まる理由に基づく差別がここでは禁じられるのである。日本国憲法は、さらに、14条2項で貴族制度の廃止を定

めるとともに、14条3項であらゆる栄典の世襲化を禁じることで、脱法的に門地によって差別が行われることを防ごうとしている。

　他方、「社会的身分」の意味については学説が分かれている。「社会的身分」とは、人が社会で占めている地位のことであるが、①その地位が出生という本人の意思では変えられない理由に基づくものに限定されるという立場と、②社会において後天的に占めている地位を指すという立場とがある。

　①②のどちらをとるかは、門地と社会的身分とを区別するかどうかで変わってくる。というのも、「門地」が指す「家柄」とは、出生という生来的な理由で決まる社会的身分といえ、①の立場では「社会的身分」のなかに門地も含まれうることになるからである。したがって、社会的身分と門地とを区別しようとすれば、社会的身分を後天的に取得されたものに限定する②の立場に立つことになる。ただし、後天的に占められる地位には、職業や居住地域など、憲法がこれらをわざわざ列挙してまで禁止している理由が疑わしい事由も含まれることになるから、後天的に占められる地位のなかでも、本人の意思ではどうにもならないような固定的な社会的差別観を伴うものに限定すべきだろう。

　出生という本人の意思では変えられない理由に基づく、日本で最も深刻な差別問題として、部落差別の問題がある。被差別部落出身者に対しては、同和対策事業特別措置法のもと、長年にわたって差別解消を目指した施策がとられ、法令のレベルで差別が行われているわけではない。しかし、結婚や就職といった私人間のレベルでの差別が根深く残っているとされ、特に近年は、インターネット上で差別を助長するような内容の書き込みがされるといった事案も発生している。これらを踏まえ、2016年には、部落差別の解消の推進に関する法律が施行されている（なお、同じく2016年には、同法とあわせて「人権三法（差別解消三法）」と称される、障害者差別解消法とヘイトスピーチ解消法も施行されている）。

　社会的身分・門地に関連して、実際に裁判で争われた問題としては、尊属殺重罰規定の問題と婚外子の問題がある。

(1)　尊属殺重罰規定違憲判決（最大判昭和48・4・4刑集27巻3号265頁）

　本判決で、最高裁は、尊属殺について普通殺よりも重罰を科す刑法200条（平成7年法律91号により削除）を違憲と判断した。ここで問題となった「親子の

関係」について、判例はかつて社会的身分に該当しないと判断していたが（最大判昭和25・10・11刑集4巻10号2037頁）、学説には「尊属・卑属」に基づく区別を社会的身分に基づく差別とみなすものもある。尊属殺重罰規定違憲判決は、この点について特に明示することなく、200条の立法目的と立法目的達成手段の審査を行った。

　まず、最高裁は、「一般に高度の社会的道義的非難に値する」尊属殺を、「通常の殺人の場合より厳重に処罰し」特に強く禁じることを200条の立法目的としたうえで、「尊属に対する尊重報恩は、社会生活上の基本的道義」であり、「このような自然的情愛ないし普遍的倫理の維持は、刑法上の保護に値する」として、立法目的自体は合理的であるとした。

　他方で、立法目的達成手段について、「普通殺のほかに尊属殺という特別の罪を設け、その刑を加重すること自体」はただちに違憲であるとはいえないが、刑の「加重の程度が極端」で、「立法目的達成の手段として甚だしく均衡を失し、これを正当化しうべき根拠を見出しえないときは、その差別は著しく不合理なものといわなければなら」ないと述べ、「刑法200条は、尊属殺の法定刑を死刑または無期懲役刑のみに限っている点において、その立法目的達成のため必要な限度を遥かに超え、普通殺に関する刑法199条の法定刑に比し著しく不合理な差別的取扱いをするものと認められ、憲法14条1項に違反して無効である」と判断した。

　これに対し、同判決の田中二郎意見は、「尊属がただ尊属なるがゆえに特別の保護を受けるべきであるとか、本人のほか配偶者を含めて卑属の尊属殺人はその背徳性が著しく、特に強い道義的非難に値いするとかの理由によって、尊属殺人に関する特別の規定を設けることは、一種の身分制道徳の見地に立つものというべきであり、……旧家族制度的倫理観に立脚する」とし、立法目的自体を違憲と判断した。学説の多くは、立法目的自体を不合理な差別と捉える田中意見に好意的である。

(2)　国籍法違憲判決（最大判平成20・6・4民集62巻6号1367頁）

　「婚外子（非嫡出子）・婚内子（嫡出子）」に基づく差別も、社会的身分に基づく差別として禁じられよう。日本人の父が生後認知した婚外子について、父母

がその後婚姻していること（準正子であること）を国籍取得の要件としていた国籍法（平成20年法律88号による改正前のもの）3条1項の規定の合憲性が争われた事件で、最高裁は、「我が国の構成員としての資格であるとともに、我が国において基本的人権の保障……等を受ける上で意味を持つ重要な法的地位」である国籍の取得について、婚内子か否かという「子にとっては自らの意思や努力によっては変えることのできない」事柄に基づいて区別することについては、「慎重に検討することが必要」であるとした。

　そのうえで、最高裁は、「血統主義を基調としつつ、日本国民との法律上の親子関係の存在に加え我が国との密接な結び付きの指標となる一定の要件を設けて、これらを満たす場合に限り出生後における日本国籍の取得を認める」という国籍法3条1項の立法目的には「合理的な根拠がある」と評価した。

　しかし、「認知に加えて準正を日本国籍取得の要件」にするという立法目的達成手段は、当該規定の制定当時は「立法目的との間に一定の合理的関連性があった」ものの、「今日においては、……我が国との密接な結び付きを有する者に限り日本国籍を付与するという立法目的との合理的関連性の認められる範囲を著しく超える手段を採用しているものというほかなく、……不合理な差別を生じさせている」とし、当該規定を違憲と判断した。

平等違反の裁判所による救済方法とその限界

　国籍法違憲判決は、旧国籍法3条1項を憲法14条1項違反と判断したうえで、非準正子も国籍を取得できるとして婚外子の救済を図った。しかし、平等違反の状態を裁判所がいかに救済するかをめぐっては、一般に、次のような問題が提起されている。

　まず、平等違反を訴える者の救済をどの程度まで実現するかという問題である。例えば、国籍法違憲判決においても、単に準正子と非準正子の間の不平等を解消するだけであれば、準正子であれ非準正子であれ、婚外子には一切国籍取得を認めないという対応もないわけではない。このような対応が、国籍が取得できないことにつき平等違反を訴えた者を実質的に救済するものでないことは明らかであるが、一般論としては、どのような対応をとるべきなのか、実現されるべき実質的救済の程度を平等論だけに基づき明らかにすることは、困難なことが多い。

さらに、特に給付における平等違反の場面などで実質的救済を図るために、裁判所が給付を認めたり新たに権利を創設したりすることは、司法権の限界を逸脱した立法作用となり許されないのではないかという問題もある。非準正子を救済するためにその国籍取得を認めた国籍法違憲判決でも、司法による立法行為であって許されないとする反対意見が付されていた（これらの問題を考える素材として、他に、例えば、労働者災害補償保険法施行規則が定める障害等級表での顔の傷の補償額の男女間格差を平等違反と判断しつつ、新たな補償基準については判断しなかった京都地判2010・5・27判時2093号72頁がある）。

(3)　婚外子法定相続分規定に関する平成25年大法廷決定（最大決平成25・9・4民集67巻6号1320頁）

　相続の場面でも、婚外子は婚内子と区別されてきた。当初、婚外子の法定相続分を婚内子の2分の1とする民法（平成25年法律94号による改正前のもの）900条4号ただし書の規定の違憲性が争われた平成7年大法廷決定で、最高裁は、合憲決定を下していた（最大決平成7・7・5民集49巻7号1789頁）。民法900条4号ただし書の立法目的は「法律婚の尊重と非嫡出子の保護の調整」であり、合理的な根拠があり、婚外子の法定相続分を嫡出子の2分の1とした立法目的達成手段についても、「立法理由との関連において著しく不合理」とはいえないと判断されたのである。

　しかし、この決定には、「出生について何の責任も負わない」婚外子を法定相続分において差別することは、「婚姻の尊重・保護という立法目的の枠を超え」、婚外子を婚内子に比べて「劣るものとする観念が社会的に受容される余地をつくる重要な一原因となって」おり合理性を欠くとする、5人の裁判官による反対意見が付されていた。その後も、最高裁は同条を合憲とする判決や決定を下したが、いずれも、違憲あるいは違憲の疑いが強いとする反対意見がついていた。

　このようななか、平成25年大法廷決定は、同条を全員一致で違憲とする決定を下した。最高裁は、婚内子と婚外子の法定相続分に関する規定の合理性は、「個人の尊厳と法の下の平等を定める憲法に照らして不断に検討され、吟味されなければならない」としたうえで、婚姻や家族形態とそれに対する国民の意

識の多様化、諸外国の状況の変化、国連の規約人権委員会等からの是正勧告、本条の改正案の政府による準備、本条が補充的規定であること等を総合的に考察し、「家族という共同体の中における個人の尊重がより明確に認識されてきたことは明らか」であり、「父母が婚姻関係になかったという、子にとっては自ら選択ないし修正する余地のない事柄を理由としてその子に不利益を及ぼすことは許されず、子を個人として尊重し、その権利を保障すべきであるという考えが確立されてきている」として、同条を違憲とした。

　この決定を受けて、民法900条4号ただし書は一部削除され、婚外子と婚内子の法定相続分は同等になっている。

平等問題に関する立法目的と立法目的達成手段の審査

　現在、平等問題の違憲審査の枠組みと考えられてきた、立法目的と立法目的達成手段を審査する枠組みが、再検討されつつある。

　まず、立法目的と立法目的達成手段を審査する枠組みが用いられるのは、主に法令の平等違反が問われている場合であって、処分や立法不作為の平等違反が問われている場合にはこの審査枠組みが採用されないことが多いということが指摘されている。

　また、立法目的と立法目的達成手段を審査する枠組みが用いられていると解されてきた判例についても、立法目的達成手段の審査として、別異取扱いの程度の相当性が審査される場合と、別異取扱いすることそれ自体の合理性が審査される場合とに分かれるという指摘もある。例えば、尊属殺重罰規定違憲判決では、別異取扱いすることそれ自体の合理性は立法目的の審査として処理され、立法目的達成手段として審査されたのは、刑の加重の程度という別異取扱いの程度の相当性であった。また、再婚禁止期間違憲判決も、立法目的達成手段として別異取扱いの程度の相当性が審査されている。これに対し、国籍法違憲判決や平成25年大法廷決定では、別異取扱いの程度ではなく、婚外子を別異取扱いすること自体の目的達成手段としての合理性が審査されている。他方で、平成7年大法廷決定のように、別異取扱いの程度の相当性が審査されたのか、それとも別異取扱いすることそれ自体の合理性が審査されたのかが判然としないものもある。

5　14条1項後段列挙事由以外の問題

(1)　税　制
　社会保障や社会福祉、公的サービス等を運営するための費用となる税金を広く公平に分かち合うという、実質的平等の実現も加味した現在の税制には、納税者間の不公平感を増大させている面もある。事業所得者等に比べて給与所得者に著しく不公平な所得税を課す所得税法（昭和40年法律3号による改正前のもの）は憲法14条に違反すると大学教授が争った事件で、最高裁は、租税が国家の財政需要を充足するだけでなく、「所得の再分配、資源の適正配分、景気の調整等の諸機能をも有しており」、租税立法においては「極めて専門技術的」で総合的政策判断が必要であることなどから、立法府にきわめて広い裁量を認め、「租税法の分野における所得の性質の違い等を理由とする取扱いの区別は、その立法目的が正当なものであり、かつ、当該立法において具体的に採用された区別の態様が右目的との関連で著しく不合理であることが明らかでない限り、その合理性を否定することができ」ないとした（最大判昭和60・3・27民集39巻2号247頁〔サラリーマン税金訴訟〕）。

(2)　条　例
　地域によって条例が異なるために、同一の事項に対して地域に応じて取扱いに違いがでることがある。これは平等違反にはならないのだろうか。
　売春防止法が制定される以前、売春は地域ごとに条例で取り締まっていたが、その取扱いの地域差が平等違反にならないかが争われた事件で、最高裁は、憲法が地方公共団体に条例制定権を認めている以上、地域間でこのような違いが生じることは平等違反には当たらないと判断した（最大判昭和33・10・15刑集12巻14号3305頁）。

(3)　議員定数不均衡
　議員定数不均衡の問題でも、投票価値の平等という平等問題が重要な論点となっているが、詳細は憲法I6章I1参照。

第5章

思想・良心の自由

　自由権（→憲法Ⅱ1章Ⅱ）は、その内容に応じて、一般に、精神的自由、経済的自由（→憲法Ⅱ10章）、人身の自由（→憲法Ⅱ12章）に分けられる。そのうちの精神的自由として、日本国憲法は思想・良心の自由、信教の自由、表現の自由、学問の自由を保障している。本章では、精神的自由のうち、思想・良心の自由について学ぶ。

Ⅰ　総　説

　精神的自由は、内心領域について保障される自由（内面的精神活動の自由）と、内心を超えた「外部的行為」が保障される自由（外面的精神活動の自由）とに大別されてきた。日本国憲法では、思想・良心の自由（19条）が最も根本的な内面的精神活動の自由であるとされ、この他に、信仰の自由（20条）、学問的研究の自由（23条）が前者に、表現の自由（21条）、宗教的行為の自由（20条）、学問的研究結果の発表の自由（23条）が後者にあたるとされている。

　このように、日本国憲法は思想・良心の自由を表現の自由や信仰の自由とは別の条文で保障するが、諸外国の憲法にはそのような例は少ない。例えば欧米では、歴史的に、「良心の自由」は信仰の自由として（最大判昭和31・7・4民集10巻7号785頁〔謝罪広告事件〕栗山補足意見参照）、また、「思想の自由」はそれを外部に表明する表現の自由としてもっぱら主張されてきた。その背景には、思想・良心は「内心」の作用にとどまるから、国家の介入を許さない絶対的な領域であって、法の対象にはそもそもなじまないとする考えがあるとされる。

それではなぜ日本国憲法では思想・良心の自由が独立して保障されているのだろうか。まず、「言論、宗教及び思想の自由……は確立せらるべし」(10項)と規定するポツダム宣言を受諾していたという沿革的な理由をあげることができるが、より重要なのは、ポツダム宣言が作られるときにも念頭にあったとされる、明治憲法下での思想・良心の自由の侵害の経験である。明治憲法のもとでは、個人が特定の思想信条を保持していると根拠もなく判断され、一定の思想信条を保持していることについて弾圧が加えられるという、内心そのものの統制が試みられた。このような歴史的経験をもつ日本では、個人の思想・良心の統制を目的とする規制が国家によって行われてはならないということを、何よりも明らかにする必要があったのである。この「国家の中立性」という憲法19条の要請は、2006年の教育基本法の改正で、「我が国と郷土を愛する」(教育基本法2条5号)ことが教育目標に掲げられ、学習指導要領に定められた式典における国歌斉唱の指導のために教師に国歌斉唱が強要されるといった動きのなかで、改めて、その意義が意識されてきている。

思想・良心の自由の「絶対的」保障という考えの功罪

　従来の学説では、思想・良心の自由は絶対的に保障されるとされてきた。絶対的保障とはどのような趣旨であり、また、なぜ思想・良心の自由は絶対的に保障されるのだろうか。大きく2つの見方がある。第一に、物理的に、内心は外からは絶対的にわかりえないから、法も内心まで踏み込むことはできず、結果として、絶対的に保障される、というものである。これに対して、思想・良心はそれが内心に保持されているだけであれば、他者と関係を持ちえないから、これを規制する正当な根拠が見出し難いというのが第二の見解である。

　第一の見解は、「法と道徳の峻別論」に繋がり、そもそも法とは外部的行為を規制するものであって、内心に立ち入ってまで要求することは法には不可能であり、思想・良心の自由の侵害はありえない、ということにもなる。明治憲法下で行われた思想信条の弾圧も、内心が侵害されたということを、内心に立ち入って確認することはできないともいえる。しかし、これでは憲法19条を空文化することになる。むしろ、明治憲法下の歴史的経験からすれば、外部的行為の規制によっても内心を侵害することは可能なのであって、19条の趣旨はこのような国家による内心の統制を禁止することにあるといえよう。

これに対し、第二の見解に従った場合、国家が思想・良心を理由とした規制を行うことは、国家が思想それ自体を害悪とみなし規制していることを意味することになり、これをもって19条の侵害とみなすことができる。このような思想・良心を理由とした規制には、内心における思想及び良心の保持に関する規制と、内心に関連する外部的行為に関する規制とがありうる。ただし、内心に関連する外部的行為が規制される場合には、関連する思想・良心が規制理由であることが隠され、当該外部的行為が有する害悪が規制理由とされる可能性が高い。そこで、外部的行為の規制の背後に思想・良心を取り締まるという理由があると認定できるのはいかなる場合かが問題となる（→本章Ⅲ2〜4）。

　それでは、第二の見解に従った場合、国家が思想・良心の取り締まりを目的としていなければ、外部的行為の規制によって内心がどんなに侵害されようとも、19条によって救済されることはないということになるのだろうか（→本章Ⅲ5）。この問題については、思想・良心の自由を「人間存在の本質にかかわる」とし、それ故、人の内心が甚だしい障害を受けている場合には、思想・良心の取り締まりを理由としない規制であっても、19条違反になるという見解が注目される。

Ⅱ　「思想及び良心」の意味

1　「思想」と「良心」の関係

　「良心」は善悪の判断など倫理的な直観であり本能に近い心の作用であるのに対し、「思想」はそれ以外の論理的な心の作用を指すというように、両者を区別する説もある。しかし、思想と良心を区別する境界線は必ずしも明確ではなく、また、憲法19条は思想と良心の両方を保障しており、これらを厳密に区別する実益は乏しい。そこで、通説は思想と良心を一体的なものとして扱う。

2　「思想及び良心」の内容──思想・良心の自由の保障範囲

(1)　単なる認識や記憶

　「思想及び良心」を一体的なものとして捉えるとして、憲法19条はあらゆる

内心の作用を保障するのだろうか。まず、内心における「ものの見方や考え方」以外の、事実に関する「単なる認識や記憶」は、思想及び良心の内容には一般的には含まれないとされる。

(2) 広義説と狭義説

では、内心における「ものの見方や考え方」であればすべて保障されるのか。これについては、思想および良心には広く人の内心におけるものの見方や考え方一般が含まれるとする広義説と、内心として保障される範囲を限定する狭義説とが対立している。通説は、思想および良心の内容を、世界観、人生観、思想体系、政治的意見といった「人格形成に役立つ内心の活動」に限定し、日常生活における何気ない判断や謝罪のような心情などは含まれないとする。

(3) 判例の立場

判例では、思想および良心の内容は、「深く反省する」「陳謝の意を表する」といった謝罪文を自身の名義で公表するよう強制されることが思想および良心の侵害にあたるか、という形で議論されてきた。

まず、名誉毀損の加害者に対しその意思に反して謝罪広告の掲載を裁判所が命じることが、加害者の良心の自由の侵害にあたらないかが、謝罪広告事件（前掲最大判昭和31・7・4）で問題となった。この点、法廷意見は、「単に事態の真相を告白し陳謝の意を表明するに止まる程度」の謝罪広告は「強制執行」も許されると述べるにとどまる。しかし、個別意見で、良心について、「謝罪の意思表示の基礎としての道徳的な反省とか誠実さというものを含まない」とする田中耕太郎補足意見と、「単に事物に関する是非弁別」も含むとする藤田八郎反対意見とが対立し、この対立が前述の狭義説と広義説の対立として理解されている。

また、労働組合法に基づき労働委員会が使用者に対して発するポスト・ノーティス命令で「深く反省する」という謝罪文の掲載を命じることが問題とされた事案では、当該ポスト・ノーティス命令が「反省等の意思表明を強制するものであるとの見解を前提とする憲法19条違反の主張は、その前提を欠く」という判断が下されている（最判平成2・3・6判時1357号144頁〔ポスト・ノーティス

命令事件〕)。

　このように、思想および良心の内容について判例は一般的な説示を行っていないため、判例が思想および良心の内容についていかなる立場に立つのかは必ずしも明らかではない。しかし、単なる事態の真相や陳謝の意等の表明を強制しても憲法19条に違反しないと結論付けられていることから、判例は狭義説に立つと一般には理解されている。

保障範囲の相対性

　思想および良心の内容は、憲法19条の中で最も議論されてきた論点である。規制対象が思想および良心の内容に含まれない場合には、その規制が19条違反かどうかという問題がそもそも生じないということになるとすれば、内心に対する規制を広く19条の問題とすることのできる広義説の方が狭義説よりも優れているように思われる。しかし、広範な内心領域を保障する広義説には、従来絶対的とされてきた思想・良心の自由の保障の程度が弱まるという危険性がある。この点では、保障範囲を限定することで保障をより確実なものとしうる狭義説に分がある。広義説と狭義説には、それぞれ一長一短あるのである。

　さらに、思想および良心として保障される内容は侵害態様に応じて変わりうることにも、注意する必要がある。現在は、思想・良心の自由の規制が問題になった場合に、まず規制対象が19条の保障範囲に含まれるのかを検討する、という判断枠組みそれ自体にも疑問が提起されており、「侵害態様」(→本章Ⅲ)を先に検討したうえで、侵害態様に応じて保障範囲を変えるという筋道も示されている。

Ⅲ　「侵してはならない」の意味 ──思想・良心の自由の侵害態様

1　思想・良心の自由の侵害態様

　憲法19条が保障する思想および良心を「侵す」ことになるのは、どのような行為だろうか。例えば、国家が個人に思想を強制しても、強制された者の内心

は外からは物理的にわかりえない。したがって、思想の強制は実際にはありえないという見方もありうる。しかし、憲法19条は、明治憲法下の歴史への反省から、思想・良心を強制することを目的とした規制を、その実際の効果にかかわりなく禁じていると解されている。

　具体的には、歴史的経験を踏まえて、①特定の思想の教化、②特定の思想の強要または禁止、③内心の告白（開示）の強制のいずれかに該当する規制が、思想・良心の自由を侵害するものとされてきた。近年は、さらに、④思想・良心に反する外部的行為の強制も思想・良心の自由の侵害態様の一つにあげられるようになっている。侵害態様④は、規制目的が思想・良心をターゲットにするものでは必ずしもないという点で、侵害態様①〜③と異なるとされる。

　なお、これら4つの侵害態様は、相互に関連しており、いくつかの侵害態様にまたがって思想・良心の自由の侵害が問題になることも珍しくない。

2　特定の思想の教化の禁止

　特定の思想の教化のための具体的な方法としては、マインド・コントロール（洗脳）や、思想の組織的な教育と宣伝などがある。明治憲法下では、教育勅語を基本方針とする学校教育において思想教育が行われた。しかし、日本国憲法のもとでは、特定の思想を強要する教育は禁じられる。また現代では、国家には、知る権利に応えるためにも、自身が有している膨大な情報を提供することが求められるが、このような国家が自ら行う「政府言論」にも、人々の思想を一定の方向に誘導する危険性がある。特に、閉ざされた場で「囚われの聴衆」的性格をもつ学校などにおける政府言論については、それが憲法19条に違反しないか注意する必要がある（→表現の自由の問題は憲法Ⅱ7章Ⅰ3参照）。特定の思想を勧奨する場合も同様である。

3　特定の思想の強要または禁止

　国家が強制したい思想がある場合には、「強制したい思想と結びつく外部的行為」を強要したり、それ以外の思想を内心に有していることを理由として不利益取扱いを行うといった手段が考えられる。また、国家に積極的に強制したい思想が存在しない場合でも、一定の思想を排除するために、排除したい思想

を内心に有していることを理由に不利益取扱いが行われることもある。

(1) 強制したい思想と結びつく外部的行為の強要

国家が特定の思想を強制するためにその思想と結びつく外部的行為を強要しているのではないかが1つの争点となったのが、君が代起立斉唱事件である（最判平成23・5・30民集65巻4号1780頁等）。この事件では、学校の卒業式等の式典での国歌の起立斉唱行為を命じる職務命令について、「君が代」等が明治憲法のもとで果たした役割に関する自身の歴史観や世界観等を否定するものであると教員側は主張した。

判例は、本件職務命令は「特定の思想を持つことを禁止したりするもの」とはいえないと判断した。ただし、その際、卒業式等の式典での国歌の起立斉唱という外部的行為は、「一般的、客観的に見て、……上告人の有する歴史観ないし世界観を否定することと不可分に結びつくものとはいえ」ないと述べており、外部的行為の強要が思想・良心の自由の1つの侵害態様となりうること自体は否定されていない。

なお、この侵害態様は、強要される外部的行為が、「絵踏」のように、思想を表明する行為である場合には、専ら「沈黙の自由」の侵害として従来は議論されてきた（→本章Ⅲ4）。

(2) 内心の思想を理由とする不利益取扱い

例えば、明治憲法のもとでは、国体の変革や私有財産制度の否認という目的を内心に持って行われる様々な行為が治安維持法によって禁止され、違反者に刑罰が科されるということがあった。学説は、このような不利益取扱いの最たるものである「刑罰」のほかに、内心の思想を理由とする「解雇」といった不利益取扱いも禁じられるとする。したがって、学説によれば、日本国憲法のもと占領下で行われた、共産主義などの思想を保持していることを理由とする共産党幹部の公職追放といったレッドパージも、内心の思想を理由とする不利益取扱いとして禁じられる。判例には、レッドパージを命じたマッカーサー書簡に抵触する限りで憲法の適用が排除されるとして、企業による解雇を有効としたもの（最大判昭和27・4・2民集6巻4号387頁）と、本件解雇は生産を現実に阻

害する危険を孕む行動を行ったことを理由に行われたもので、思想を保持することを理由とするものではないとして合憲と判断したもの（最判昭和30・11・22民集9巻12号1793頁）とがある（レッドパージ事件）。

4　個人の内心の告白（開示）強制の禁止

(1)　沈黙の自由

　単に内心の告白を強制することが、思想・良心の自由を侵したことになるのだろうか。日本国憲法は拷問を禁じている（36条）から、拷問を用いて内心の告白を強要することはもちろん禁じられる。しかし、単に内心の告白を強制したり、内心を推知したりするだけであれば、憲法36条や表現の自由の侵害にはなり得ても、思想・良心の自由そのものの侵害とはいえない可能性がある。けれども、前述の通り、国家が特定の思想を強要したり、個人の内心の思想を理由として不利益取扱いを行う場合には、まずは内心の告白を強制したり内心を推知したりした上で、不利益取扱いが行われることが決して少なくなく、実際には、内心の告白強制や推知は思想・良心の自由への重大な脅威となる。そこで、内心の告白（開示）強制と推知も、一般には思想・良心の自由の侵害態様の1つとされる。そして、通説によれば、ここから、個人には、思想・信条そのものやこれと関わりのある事項についての「沈黙の自由」が保障される。

　例えば、「絵踏」は、「強制したい思想と結びつく外部的行為の強要」（→本章III 3(1)）にもあたるが、「絵踏」という外部的行為の免除を願い出る者のキリスト教信仰という内心を推知する手段としても用いられた。この点で「絵踏」は沈黙の自由の侵害にもあたり、憲法19条によって禁じられることになる。

　判例では、私人間の紛争ではあるが、会社から共産党員か質問され共産党に所属しない旨の書面交付を繰り返し要求された社員が、会社などに損害賠償を求めた事件がある（最判昭和63・2・5労判512号12頁〔東電塩山営業所事件〕）。判例は、「企業内においても労働者の思想、信条等の精神的自由は十分尊重されるべきである」と述べ、当該政党所属調査などが企業秘密の漏洩の調査のためであることを明らかにしなかったことなど、調査方法に不相当な面があるとしたが、調査の必要性・合理性は是認できるとし、会社側が調査などを強要していないことや、調査に結びつけた不利益取扱いを行っていないことなどから、

当該調査などを「社会的に許容し得る限界を超えて……精神的自由を侵害した違法行為」とはしなかった。

(2) 「沈黙の自由」が保障される「思想及び良心」の範囲

　沈黙の自由については、沈黙が認められる内心の内容も問題とされてきた。この点、判例は、労働者を雇い入れようとする企業者が労働者に在学中の団体加入や学生運動参加の事実の有無について申告を求めることについて、「直接」思想・信条そのものの開示を求めるものではないが、「その者の思想、信条と全く関係のないものであるとすることは相当でない」とし、「人の思想、信条とその者の外部的行動との間には密接な関係があり」、特に学生運動への参加といった外部的行為が、「多くの場合、なんらかの思想、信条とのつながりをもっていることを否定することができない」と述べた（最大判昭和48・12・12民集27巻11号1536頁〔三菱樹脂事件〕（→憲法Ⅱ2章Ⅲ））。

　他方で、中学の内申書に全共闘活動への参加の事実を記載されたことによって、受験したいずれの高等学校でも不合格とされたとして、思想・良心の自由の侵害が問題とされた事件では、判例は、当該内申書が「思想、信条そのものを記載したものでないことは明らかであり、右の記載に係る外部的行為によっては上告人の思想、信条を了知し得るものではない」とし、憲法19条に違反しないと判断した（最判昭和63・7・15判時1287号65頁〔麹町中学校内申書事件〕）。

　このように、判例では、学生運動への従事や全共闘活動への参加という事実が直接に内心を意味するとは捉えられていないものの、一定の事実と思想とが結びつき得ることは一般論としては必ずしも否定されていない。ただし、裁判において事実に関する証言を証人に強制することについては、証言を強制される事実が思想および良心の具体的な内容に含まれないとして、通説は思想・良心の自由の侵害とは捉えていない（→表現の自由の問題は憲法Ⅱ7章Ⅰ3参照）。

　なお、謝罪広告についても、沈黙の自由に関連して論じられることが多いが、これは、「内心に保持された思想の告白強制」というよりも、「内心に反する思想の表明の強制」であり、次の5で扱うことにする。

5　個人の思想・良心に反する外部的行為の強制の禁止——免除

　特定の思想を支持させるため、あるいは逆に排除するために、個人の思想・良心に反する外部的行為を強制することが禁じられることについては既に述べた（→本章Ⅲ3）。では、特定の思想を強制したり排除したりする意図なしに国家が外部的行為を強制する場合には、思想・良心の自由の侵害と捉えることは一切できないのだろうか。この問題は、「良心的兵役拒否」の場合の「兵役」のように、一般的には正当と認められる外部的行為の強制を、思想・良心の侵害と感じる特定の思想の保持者に対して「免除」することが認められるかという形で議論されてきた。日本では、兵役義務がないこともあって、外部的行為の強制が一般的には思想・良心の自由の侵害にあたらないとされた場合に、例外的に特定の思想の保持者に対して免除を認めることができるかという問題は、これまで十分には議論されてこなかった。

　例えば、謝罪広告事件は、特定の思想を強制したり排除したりする意図なしに国家が外部的行為を強制した場合として処理されただけで、当該個人の思想・良心に基づく免除の可能性についてまで踏み込んだ審査は行われなかった。ポスト・ノーティス命令事件、君が代伴奏拒否事件（最判平成19・2・27民集61巻1号291頁）も同様である。しかし、国家が意図せず結果的に個人の思想・良心に反する外部的行為を強制することになった場合でも、思想・良心の自由の保障が求められる場合があるとする学説が、近年は有力になっている。

　この傾向は判例にも見られ、判例もまた、国家が意図せず結果的に個人の思想・良心に反する外部的行為を強制する場合を思想・良心の自由の侵害態様と認めているように解される。例えば、判例は、私人間の紛争ではあるが、司法書士会による復興支援金の負担金の会員からの徴収という外部的行為について、当該外部的行為それ自体が司法書士会の目的の範囲内であるということのみをもって結論を出すのではなく、さらに踏み込んで、当該外部的行為が「会員の政治的又は宗教的立場や思想信条の自由を害するものではな」いかを、会員の協力義務を否定すべき特段の事情があるかを判断するために審査している（最判平成14・4・25判時1785号31頁〔群馬司法書士会事件〕（→憲法Ⅱ9章Ⅰ4））。

　また、君が代伴奏拒否事件では免除について論じられなかったのに対し、そ

の後の君が代起立斉唱事件では、卒業式等の式典での国歌の起立斉唱行為は、一般的には「特定の思想を持つことを禁止したりするもの」とはいえないが、「一般的、客観的に見ても、国旗及び国歌に対する敬意の表明の要素を含む行為」ではあるから、「自らの歴史観ないし世界観との関係で否定的な評価の対象となる」ものに対する「敬意の表明の要素を含む行為」を求めることは、「心理的葛藤を生じさせ、ひいては個人の歴史観ないし世界観に影響をおよぼすものと考えられる」とし、「その者の思想及び良心の自由についての間接的な制約となる面があることは否定し難い」とした。

思想・良心の自由の間接的制約

　判例は、君が代起立斉唱事件で、「間接的な制約」という言葉を、その意味を明らかにしないまま用いている。思想・良心の自由の間接的制約が何を意味するかについては、学説では大別して2つの見解が示されている。

　1つは、「外部的行為の強制」という点に着目するもので、内心それ自体は制約されていないが、内心に由来する外部的行為が規制されることで内心が「間接的に」制約されるという理解である。この見解に対しては、思想と不可分に結びつく外部的行為の強制（→本章Ⅲ 3 (1)）については、それが「直接的制約」である可能性を判例は必ずしも否定していないこととの整合性が問題になる。そこで、判例でも直接的制約に分類されている上記Ⅲ 1 の侵害態様①〜③を、思想・良心の自由を制約する意図があるものとして、そのような意図のない侵害態様④から区別することが考えられる。ただし、判例で「間接的制約」と並列的に使用される例もある「付随的制約」という用語（→憲法Ⅱ 7 章コラム）が、君が代起立斉唱事件では用いられていないことなどから、「間接的制約」は、「付随的制約」のように思想・良心を制約する意図がゼロである場合とは区別されて用いられているとの指摘もある。

　2つめは、外部的行為と内心との関連性の程度に応じた区別として理解するものである。「内心と不可分に結びつく外部的行為の強制」と「内心に由来する外部的行為の強制」、「思想の表明に関わる行為の強制」と「敬意の表明の要素を有するにとどまる行為の強制」、あるいは、「内心に反する外部的行為の強制」と「内心に由来する行動と異なる外部的行為の強制」といった形で、直接的制約と間接的制約とが区別される。このように解した場合、憲法19条の保障

範囲を論じる際には、内心としての思想および良心の内容を議論するだけでは
十分ではないということになろう。また、思想・良心の自由を専ら内面的精神
活動の自由に分類する従来の議論についても、再考が必要になるだろう。

Ⅳ　思想・良心の自由の保障の限界

　明治憲法下の経験への反省から、実際の強制の効果にかかわりなく、国家に
よる強制から個人の思想・良心の自由を絶対的に保障するものと憲法19条は理
解されてきた。そのため、上記Ⅲ1の侵害態様①〜③のいずれかに国家の行為
が該当すると判断されれば、その国家行為を正当化する理由があるかといった
点については、十分な検討はなされてこなかった。そのような国家行為は、内
心の思想・良心それ自体をターゲットにする、絶対的に禁止される行為とみな
されたのである。そのため、「思想・良心の自由の保障の限界」は、「違憲審査
基準」の問題としてではなく、むしろ、思想及び良心の内容の定義の問題とし
て議論されてきたともいえよう。

　これに対して、侵害態様④については、内心の思想・良心それ自体をターゲ
ットにするものではなく、さらに、内心に留まらない外部的行為が問題になっ
ていることから、他の法益と思想・良心の自由との較量といった形で、保障の
限界が論じられることになる。実際に、判例は、君が代起立斉唱事件で、内心
に由来する外部的行為は「社会一般の規範等と抵触する場面」では制約される
ことがあるとし、「必要かつ合理的な」制約は許容され得ると判断している。

　ただし、今日では、どのような侵害態様であれ、国家が思想・良心を明らか
なターゲットにして規制することは稀であろう。そこで、このような規制目的
の有無を判断する方法が重要になる。この隠された規制目的をあぶり出すため
のものとして、「厳格審査基準」が改めて注目されている（→憲法Ⅱ1章Ⅲ4）。
また、例えば、ハラール対応の学校給食の希望者に信仰について告白させるこ
とは、侵害態様③と侵害態様④のいずれに該当するのかなど、思想・良心の自
由の保障の限界と関連させながら、思想・良心の自由の侵害態様についても、
検討を続ける必要がある。

第6章

信教の自由と政教分離

　もしクリスマスに教会の礼拝に出席するよう国から強制されたら、あなたはどのような気持ちになるだろうか。あなたが敬虔な仏教徒であれば、他の宗教の礼拝へ出席することなど信仰に反して許されないと苦悩するかもしれない。クリスチャンであったとしても、信仰とは自発的なものであって他者に強制されるものではないと違和感を覚えるかもしれない。日本ではかつて、神社への参拝が強要されたり、クリスチャンが迫害を受けたりしたことがあったが、日本国憲法は20条で信教の自由を保障し、国がそのようなことをすることを禁じている。ただし、今の日本では、国が露骨に特定の宗教を強要したり禁止したりすることはあまり考えられない。むしろ、近年は、信教の自由を制限する意図なしに国民一般に課された義務や負担などが、ある特定の信仰を有する者にとって信教の自由に対する妨げとなるといった形で問題になることが多い。この場合に、信教の自由を保障しようとすれば、信仰に反する義務を免除することになるだろう。しかし、20条は、宗教団体が国から特権を受けることを禁じてもいる。義務を免除することはその宗教を特別扱いすることになり、逆に憲法に違反することになるようにも思われる。

　そこで、この章では、まず、「信教の自由」について、信教の自由が保障されるようになった歴史、信教の自由によって保障される内容、どのようなことが信教の自由の侵害にあたるのかを学ぶ。次に、20条と89条が規定しているとされる「政教分離」について、信教の自由との対抗関係を意識しながら、その内容について理解を深めていく。

I　信教の自由

1　信教の自由の歴史

　信教の自由は表現の自由と並んで「人権の花形的存在」であるといわれる。16世紀から17世紀にかけてヨーロッパで宗教をめぐり惨憺たる戦争が繰り広げられた結果、信教の自由を確保しようとする要求が高まり、その後の近代の人権宣言で信教の自由が保障されるようになっていく。

　日本でも明治憲法28条は「日本臣民ハ……信教ノ自由ヲ有ス」と規定し、法律の留保なしに信教の自由を保障していた。ただし、法律の留保がなかったことから逆に、法律によらずとも命令で信教の自由は制約できるといった解釈が生まれ、信教の自由には十分な保障が与えられなかった。他方で、信教の自由の保障には「安寧秩序ヲ妨ケス及臣民タルノ義務ニ背カサル限」という条件がついていて、この条件も信教の自由を制約する口実として用いられた。明治憲法のもとでは、天皇主権は天皇の祖先とされる天照大神の神勅をその正統性の根拠としていたため、八百万の神々を崇める神道が国家の祭祀として位置づけられた。この祭祀に全国の神社も組み込まれていき、また国民にも祭祀の主宰者である天皇を崇敬し祭祀に参加することが求められるようになり、「国家神道」が確立していった。国家神道は、「神社は宗教にあらず」という言葉で知られるように、キリスト教や仏教など他の宗教から区別され、例えば、神社参拝は宗教的行為ではなく臣民の義務であるから強制してもキリスト教や仏教といった宗教を信仰する自由を侵害するものではない、とされたのである。

　戦後 GHQ は、国家神道を戦前の軍国主義を支えた１つの要因とみなし、神道指令を出して、神道を国家から分離するよう命じ、神道教育を禁止した。「国教分離の指令」ともいわれるこうした神道指令の考え方が、信教の自由と政教分離について定める日本国憲法20条には反映されている。

2　「信教の自由」の内容──信教の自由の保障範囲と侵害態様

　憲法20条1項前段は信教の自由を保障する。信教の自由とは、宗教を信仰する自由を指すが、信仰は外部的行為にも影響を及ぼす傾向が強いため、信仰の

自由のほかに、外部的行為の自由である宗教的行為の自由、宗教的結社の自由も保障される。

　ここで信仰の対象として保障される宗教とはどのようなものを指すのだろうか。信仰の対象である宗教を広く捉えるか狭く捉えるかに応じて信教の自由の保障範囲が広くも狭くもなることから、宗教の意味が問題になる。判例には宗教を定義したものは少ないが、「超自然的、超人間的本質（すなわち絶対者、造物主、至高の存在等、なかんずく神、仏、霊等）の存在を確信し、畏敬崇拝する心情と行為」（名古屋高判昭和46・5・14行集22巻5号680頁〔津地鎮祭訴訟控訴審判決〕）とする定義が知られている。この定義には無神論的信仰が含まれないという問題点が指摘されているが、教義の内容を基準にせずに宗教をより広く定義しようとしている点については、公権力による宗教の定義は宗教の公定となるおそれを含んでいることから、学説には肯定的な評価が多い。ただし、信教の自由の保障が及ぶ宗教の範囲を広く捉えることで政教分離が求められる範囲も過度に広範になることを避けるために、政教分離が求められる宗教と信教の自由が保障される宗教とを区別し、政教分離が求められる宗教の範囲を信教の自由の場合よりも狭く定義する立場もある。

(1)　信仰の自由

　信仰の自由は、宗教を信じる、信じないといった内心の自由を指し、同じく内面的精神活動の自由に分類されてきた思想の自由の特別法的な位置を占めるとされる（→憲法Ⅱ5章）。内心でどんな宗教を信仰してもあるいは全く宗教に関心をもたなくても、それは個人の自由である。したがって、国家が、特定の信仰を強制したり、逆に禁じたりすることは信仰の自由の侵害にあたる。具体的に国家には、まず、特定の宗教の教化が禁じられる。このことは、「宗教教育」の禁止を命じ政教分離について定める20条3項でも明らかにされている（→本章Ⅱ4(1)）。また、国家には、特定宗教の信仰・不信仰あるいは無信仰を理由とする不利益取扱いも禁じられる。例えば特定の宗教の信者以外は公務員になれないといった制度は、その宗教の信者以外の者に対し公務員になれないという不利益を課すことになり許されない。さらに、江戸時代の「絵踏」のように信仰の有無あるいは信仰内容の告白を強制することも許されない（近年の

関連する事例として、無差別大量殺人行為を行った団体の規制に関する法律（→憲法Ⅱ9章Ⅰ3(2)）や反社会的団体規制条例によって課された、団体構成員の氏名・住所等の報告義務が、信仰の告白の強制にあたらないかが争われた下級審判決がある）。

(2) 宗教的行為の自由

特定の宗教を強制するために、その宗教と結びつく外部的行為（宗教的行為）を強制することも、信教の自由の侵害にあたり禁じられる。憲法20条2項もこのことを明記しており、神社参拝といった宗教的行為の強制は許されない。宗教的行為の自由には宗教的行為を国家によって強制されない自由のほかに、宗教上の儀式や宗教の布教宣伝等を自ら行うことを妨害されない自由も含まれている。例えば、祭壇を作って礼拝を行ったり、祈祷（お祈り）したりする自由が保障される。

(3) 宗教的結社の自由

宗教的結社の自由とは、宗教的目的をもつ結社の自由を指す。より具体的には、宗教団体を結成しそれに加入する自由やそもそも宗教団体を結成しない自由が保障される。

宗教団体を結成する自由は、宗教法人を設立する自由までは含まないと解されている。この点を明らかにしたのが、宗教法人オウム真理教解散命令事件（最決平成8・1・30民集50巻1号199頁）である。この事件では、地下鉄に有毒物質サリンをばらまき多くの人を死亡させる事件を起こした宗教法人オウム真理教が、宗教法人法に基づき裁判所によって解散命令を出されたことについて、裁判所の解散命令は宗教的結社の自由を保障した憲法20条に違反するとして争った。最高裁は、解散命令によって宗教法人が解散されても、信者は法人格を有しない宗教団体を存続させたり新たに結成したりできるから、宗教法人の解散命令は信者の宗教上の行為を禁止したり制限したりする法的効果を伴わないと判断した。

3 信教の自由の保障の限界

(1) 内面にとどまる信仰の自由の絶対的保障

信仰の自由については、思想の自由と類似の性格を有しており、信仰が完全に内心にとどまる限りは絶対的に保障される（→憲法Ⅱ5章）。また、信仰は外部的行為にも強く影響を及ぼす傾向があるから、国に宗教的行為を強制されない消極的自由も、絶対的に保障されよう。

(2) 宗教的行為・宗教的結社の自由の限界

これに対し、積極的な宗教的行為や宗教的結社の自由は、それらの自由を行使することで他者の権利・利益や社会に対して影響を及ぼす可能性があるから、一定の制約を受ける可能性がある。ただし、宗教的行為に対する制約には、結果的に行為の背後にある内面の信仰の自由を事実上侵害するおそれがあるから、積極的な宗教的行為の自由を制約する場合は「最大限に慎重な配慮」が求められる（神戸簡判昭和50・2・20判時768号3頁〔牧会活動事件〕）。

(a) 著しく反社会的な行為

宗教的行為の自由の保障の限界が問題になった判例として、行き過ぎた加持祈祷によって被害者を死亡させてしまった僧侶が傷害致死罪に問われた加持祈祷事件がある（最大判昭和38・5・15刑集17巻4号302頁）。最高裁は、宗教的行為であっても、「他人の生命、身体等に危害を及ぼす違法な有形力の行使」にあたり他人を死亡させるような行為は、「著しく反社会的」であり、信教の自由の保障の限界を逸脱すると判断した。

ただし、宗教的行為について「著しく反社会的なもの」とそうでないものとを分ける境界線は必ずしも明確なわけではない。逃走中の高校生を教会にかくまって説得し警察に出頭させた牧師の行為が「牧会活動」という宗教的行為の自由として保障されるかが問題になった牧会活動事件では、当該牧会活動は自首させるために行われたもので目的も方法も正当であり、正当な業務行為として犯人蔵匿罪にはあたらないと判断された。このように、刑罰法規に触れる宗教的行為は、一応は反社会的なものと推定されるとしても、常に信教の自由の保障の限界を逸脱すると判断されるわけではない。

(b) 一般的義務の免除

今日、信教の自由は、信教の自由を規制することを直接の目的とするもので
はない一般には正当な規制が、特定の信仰をもつ者にとっては宗教的行為の自
由に対する妨げになるという形で問題になることが多い。この場合には、信教
の自由を保障するためにその制約が免除されるかを検討することになる。牧会
活動事件を例にすると、牧師が罪に問われた犯人蔵匿罪は宗教的行為を規制す
ることを直接の目的とするものではなく、それ自体は一般には正当な規制であ
る。そこで、牧会活動事件では、正当業務行為として違法性が阻却されるかを
審査しているが、これは、当該行為が宗教的行為として憲法上の保障を受ける
ことを理由に一般には正当な刑法上の規制からの免除が認められるかを検討し
たものとみることができる。

(c) 一般的義務による制約の程度

一般には正当な義務の免除が認められるかを決めるときには、その義務によ
って信教の自由に課されている不利益の程度が考慮される。例えば、教会学校
の礼拝に出席するために小学校の日曜参観授業に行かなかった小学生が、指導
要録に欠席と書かれたことなどを信教の自由の侵害であると争った日曜日授業
参観訴訟（東京地判昭和61・3・20判時1185号67頁）では、日曜参観授業への出席
という義務を信仰を理由に免除することは憲法上要請されていないと判断する
にあたって、児童に課されている不利益は「法律上、事実上の地位に具体的な
不利益を及ぼすものではな」く、「受認すべき範囲内にある」ということが考
慮されている。これに対して、エホバの証人の信者である高専の学生が、剣道
の実技を教義に反するとして履修拒否したところ退学処分とされ、その処分等
の取消しを求めた剣道受講拒否事件（神戸高専事件）（最判平成8・3・8民集50
巻3号469頁）では、第一に剣道実技への参加拒否が学生の信仰の核心と密接に
関連するものであったこと、第二に学校が行った処分が学生に与える不利益が
極めて大きく、信仰に反する行動が余儀なくされるという形で間接的に信仰の
自由が制約されているということが指摘されている。そのうえで、剣道の実技
の強制は、信仰の自由を制約することを目的とするわけではなく、「高専での
教育内容に関する一般的な義務」にすぎないとしても、それによって信仰の自
由が間接的に制約されるような場合には義務の免除について考慮する必要があ

るとされた。

　宗教法人オウム真理教解散命令事件では、宗教法人法による宗教団体の規制について、「専ら宗教団体の世俗的側面だけを対象とし、その精神的・宗教的側面を対象外としている」とされたが、宗教法人の解散にともなって礼拝施設などが処分されることによって宗教上の行為に事実上の支障をきたすことがあると認められ、宗教法人の解散制度が宗教的行為の自由の侵害にあたらないか慎重に吟味されることとなった（もっとも、解散命令の制度の目的が「専ら世俗的なもので制度の目的も合理的である」こと、解散という手段が必要かつ適切な手段であるということ、さらに、宗教法人の解散によって生じる支障が「間接的で事実上のもの」にとどまることから、「本件解散命令は……必要でやむを得ない法的規制である」との判断が下された）。

「強制」に至らない信教の自由の制約

　宗教的行為を含む信教の自由が各人に保障されていることから、私たちは、他者が信教の自由を行使することによって自身の信教の自由が制約されることを、一定程度甘受する必要があるとされる。では、どの程度の制約まで我慢しなければならないのだろうか。

　自衛隊地方連絡部（国）と県隊友会（自衛隊外郭団体）が共同で護国神社に夫の合祀申請をしたことで宗教上の人格権が侵害された等と殉職自衛官の妻が争った自衛官合祀訴訟（最大判昭和63・6・1民集42巻5号277頁）で、最高裁は、「何人も自己の信仰と相容れない信仰をもつ者の信仰に基づく行為に対して、それが強制や不利益の付与を伴うことにより自己の信教の自由を妨害するものでない限り寛容であること」が要請されるとし、信教の自由の侵害があったといえるには「強制」や「不利益の付与」が伴う必要があるとした。

　もっとも、本件で被侵害利益とされていたのは、妻が自身の信仰に基づき夫を追悼することは制約されていないこともあり、信教の自由とは別個の「静謐な宗教的環境の下で信仰生活を送るべき利益」としての「宗教上の人格権」であった。このような宗教上の人格権について、最高裁は、他者の宗教上の行為によって害されたとされる信仰生活の静謐とは「宗教上の感情」にとどまるとし、直ちに法的利益として認めることはできないとそもそも判断している。

II　政教分離

1　国家と宗教

　国家と宗教の法的関係は、国や時代によって異なる。主要な形態は以下の3つに分けられる。第一に、国教が存在しながらそれ以外の宗教に対しても寛容な態度がとられ実質的に信教の自由がほぼ保障されているイギリス型（国教制度）。第二に、国教が存在せず、国家は教会の固有の領域に介入しないでその独立を認めるが、競合する事項については政教条約（Konkordat）を締結し、一定の協力関係を維持するドイツ・イタリア型（協働制、公認宗教制度）。第三が、国教の存在を認めず、協働制よりも徹底して国家と宗教の分離が求められるアメリカ・フランス型（政教分離制度）である。

　日本国憲法は「政教分離を採用する」と明文で規定しているわけではないが、明治憲法のもとで国家神道が事実上国教的地位を占め他の宗教が抑圧されたことへの反省から、信教の自由を保障するだけでなく、憲法20条と89条で政教分離を採用したものと解釈され、第三のアメリカ・フランス型に分類されている。

2　政教分離を定める条文

　憲法20条は、単に信教の自由を保障しているだけでなく、「〜してはならない」と、国家に対し一定の行為の禁止を命じてもいる。まず、憲法20条1項後段は「宗教団体」が「特権」を受けることや「政治上の権力」を行使することを禁止する。宗教団体が政治上の権力を行使すること等を防ぐには、国家が宗教から分離していなければならないことから、この条文は国家に対し宗教からの分離を求めていると理解されている。例えば、明治憲法のもとでは神道が特別扱いされ、神道と結びつけて政治上の権力が行使された時期があったが、20条1項後段のもとでは許されない。次に、憲法20条3項は、国家による宗教的活動を禁止している。さらに、憲法89条は、「宗教上の組織若しくは団体の使用、便益若しくは維持のため」の公金の支出を禁止する。

　「国家がしてはいけないこと」を定めたこれらの条文は、国家と宗教とが結

びつくことを防ぐものであり、信教の自由を直接保障する憲法20条１項前段や憲法20条２項とは区別され、政教分離を明確化した規定とされている。

3　政教分離の厳格度

　政教分離とは、①国家は宗教に、また宗教は国の政治に、お互いに介入すべきでないという、国家の「非宗教性」や、②国家には、宗教と非宗教との間でも宗教と宗教との間でも平等な取扱いが求められるという「宗教的中立性」を意味する。政教分離制度の具体的内容は歴史や社会条件に応じて異なるが、「日本国憲法は、政教分離規定を設けるにあたり、国家と宗教の完全な分離を理想とし」ていた（最大判昭和52・７・13民集31巻４号533頁〔津地鎮祭訴訟判決〕）。しかし、「厳格分離」といっても、宗教と国家とのかかわり合いが一切許されないわけではない。というのも、宗教は内心における信仰にとどまらず、教育や文化など外部的な社会事象とも関連しており、国家もまた、現代社会では、様々な領域で社会に介入することが多いからである。そこで、国家と宗教とのかかわり合いがどの程度であれば許されてどの程度だと政教分離違反になるのかが問題になる。

　この問題を考える際には、なぜ政教分離が採用されるのかを明らかにする必要がある。政教分離の根拠は大きく分けて、(a)国家が特定の宗教と結びついて他の宗教を抑圧するのを防ぐことによって、間接的に信教の自由を保障するという根拠と、(b)国の政治に宗教の教えが持ち込まれて政治の領域が上手く機能しなくなることを避けるという根拠とがある。(a)の根拠を重視すれば、②の宗教的中立性が求められ、国家と宗教との間で禁じられるかかわり合いの程度は緩やかになる。これに対して、(b)の根拠を重視すれば、①の非宗教性が求められ、国家と宗教との分離が厳しく求められることになる。

　この点、判例は、(a)の根拠に言及し、日本国憲法の採用する政教分離は、「社会的・文化的諸条件に照らし、相当とされる限度を超える」かかわり合いを許さないものであると述べている。政教分離を定めた憲法20条１項後段、20条３項、89条によって具体的にどのような行為が禁じられているのかを解釈する際にも、このことが前提とされている。なお、ここで宗教との間に相当とされる限度を超えたかかわり合いをもつことが禁じられる「国」には「地方公共

団体」も含まれるとされる。

4 政教分離規定によって禁じられる行為

(1) 宗教的活動

(a) 宗教教育

　国には、憲法20条3項でいかなる宗教的活動も禁じられているが、宗教的活動の典型とされるのが同条で禁止されている「宗教教育」である。宗教一般に対する寛容の精神や宗教の歴史を教えることは、ここでの宗教教育にはあたらず禁止されないが、特定宗教の信仰を奨励または非難することを目的とする教育や、宗教一般の宣伝または排斥を目的とする教育は許されない。

(b) 宗教的活動という言葉の幅

　宗教的活動の典型が宗教教育であるとしても、宗教的活動という言葉は非常に抽象的であり、どこまでが宗教的活動に含まれるのか、その判断は人によって分かれうる。しかも、この言葉をどう定義するかに応じて、禁止される国家の活動範囲も変わってくる。例えば、市立体育館の建築工事の無事を祈願して神道形式で行われた起工式（地鎮祭）への市の公金支出が憲法20条3項に反するかが争われた津地鎮祭訴訟では、宗教的活動の定義の違いが一審と二審の結論を左右した。神道式の起工式は実体としては慣習のような習俗的行事であり、布教のために行われているわけではないから20条3項に違反しないと判断した一審では、禁じられる宗教的活動とは宗教の積極的な宣伝活動などに限定されていた（津地判昭和42・3・16行集18巻3号246頁）。それに対して二審は、宗教的活動とは宗教の積極的宣伝だけでなく宗教儀式などの宗教的信仰に関わる行為すべてであり、本件起工式も宗教的活動にあたり許されないと判断した（津地鎮祭訴訟控訴審判決）。

(c) 目的効果基準

　憲法20条3項が禁止する宗教的活動を最高裁が初めて定義したのが、津地鎮祭訴訟判決である。津地鎮祭訴訟判決では、20条3項が禁止する宗教的活動を、「宗教とのかかわり合いをもつすべての行為」ではなくて、かかわり合いが「相当とされる限度を超えるもの」に限定した。国家と宗教とのかかわり合いが相当とされる限度を超えるか否かは、より具体的には、問題になっている

国家の行為が、「行為の目的が宗教的意義をもち、その効果が宗教に対する援助、助長、促進又は圧迫、干渉等になるような行為」であるかどうかによって判断される。問題とされている国の行為の目的が宗教的意義をもつかを問う目的審査と、その行為の効果が宗教を援助、助長、促進または圧迫、干渉するものかを問う効果の審査が行われることから、この審査基準は「目的効果基準」と呼ばれる。

　津地鎮祭訴訟判決は目的効果基準で審査する際の考慮要素にも触れており、目的・効果を審査する際には、問題になっている「行為の外形的側面」のほかに、行為に対する「一般人の見解」等が考慮される。具体的なあてはめでも、起工式についての一般人の意識が重視され、起工式の目的は社会の一般的慣習に従った儀礼を行うという専ら世俗的なものであり、起工式が与える効果も神道を援助・助長・促進したり、他の宗教に圧迫、干渉を加えたりするものではないから、20条3項により禁止される宗教的活動にはあたらないと判断されている。

　目的効果基準は、その後、市が忠魂碑を建設した市有地を遺族会に無償貸与したことなどが20条3項等に違反しないか争われた箕面忠魂碑訴訟（最判平成5・2・16民集47巻3号1687頁）でも採用された。最高裁は、当該忠魂碑は少なくとも戦後は戦没者の慰霊のための記念碑的なものとなり特定の宗教とのかかわり合いが希薄となっていることなどを前提に、市の行為について、目的はもっぱら世俗的なもので、効果も特定の宗教を援助、助長、促進または他の宗教に圧迫、干渉を加えるものとは認められないから、宗教とのかかわり合いの程度が相当とされる限度を超えるものとは認められないと判断した。さらに、最高裁が初めて政教分離違反の判断を下した愛媛玉串料訴訟（最判平成9・4・2民集51巻4号1673頁）でも、目的効果基準が採用されている。

(2) 宗教団体への特権付与・宗教団体による政治上の権力の行使

　国家が特定の宗教団体を一般の宗教団体よりも優遇したり、宗教団体一般を他の団体よりも優遇したりすることは、宗教団体が「特権を受けること」になり、憲法20条1項後段によって禁じられる。また、立法権や課税権、裁判権といった、国または地方自治体が本来行使する統治権力を宗教団体が行使するこ

とも、20条1項後段が禁止する「政治上の権力」の行使にあたり許されない。

　それでは、京都のお寺のような宗教的文化財を保存するために公金を支出することはどうだろうか。現在、日本では、宗教的なものに限らず、文化財一般に公金が支出されている。そこで、宗教的文化財に公金を支出しても特権付与にはあたらないと考えられている。ほかに、法人税法6条を根拠にした宗教法人に対する非課税措置も、一定の所得に対する税金が免除される非営利法人の1つとして宗教法人にも認められているにすぎないから、特権付与にはあたらないと解されている。

　では、20条1項後段違反の有無はどのように審査されるのだろう。これについて判例は詳しくは論じていない。津地鎮祭訴訟判決でも、市の行為が憲法20条3項の宗教的活動にあたらないという判断から「宗教団体に特権を与えるものともいえない」と結論づけている。箕面忠魂碑訴訟では、市の行為を憲法20条1項にも違反しないと判断するにあたって、目的効果基準に基づき、20条1項後段の「宗教団体」とは「特定の宗教の信仰、礼拝又は普及等の宗教的活動を行うことを本来の目的とする組織ないし団体」であると定義したが、20条1項に違反しないという判断に大きく影響したのは、市の行為が20条3項の宗教的活動にあたらないという点であった。

　このようななか、最高裁が初めて20条3項への言及なしに20条1項後段違反を認めたのが、空知太神社事件であった（最大判平成22・1・20民集64巻1号1頁）。ただし、空知太神社事件でも、主に市の行為が憲法89条に違反するということから20条1項後段違反の結論が導かれている。

(3)　宗教団体への公金の支出

　憲法89条は、「公金その他の公の財産」の支出を制限する規定である（→憲法I8章II6(5)）。前段では、「宗教上の組織若しくは団体」に対する公金支出が、後段では「慈善、教育若しくは博愛の事業」に対する公金支出がそれぞれ禁止されている。宗教上の組織もしくは団体に対する公金支出の禁止を定める前段は、政教分離を財政面から裏付けている規定である。これに対して後段は、一見、宗教に関わりのない規定に見える。しかし、後段も、宗教団体が行う慈善事業や博愛事業への公金支出という脱法手段を用いて国家が宗教団体を

支援することを防ぐものであり、89条は前段後段両方で政教分離を財政面から裏付けていると理解できる。

　89条に関連して問題になるのが、宗教系私学への助成である。私立の学校に対しては、私立学校法59条によって国からの助成が認められており、宗教系私学だけが助成を受けることができないとすれば不公平であり、通説は宗教系私学への助成を憲法89条に違反しないと解している。

　判例では、靖国神社等のお祭りに玉串料という名目で県の公金を支出したことが憲法20条３項および89条に違反しないかが争われた愛媛玉串料訴訟において、①89条が禁じているのは「公金支出行為等における国家と宗教とのかかわり合い」が「相当とされる限度を超えるもの」であり、②相当とされる限度を越えるかを検討する際に目的効果基準が用いられるということが明らかにされた。ただし、その後、空知太神社事件では、前記①は維持されたものの、①を検討する際には「諸般の事情を考慮し、社会通念に照らして総合的に判断すべき」であるとされ、②の目的効果基準は採用されなかった。

政教分離規定の条文関係

　上述のように、政教分離規定によって禁じられている行為は複数あるが、これまで政教分離を巡る判例の争点は、国の行為が憲法20条３項が禁じる宗教的活動にあたるか否かが中心であった。宗教との関わり合いが生じる国の行為全般が、もっぱら20条３項違反の有無という観点から審査されてきたのである。したがって、政教分離規定の条文関係についてはあまり意識的に論じられることはなかった。ところが、空知太事件で最高裁が、下級審が20条３項違反を主たる争点としていたにもかかわらず、20条３項を争点とすることなく20条１項後段違反を認定したことによって、政教分離違反の有無は20条３項違反の有無に一元化されないことが意識されるようになり、宗教的活動の禁止と宗教団体への特権付与の禁止、宗教団体への公金支出の禁止などの相互関係が、近時、議論されるようになってきている。

　１つの解釈として、20条３項が禁じる宗教的活動は20条１項後段が禁じる宗教団体への特権付与と憲法89条が禁じる宗教団体への公金支出とを包摂し、同時に、宗教団体への公金支出と宗教団体への特権付与とが重なりあう場合もある、という説がある。ほかに、20条３項違反の認定と、20条１項および89条違

反の認定とで、認定の厳格度が変化する可能性を示唆する説もあり、今後の議論の蓄積が待たれる。

5　政教分離規定に関する違憲審査のあり方

(1)　目的効果基準の問題点

　目的効果基準が、政教分離規定に関して最高裁が用いる唯一の違憲審査基準であると長らく考えられてきた。この目的効果基準に対しては、「目盛りのない物差し」であって審査基準にならないという批判（愛媛玉串料訴訟・高橋久子意見）や、厳格な適用を求める意見が提起されてきた。

　判例に基準の精緻化を求める際に学説が参照したのが、アメリカの判例で示され、目的効果基準にも影響を与えたとされる「レモン・テスト」である。レモン・テストは①行為の目的に世俗的なものがあること、②行為の主要な効果が宗教を助長したり抑圧したりするようなものでないこと、③行為が宗教に対する過剰な関わり合いをもたらすものでないことの、①から③の要件すべて満たされていなければ政教分離違反となるという違憲審査基準である。レモン・テストと比較すると、目的効果基準は、関わり合いの相当性について判断するための基準となっており、関わり合いが独立の考慮要素となっていない。そこで、学説は、目的効果基準に対して、関わり合いについても独立の考慮要素とすべきことを求める。

　他方で、効果の審査に関して、問題となっている国の行為が、実際に特定の宗教を援助、助長、促進するものでなくても、国がその特定の宗教を「是認」しているといった、国と宗教との象徴的結合の効果をもっている場合には政教分離違反とすべきであるという意見が、アメリカの判例で示された「エンドースメント・テスト」といわれる違憲審査基準を参考にして主張されてもいる。

(2)　愛媛玉串料訴訟における目的効果基準

　これらの点で注目されたのが愛媛玉串料訴訟である。愛媛玉串料訴訟では、目的効果基準が継承されたが、津地鎮祭訴訟判決とは異なる点も見られた。

1つめが、目的・効果のほかに、関わり合いという要素も詳しく審査された点である。目的効果基準自体は、先述のとおり、関わり合いの相当性を判断する基準となっており、関わり合いという要素が目的・効果から独立した要件なのか判然としない。しかし、愛媛玉串料訴訟では、関わり合いという要素について目的・効果とは独立した違憲審査の要素であるかのような詳細な審査が行われたのである。

2つめは、特定の宗教団体に対してのみ特別の関わり合いをもつことは、その宗教が「特別のものであるとの印象を与え、特定の宗教への関心を呼び起こすものといわざるを得ない」と認定した点である。これについては、複数の宗教団体への公金支出であれば政教分離違反にはならないという趣旨なのか疑問がだされると同時に、象徴的結合の効果を重視するエンドースメント・テストとの関連性が注目されてもいる。

(3) 空知太事件における目的効果基準の不採用

その後、目的効果基準は、空知太神社事件で用いられなかったことを契機として、政教分離に関する唯一の違憲審査基準ではないことが明らかになる（その後、空知太神社事件が参照された下級審判決として、久米三十六姓の末裔が組織する一般社団法人に対する市による都市公園の無償提供行為の違憲性が争われた那覇地判平成30・4・13判例地方自治454号40頁〔控訴審判決（福岡高判平成31・4・18判例地方自治454号26頁）も、同判断枠組みを維持〕がある）。空知太神社事件で目的効果基準が用いられなかった理由は判然としない。空知太神社事件は、神社の鳥居などが組み込まれた地域の集会場のために市有地を無償で長い間貸与していることの政教分離違反の有無が争われた事件であった。そこで、目的効果基準が機能するのは問題となる行為に「「宗教性」と「世俗性」とが同居しておりその優劣が微妙であるときに、そのどちらを重視するかの決定に際して」であって、「世俗性」のない明確に宗教性のみをもった行為については目的効果基準は用いられないという意見や、不作為的側面を有する継続的行為の違憲審査では目的効果基準は用いられないといった見解が示されている。ただし、その後、神社の大祭に関わる諸行事の奉賛を目的とする団体の発会式で市長が祝辞を述べたことが政教分離原則に違反しないか争われた白山比咩神社事件では、目的と

効果を中心とした違憲審査が行われている（最判平成22・7・22判時2087号26頁）。いずれにしても、政教分離に関わる違憲審査のあり方それ自体が、現在は問われているのである。

6　政教分離と信教の自由の関係

　判例によれば、政教分離とは、「いわゆる制度的保障」の規定であり、信教の自由のように人権そのものとして保障されるのではなく、「国家と宗教との分離を制度として保障することにより、間接的に信教の自由の保障を確保しようとするもの」である（津地鎮祭訴訟判決）。このような政教分離と信教の自由の関係についての判例の理解は、①政教分離の法的性格、②政教分離と信教の自由の対抗という2つの視角から議論されている。

(1)　政教分離の法的性格

　判例が政教分離を人権ではなく「いわゆる制度的保障」とみなす従来の制度的保障論については、ドイツ公法学におけるオリジナルの「制度保障」論とはかなり異なるものであることが学説によって明らかにされている（→憲法II 1章II 3コラム）。

　さらに、政教分離が人権として保障されることを否定することで、判例は、政教分離の厳格度を著しく相対化し、また、政教分離違反の有無を個人が裁判で争うことを困難なものにしているとして、政教分離を政教結合による間接的な強制圧力からの自由を保障する「人権」と捉える説も一部見られる（→後述のコラム参照）。しかし、信教の自由との違いが不明であるなど、人権としての政教分離の具体的内容は明らかでなく、人権説は少数説にとどまっている。他方で、上述のとおり、信教の自由をより確実に保障するという役割が政教分離にあることは確かであり、信教の自由と政教分離を二元的に捉え、政教分離を信教の自由を保障するための客観的法規範とみなす思考は、判例と多数説の間で共有されているといえよう。

(2)　政教分離と信教の自由の対抗

　従来、政教分離違反の有無が問われた裁判の多くが明治憲法のもとで国教的

扱いを受けた神道に関連する事案であったことから、信教の自由と政教分離を二元的に捉え、政教分離の保障は信教の自由の保障の実現にも資するということを前提として、厳格分離の立場から判例を批判する声が学説では多かった。しかし、政教分離を厳格に貫こうとすると個人の信教の自由が制限される場面もあるし、逆に、信教の自由を保障しようとすると政教分離に反するおそれがでてくることもある。例えば、津地鎮祭訴訟判決では、刑務所等における教誨活動について、政教分離を完全に貫き、宗教的色彩を帯びることを一切許さないとすると、受刑者の信教の自由が著しく制約されかねないと指摘されていた。また、近年では、東日本大震災の際などに、政教分離を理由に、宗教施設が集団移転事業の対象から除外され、復興施策において宗教施設に公的支援が行われないこともあった。つまり、政教分離原則と信教の自由とは双方を厳格に貫こうとすると対立することもあるのである。

　一般には正当な義務が信仰を理由に免除されるかが問題になる場面（→本章Ⅰ3⑵）でも、政教分離原則と信教の自由の対抗が問題になりうる。例えば、日曜日授業参観事件では、宗教的行為の自由を保障するために出席を免除することは「公教育の宗教的中立性」の観点から望ましくないと判断された。本件では、義務の免除を求める信教の自由の保障よりも、義務の免除を認めないことで特定の宗教を優遇しないという政教分離が優先されたといえる。これに対し、剣道受講拒否事件では、信教の自由の保障が優先され免除が認められた。剣道の実技に代わる代替措置を認めることは公教育の宗教的中立性に反するとして退学処分の取消しを認めなかった一審に対し、最高裁は、目的効果基準を用いて、代替措置を認めても公教育の宗教的中立性に反することにはならないと判断したのである。もともと最高裁は相当とされる限度内の国家と宗教のかかわり合いを認めてきたことから、剣道受講拒否事件の最高裁の結論は、従来の判例の立場にも整合的であるといえよう。

国の政教分離違反を争うことの難しさ

　地方公共団体による政教分離違反について争うには、地方公共団体による公金支出の違法性を争う住民訴訟を起こすことができる。これに対し、国による政教分離違反を客観的に争い得る訴訟類型は存在しない。例えば首相の靖国神

社参拝の合憲性が問われた事件（最判平成18・6・23判時1940号122頁等）も、首相の参拝が政教分離違反であるかを客観的に争う客観訴訟としてではなく、首相の行為によって具体的な法的利益が侵害されたことを争う主観訴訟として提起された（→客観訴訟・主観訴訟について、憲法 I 12章を参照）。

　これは政教分離が人権そのものとはみなされていないことに由来する。人権説が主張される理由の1つはこの点にあるが、上述のとおり人権説は少数説にとどまっている。他方で、首相の靖国神社参拝の合憲性が問われた事件では、「他人が特定の神社に参拝することによって、自己の心情ないし宗教上の感情が害されたとし、不快の念を抱いたとしても、これを被侵害利益として、直ちに損害賠償を求めることはできない」と判断されており、国の政教分離違反を争うための訴訟類型が模索されている。

第7章

表現の自由(1)──総論

　本章と次章では主として表現の自由について概説するが、まずは本章では総論的な内容を取り扱う。表現の自由は精神的自由の代表的なものとして位置づけられ、その制約に関する違憲審査のあり方に関する学説の議論は、他の精神的自由に関しても参照されてきたため、その意味でも表現の自由について十分に理解することが重要である。

　その際注意すべきことの1つは、本章でも随所で言及するように、表現の自由論については判例と学説とでは距離があるということである。本書も含む概説書では学説を中心に説明がなされることになるが、判例についてもその固有の論理を学ぶ機会をもってほしい。

I　保障の意義と内容

1　憲法21条の構造

　本章と次章では表現の自由を中心に、憲法21条で保障される基本権について概説する（ただし、結社の自由については憲法II9章で説明する）。まずは21条の構造について述べるが、それは、同条が表現の自由だけでなく、複数の基本権を保障する複合的な規定だからである。すなわち、同条は、1項で表現の自由に加え、集会の自由、結社の自由を保障し、また、2項前段では検閲禁止を定め、後段では通信の秘密を保障する。

　このうち、検閲の禁止は表現の自由の保障の一部であると理解できるが、そ

れ以外の3つは、表現の自由との共通点をもちつつもそれぞれ異なった側面を有する独立した基本権の保障であると考えられる（具体的には次章V、VIおよび9章参照）。

以下、本章では表現の自由について概説を行うが、表現の自由は精神的自由の典型として、そこでの諸法理は21条で保障される他の基本権についても、（場合によっては修正を加えたうえで）当てはまることが多い。

2　表現の自由の意義と保障根拠

(1)　表現の自由の意義

表現は人を動かし、ひいては既存の秩序を動揺させる潜在力を秘めている。そのことを理解していた絶対王政や教会は、厳しい検閲制を敷いていた。西欧での表現の自由を求める運動は検閲廃止を求めて広がったもので、表現の自由は、近代の人権宣言（1776年のヴァージニア権利章典12条、1789年のフランス人権宣言11条など）では必ずといってよいほど規定される古典的な人権である。

日本では、明治憲法29条が法律の留保付きで「言論著作印行集会及結社ノ自由」を保障していた。しかし、日本国憲法21条は、法律の留保を廃し、表現の自由の規定に加えて21条2項では検閲禁止も明文化している。

(2)　表現の自由の保障根拠をめぐる学説の議論

今見たとおり、日本国憲法は条文上、表現の自由を手厚く保障していることが窺われるが、学説においても、表現の自由は精神的自由の代表的なものとして位置づけられ、その制約に関する違憲審査のあり方に関する議論は、他の精神的自由に関しても参照されてきた。その大前提となるのがここで触れる保障根拠論である。

すなわち、学説においては表現の自由はとりわけ厚く保障される基本権であると考えられており、表現の自由は特に経済的自由との関係で、「優越的地位」にあるとされている。これは、違憲審査基準に着目すると、二重の基準論とも結びつく。

表現の自由が手厚く保障されるのはなぜだろうか。このことを論じるのが表現の自由の保障根拠論である。保障根拠論としては様々な議論があるが、一般

に、表現の自由が①個人の人格の形成と展開（個人の自己実現）にとって（もっとも、経済的自由にもこのような側面はある（最大判昭和50・4・30民集29巻4号572頁〔薬事法違憲判決〕））、また、②立憲民主制の維持・運営（国民の自己統治）にとって不可欠であることが挙げられる。これらの点は最高裁も認めるところである（最大判昭和58・6・22民集37巻5号793頁〔よど号ハイジャック記事抹消事件〕、最大判昭和61・6・11民集40巻4号872頁〔北方ジャーナル事件〕など）。

　また、真理は思想の自由な競争のなかからのみ見出されるのだから、公定の「真理」に基づいて表現を規制してはならないとする思想の自由市場論も伝統的に主張されている。

　これらは表現の自由の積極的な価値に基づく保障根拠論であるが、これに対して消極的な保障根拠論も主張されている。すなわち、表現の自由はもろく壊れやすい脆弱な自由であることから、手厚い保障の要請を導く議論である。そこでは例えば、過度に広汎な規制や不明確な規制がなされてしまえば、表現の自由は容易に萎縮してしまうとする萎縮効果論が語られる。

　これらの論拠は単独では表現の自由全体の手厚い保障を基礎づけることはできないと思われる（例えば、自己統治の論拠では営利的な表現の保障を説明できないだろう）が、複数の論拠が複合的に作用して、表現の自由の優越的地位を支えていると考えるべきだろう。もっとも、このことは表現の自由がその本質において経済的自由よりも重要だとするものでは必ずしもない。

(3)　判例の立場

　以上のように、学説は一般に、表現の自由は全般的に手厚い保障を受けると考えているが、この点については判例との乖離がある点に注意を促しておきたい。

　判例も、一般論としては、二重の基準論あるいは表現の自由の優越的地位を認めるような判示を行うこともある（最大判昭和47・11・22刑集26巻9号586頁〔小売市場事件〕など）。しかし、詳しくは次章で見ることになるが、具体的な判断は比較衡量の手法によってなされることが多く、少なくとも学説のいうような二重の基準論は採用されていないと見たほうがよい。

3　表現の自由の保障内容（保護領域）

(1)　総　説

(a)　積極的自由

21条1項の「表現」とは、「人の内面的な精神活動を外部に（すなわち他者に対して）公表する精神活動」であるとされるが、意見の表明だけではなく事実の主張も「表現」に含まれることには異論はなく、この定義のうち「人の内面的な精神活動」は広く捉える必要がある。

「表現」の自由は、伝統的には、発信者による意見表明および事実主張の自由であったが、今日では、表現の自由はコミュニケーションの自由であり、表現の受け手の存在も前提としているとして、表現の受け手の自由をも含むとするのが一般的な理解である。こうした受け手の自由は「知る権利」と呼ばれ、判例も国民の知る権利に言及している（最大決昭和44・11・26刑集23巻11号1490頁〔博多駅事件〕。情報に接しこれを摂取する「知る自由」が21条で保障されるとした前掲最大判昭和58・6・22など）。もっとも、「知る権利」は多義的に使われるので、それぞれの文脈でどのような意味で使われているのかに注意が必要である。

こうして、表現の自由は、思想・信条・意見・知識・事実・感情など人の精神活動に関わる一切のもの（情報）の収集・伝達・受領に関する活動の自由だとされる。これらのうち、主な問題については(2)(3)で触れる。

(b)　消極的自由

他方、表現の自由には、表現行為を行わない自由（消極的自由）も含まれる。したがって、例えば、裁判において事実に関する証言を強制することは、思想・良心の自由の侵害とはいえなくても（→憲法Ⅱ5章Ⅲ4参照）、消極的表現の自由の侵害の問題にはなりうる。

また、情報を受領しない権利も認められる。この関係では、聞きたくない表現を公権力により強制的に聞かされることを排除する「囚われの聴衆」の法理がある（この文脈で市営地下鉄における広告放送が問題となったものとして、最判昭和63・12・20判時1302号94頁〔囚われの聴衆事件〕）。他方で、強制の分脈ではないところでは「見たくないものを見ない自由」が保障されているわけではない。

(2) 情報伝達の自由

(a) 象徴的表現

憲法は「一切の表現の自由」を保障しているから、表現のための方法は問われず、国旗の焼却など、通常は表現行為とは考えられないような行為によってメッセージを伝えようとする象徴的表現も「表現」に含まれる。ただし、その行為が、その対象である特定の人々によってだけではなく、一般公衆によってもコミュニケーションであると理解されるようなものである必要があろう。そうでないと、政治的な動機で行われるテロなども「表現」だとされかねない。

なお、表現方法として一定の独自性を有する例として、マスメディアの自由、インターネットの自由、デモ行進の自由等があるが、これらについては後に個別の項目を設けて述べる。

(b) 「表現」から除外される表現？

また、象徴的表現とは逆に、形式的には表現に当たるものであっても、表現の自由が担う価値に照らして保障の必要がないとされるものについては、表現の自由の保障範囲から除外されるといわれることもある。

その伝統的な典型例は、わいせつ表現や違法行為の煽動、名誉毀損などである。これらは、有害性があると考えられたことにより、「低価値表現」として位置づけられ、伝統的に表現の自由の保障範囲から除外されてきた。しかし、今日においては、「表現」の範囲から除外すること（すなわち、憲法上の保障が一切及ばないとすること）には慎重であるべきであり、「表現」には含まれるとしたうえで、対抗利益によって制約が正当化される範囲を考えるというアプローチが適当である。

最近問題となっているいわゆるヘイトスピーチについても、表現の自由の保障領域外であるとする議論もあるが、そのように考えることには慎重であるべきだろう（→第8章I 3）。また、同じく最近の問題であるフェイクニュースについても同様である。

(c) 営利的表現

また、関連して、営利的表現についても触れておく。営利的表現とは、要するに営利広告のことであるが、自己統治の価値との関連が薄いことなどから、かつては営業の自由として保障されるもので表現の自由には含まれないともさ

れた。しかし、外見上、表現活動であることには他の表現と変わりはないこと、また、受け手である消費者の側から見れば重要な意味をもちうることから、今日では表現の自由の保障領域に含まれると考えるのが一般的である。

　もっとも、実際には広告に対する規制はかなり幅広く行われている。景品表示法による一般的な規制や、病院等の広告規制（医療法6条の5）など個別的な規制、さらには、日本では法令上の義務づけではないが（ただし、たばこ事業法40条参照）、国際的にはタバコやアルコール飲料に対する規制が問題となっている。これらについては、その多くは学説によっても21条違反だとまでは考えられていない。

　この点について、例えば虚偽広告の規制のような場合には、虚偽か否かについては客観的な判断になじみ、規制権限が濫用されるおそれが小さいことや、広告に由来する消費者被害も少なくなく実害が生じること、さらに、営利広告は経済的動機に基づいて行われるために、萎縮効果のおそれが小さいことが指摘され、内容規制とはいえ、中間的な違憲審査基準によって審査されうると考えられている（→内容規制については本章Ⅳ参照）。

　判例は、あんま師等法が適応症の広告を罰則付きで禁止している点について合憲と判断している（最大判昭和36・2・15刑集15巻2号347頁〔あんま師等法広告規制事件〕）。この判決では、広告がそもそも「表現」に含まれないとしたのか、含まれるとしたうえで合憲的な制約だと判断したのかは明らかではないが、いずれにしても、古い判例であるとはいえ、審査が緩やかすぎるとの批判がある。他方、近年の判決として、条例による風俗案内所の表示物等の規制に関し、合理的な裁量の範囲を超えるものではないとしたものがある（最判平成28・12・15集民254号81頁、判時2328号25頁〔京都府風俗案内所条例事件〕）。

(3)　情報受領の自由（知る自由）

　情報受領の自由（知る自由）は、知る権利の内容の1つとして説明される場合もある。これは、情報伝達の自由が保障されていれば同時に保障されるのが通常だろうが、場合によっては独立の問題となる。

　まず、被疑者や被告人として刑事施設に収容されている人々の場合である。拘置所内に勾留されていた被告人が私費で新聞を購読していたところ、折しも

発生した日本赤軍の「よど号」ハイジャック事件関係の記事が塗りつぶされて配布されたことが争われた事案において、最高裁は、自由に様々な意見、知識、情報に接し、摂取する機会をもつことは、自己実現や、民主主義社会における思想・情報の自由な伝達等の基本原理にとって必要であるから、新聞や図書等の閲読の自由は憲法19条や21条の派生原理として認められるとした（最大判昭和58・6・22民集37巻5号793頁〔よど号ハイジャック記事抹消事件〕）（→憲法Ⅱ2章Ⅱ3参照）。これについては、一般論としては妥当な判断だとされているが、他方で、具体的判断において刑事施設の長の裁量権が広く認められている点で批判がある（なお、法廷の傍聴人がメモをとることを禁止されていたことが争われたレペタ事件（最大判平成元・3・8民集43巻2号89頁）も参照）。

次に、出版物との輸入規制、具体的には税関検査の場合であり、情報伝達者が国外にいるため、情報受領の自由が独立して問題となる。これについて最高裁は税関検査事件において、表現の自由の保障は、表現を受ける者の知る自由の保障をも伴うとしている（最大判昭和59・12・12民集38巻12号1308頁）。

(4) 請求権としての表現の自由

(a) 自由権としての表現の自由

表現の自由は自由権（防御権）であり、「保障する」とは公権力による制約を排除することを意味する。もっとも、以下のような具体的な場面では、請求権としての表現の自由が問題となることもあるが、これらはあくまで例外である。

(b) 情報公開請求権

表現の自由の請求権的な側面が認められている典型例は、国の情報公開法や自治体の情報公開条例で保障されている国の行政機関や自治体が保有する公文書の開示を求める権利（情報公開請求権）である。これは、表現の自由の一部としての知る権利が具体化されたものだと理解するのが通説である。すなわち、表現の自由の担う自己統治の価値の実現のためには、国や自治体が保有している情報を公開することが不可欠であり、表現の自由の保障を全うするためにはこのような請求権の保障が必要であるとされる。

もっとも、憲法21条から直接、訴訟によって実現可能な請求権が導き出され

るわけではなく、情報公開請求権としての知る権利は、情報公開制度の法律による具体化を要する抽象的な権利である。

　情報公開制度は、1980年代から自治体において整備が徐々に進んできたが、1999年になって国レベルでもようやく情報公開法が制定された。しかし、その目的規定（1条）に情報公開制度が知る権利を具体化するものだという趣旨が含まれていないことには批判もある。

(c)　反論権・アクセス権

　インターネットが普及する以前は、表現手段をマスメディアが独占し、一般の個人がもっぱら表現の受け手の地位に立たされていることが問題視されていた。こうした状況を背景に、マスメディアに取り上げられた者が同じメディア上で反論をする権利や、意見広告などの形でマスメディアにアクセスをする権利が、憲法21条から導き出されるのではないかという主張が、特に1960年代から70年代にかけてアメリカや日本でなされた。

　日本において、こうした主張の可否が訴訟で争われたのがサンケイ新聞事件であるが、最高裁は、21条を含めた自由権的基本権の保障規定は、私人間に適用あるいは類推適用されるものではないとして、21条から反論権が生じるものではないとした（最判昭和62・4・24民集41巻3号490頁）。

(d)　その他

　この他、集会の自由の問題であるが、公的施設を利用して表現（具体的には集会や展示など）を行う場合、施設の提供は公的な給付であり、そこでの表現の権利を請求権的な構成で捉える見解もある（これについては集会の自由の箇所でも触れる）。

Ⅱ　検閲と事前抑制の禁止

　本節では、表現に対する広い意味での事前抑制について述べる。表現の発表前（あるいは受領前）にその禁止を行う事前抑制は、一般的にいって表現の自由に対する重大な制約であるから、ごく例外的な場合に限って認められるべきである。

　異論もあるが、広義の事前抑制は、検閲と狭義の事前抑制とに区別されるた

め、以下ではこの区別に即して説明する。

1 検閲の意義と検閲禁止の効果

(1) 検閲禁止の効果

　憲法21条2項前段は検閲を禁止している。上述のように、表現の事前抑制は表現の自由に対する重大な制約である。この点、判例は、事前抑制の弊害を次のように述べており、参考になる。すなわち、①表現物の内容を受け手に到達させる途を閉ざしまたはそれを遅らせてその意義を失わせ、〔当該表現物を通じた〕公の批判の機会を減少させること、②事前抑制という性質上、予測に基づくものとならざるをえないこと等から事後制裁の場合よりも広汎に渡りやすく、濫用のおそれがあること、③実際上の抑止効果が事後制裁の場合よりも大きいこと、である（最大判昭和61・6・11民集40巻4号872頁〔北方ジャーナル事件〕）。

　こうした指摘を踏まえると、表現の自由を保障する以上、検閲も含む事前抑制は当然に禁止されるということになるはずである。ヨーロッパの歴史上も、表現の自由の獲得をめぐる道のりは、検閲からの自由の獲得が中心であった。そうだとすれば、憲法が表現の自由の保障規定（21条1項）とは別に検閲禁止をわざわざ明文で定めたのはなぜだろうか。

　この点については、見解の対立があるが、憲法は検閲を絶対的に禁止する趣旨であると理解する立場が有力である。判例も、検閲は絶対的な禁止であるとする（最大判昭和59・12・12民集38巻12号1308頁〔税関検査事件〕）。

(2) 検閲の定義

　今述べたように、検閲を絶対的な禁止だと理解すれば、ある国家行為が検閲に該当してしまえばその時点で憲法上禁止されることになるため、検閲の定義をどのように定めるかが重要なポイントとなる。

　そして、検閲の定義を考えるにあたっては、例えば、個人のプライバシーを暴露する週刊誌の記事を裁判所が差し止める場合のように、事前の規制が認められる場合があることも考慮しなければならない。諸要素を考慮した上で、絶対的に禁止されるに値する類型のものを定義づけることが求められる（定義づ

け衡量）。

　この点、判例は、検閲とは、①行政権が主体となって、②思想内容等の表現物を対象とし、③その全部または一部の発表の禁止を目的として、④対象とされる一定の表現物につき網羅的一般的に、⑤発表前にその内容を審査したうえ、不適当と認めるものの発表を禁止することをその特質として備えるものをいうとする（前掲税関検査事件）。

　その上で、「風俗を害すべき書籍、図画」を輸入禁制品とする輸入品に対する税関検査（関税法69条の11第１項７号）は、②③④⑤の要素を欠くとして検閲に該当しないとした。

　これに対して、①の検閲の主体について、絶対禁止を前提とすれば広く公権力一般ではなく、行政権によるものに限定する点（したがって、裁判所による差止めなどは検閲の問題ではなく後述の事前抑制の問題となる）については通説も同様であるが、それ以外の点については狭すぎるとして批判が強い。

　特に、③や⑤に登場する「発表前」という検閲の時期について、税関検査事件では、外国ですでに発表済みであることが検閲に該当しない理由の１つとされた点が批判される。受け手の権利も考慮すれば、外国で発表済みであっても国内で受領できないのであれば検閲に当たりうるというのである。そこで、通説は検閲の時期については、発表時ではなく、表現行為（発表行為であることもあれば受領行為であることもある）時を基準とすべきだとする。

(3)　その他の例

　税関検査のほか、検閲該当性が争われた主な例としては、教科書検定や青少年健全育成条例による有害図書類規制がある。

　教科書検定について判例は、検定不合格となっても、教科書としての発行ができなくなるだけで、一般図書として発行し思想の自由市場に登場させることには支障がなく、③発表禁止目的や⑤発表前の審査などの特質がないから検閲に該当しないとする（最判平成５・３・16民集47巻５号3483頁〔第一次家永教科書訴訟〕）（→憲法Ⅱ13章Ⅲ2(1)参照）。

　有害図書類規制は、ほとんどの都道府県で制定されている青少年健全育成条例に基づき、青少年の健全育成に有害な図書類を知事が指定し、青少年への販

売等を禁止するものであるが、判例は検閲該当性を否定している（最判平成元・9・19刑集43巻8号785頁〔岐阜県青少年保護育成条例事件〕）。成人は自由に購入等することができることから、発表を禁止するものではないこと等が検閲該当性を否定する理由であろう。

これらについては異論もあるが、検閲に該当しないという結論は妥当であると思われ、次に述べる事前抑制禁止原則との関係で検討される問題だと考えられる。

2　事前抑制禁止原則

ここでいう事前抑制とは、表現行為（発表行為であることもあれば受領行為であることもある）に先立って行われる規制のうち、検閲以外のものを指す（狭義の事前抑制）。検閲に該当しないといっても、一般に事前抑制は表現の自由に対する重大な制約であるから、その合憲性は慎重に審査する必要がある。もっとも、事前抑制が行われる文脈は様々であり、違憲審査基準としては、事前抑制の場合に用いるべき一律の具体的な基準を予め示すことは困難である。

なお、わいせつ表現の規制を例にとると、刑法175条でわいせつ表現物の頒布等は表現行為の前に予め一般的に禁止されているのであるから事前抑制に当たるのではないかと考える読者もいるかもしれないが、そうではない。わいせつ規制や名誉毀損等の刑事規制や、民事不法行為による制裁は事後的な規制である。事前抑制となるのは、具体的な義務が表現行為の前に課されている場合である。

先に教科書検定や有害図書類規制が狭義の事前抑制の問題であるとしたように、事前抑制禁止原則は行政権による事前抑制にも関わるが、憲法の概説書では、名誉毀損やプライバシー侵害、さらには著作権侵害といった場合の裁判所による事前差止めの問題に触れるのが通例である。そこで、この問題については、次章Ⅰ2で事後規制に関する問題とあわせて述べることとする。

III 明確性の原則と過度広汎の故に無効の原則
——表現の自由規制の違憲審査手法①

本章のⅢ、Ⅳでは、事前抑制に限らず事後規制の場合も含め、表現の自由を規制する立法についてその合憲性を審査するための主な手法について概説する。これについては、憲法訴訟の知識も必要になるので、適宜、憲法Ⅰ13章も参照しながら学修してほしい。

1 不明確性と過度広汎性

表現の自由をはじめとする精神的自由を規制する立法は明確でなければならず、漠然不明確な立法は違憲であるとするのが、明確性の原則（不明確（あるいは漠然性）故に無効の原則）である。

これに対して、法文は一応明確でも、規制の範囲があまりにも広汎で違憲的に適用される可能性のある立法も違憲であるとするのが、過度広汎性の故に無効の原則である。もっとも、規制が過度に広汎かどうかは、違憲審査基準等を用いて別途判断しなければならない。

この2つの原則は、今述べた説明の限りでは区別可能であるが、外縁が不明確な法文は過度に広汎になりがちであり、実際の事件においては、両者が同時に問題となることも多い。例えば、表現の自由の問題ではないが、青少年との「淫行」を処罰する福岡県青少年条例の規定について、最高裁は、「淫行」の意味を限定解釈すれば過度広汎でも不明確でもないとしたが、そこではこの両者が問題となっていたのである（最大判昭和60・10・23刑集39巻6号413頁〔福岡県青少年保護育成条例事件〕）。

また、この両原則には並べて説明されるだけの共通性がほかにもある。すなわち、これらの原則に反する立法は、文面上違憲となると学説上いわれているということである。つまり、事件の当事者にとって漠然性や過度広汎性の問題が直接関わらないような事案であっても、当事者はこれらの主張を行うことができ（つまり、文面審査〔法令一般審査〕を求めることができ）、それが認められれば法令違憲が導かれうるということである。

少なくとも学説の理解する付随的審査制においては、適用審査が原則であっ

て、このようなことは例外であるが、なぜこうしたことが認められるのか。それは、萎縮効果の早期除去のためである。すなわち、不明確あるいは過度に広汎な立法では、グレーゾーン（不明確な部分や過度に広汎な部分）において表現行為を差し控えようとする萎縮効果が発生する。萎縮効果が発生すると、あえて発言をしてグレーゾーンの規制の合憲性の判断を受けようとする者が出現せず、当該規制は残り続け、萎縮効果も存続することになり弊害が大きい。そこで、表現の自由については、グレーゾーンとは関わりのない事案であっても違憲主張を認め（文面審査を行い）、早期に萎縮効果を除去しようというのがこれらの原則である。

　もっとも、日本の裁判所においては、適用審査が原則であるという考え方は採られておらず、最初から立法の合憲性が一般的に審査される。そこで、明確性の原則はともかく、過度広汎の故に無効の原則は、違憲審査基準論等の実体的な審査手法の陰に隠れ、判例を前提とする議論においては、表立って登場することが少ない（もっとも、明確性ではなく過度広汎性を問題とした近年の例として、最判平成19・9・18刑集61巻6号601頁〔広島市暴走族追放条例事件〕がある）。そこで、以下では明確性の原則について述べる。

2　明確性の原則

(1)　適用範囲

　明確性の原則は、国民に対して事前の「公正な告知」を与えることや、恣意的な法執行を抑止するためのものとして、罪刑法定主義（憲法31条）の内容の1つとして刑罰法規についても語られるものである（→憲法 I 13章）。これに加えて、上述のような萎縮効果の早期除去の観点から、表現規制の場合には必ずしも刑罰法規でなくとも、21条により明確性が要請される。

　もっとも、法律には一般性・抽象性が要求される（→憲法 I 8章）ため、その裏返しとして法文にも一定の不明確性が存在するのが通常である。そこで、この原則がどこまでの明確性を要求するのかが問題となる。以下、この点についての主な判例を見てみよう。

(2) 判 例

　判例が憲法上の要請としての明確性の原則を認めたのは、まずは31条についてであった。すなわち、徳島市公安条例事件では、刑罰法規が不明確な場合には31条違反となることが示され、明確か否かの基準は、通常の判断能力を有する一般人が、具体的場合に当該行為がその適用を受けるかどうかの判断が可能となるような基準が読みとれるかどうかであるとされた（最大判昭和50・9・10刑集29巻8号489頁）。この事件はデモ行進の規制の事案であったが、明確性の原則との関係において21条には触れられなかった。

　これに対して、その後の税関検査事件では、明確性が21条の要請であることが示されたが、輸入禁制品である「風俗を害する書籍」の「風俗」の意義について、限定解釈を行えば不明確ではないとされた（最大判昭和59・12・12民集38巻12号1308頁）。このように、判例においては、不明確な規定であっても直ちに違憲とするのではなく、限定解釈を行って合憲だとするものが多い。

　以上のように判例は、表現規制について21条により、また、刑罰法規について31条によってそれぞれ明確性が憲法上要請されることを認める点、しかも、税関検査事件では萎縮効果のおそれにも言及する点において学説と軌を一にしている。しかし、21条、31条のいずれについても、結論として明確性の原則に違反すると判断した例はなく、適用のあり方については批判がある。

IV　内容規制・内容中立規制二分論
——表現の自由規制の違憲審査手法②

1　二分論の概要と根拠

(1)　概　要

　明確性の原則は法文の規定の仕方に関わる違憲審査の手法であったが、本節では、規制内容についての違憲審査のあり方に関する重要な考え方である内容規制・内容中立規制二分論（以下、「二分論」という）について説明する。

　二分論とは、端的にいえば、表現規制を表現内容に基づく規制と表現内容に関わらない規制（内容中立規制）とに二分し、前者に対しては厳格な違憲審査

基準を、後者に対してはやや緩和された（しかし経済的自由に対するものほど緩やかではない）審査基準を適用すべきだという考え方であり、有力な異論もあるが、学説においては広く支持されている。

　まず、内容規制とは何か。内容規制とは、ある表現をその伝達するメッセージを理由として制限するものをいうとされる。さらにいえば、メッセージ内容そのものに対する否定的評価を理由とする規制や、メッセージ内容を受領した受け手に与える効果を理由とする規制である。具体的には、暴動の煽動、わいせつ表現、名誉毀損、プライバシー侵害の規制といったものが典型的である。

　さらに、内容規制は主題規制と見解規制（観点規制）とに区別される。主題規制とは、例えば、様々な主題のうち、政治に関する表現を規制するような場合である。これに対して観点規制とは、政治的な表現のうち、特定の立場からの表現（例えば、戦争批判）のみを取り出して規制するものである。

　以上のような内容規制に対して、内容中立規制とは、それ以外のもの、典型的には時・所・方法の規制を指す。これらは、表現のメッセージ内容ではなく手段に伴う弊害を理由になされる規制である。例えば、住宅地での拡声器を使った演説の規制は住居の平穏を確保するため、道路での演説やビラ配布の規制は交通の安全や円滑の確保のための場所や方法の規制である。

　もっとも、内容規制か内容中立規制かの区別は必ずしも容易ではないことにも注意する必要がある。この点で問題となるのは、公職選挙法による選挙運動の規制である。同法は、通常の政治活動と選挙運動とを区別して、後者に特別の規制をしている。「選挙運動」の定義は同法にはないが、一般に「特定の選挙について、特定の候補者の当選を目的として、投票を得又は得させるために直接又は間接に必要かつ有利な行為」と理解されている。選挙運動の規制のうち、例えば、戸別訪問の禁止（公選法138条1項・239条1項3号）は、戸別訪問（による説得）の禁止という点では表現手段の規制であって内容中立規制のように見えるが、選挙運動としての戸別訪問以外の、例えば布教（これは宗教的表現である）目的の戸別訪問は規制されておらず、この観点からは内容規制である。

判例の間接的・付随的制約論
本文で言及した選挙運動としての戸別訪問の禁止の合憲性については、訴訟

で度々争われているが、判例は一貫して合憲としている。そのうち、昭和56年の最高裁判決はその理由づけの独自性によって知られている（最判昭和56・6・15刑集35巻4号205頁〔戸別訪問禁止事件〕）。すなわち、戸別訪問の禁止は意見表明そのものの制約を目的とするものではなく、意見表明の手段方法のもたらす弊害（買収の温床となる恐れ等）を防止し、選挙の自由と公正を確保することが目的であるところ、その目的は正当であって、戸別訪問一律禁止との間に合理的関連性も認められるというものである。

　ここで示された意見表明そのものの制約を目的とする規制と、意見表明の手段方法のもたらす弊害を防止するための規制（これを判決は意見表明の自由の間接的・付随的制約と呼ぶ）との区別につき、もともとこの種の区別は、国家公務員の政治活動の刑事規制（国公法102条1項・110条1項19号）の合憲性の争われた猿払事件判決によって示されたものである（最大判昭和49・11・6刑集28巻9号393頁）。

　こうした区別は、学説の主張する二分論に示唆を受けたものとみられるが、その内実は大きく異なる。一見すると、意見表明そのものの制約を目的とする制約は学説のいう内容規制に、間接的・付随的制約は内容中立規制に対応するようにみえる。しかし、判例のこの区別は違憲審査基準を使い分けるために導入されているのではなく、比較衡量のなかで制約が軽いものであることを述べるために制約が間接的・付随的であることを指摘しているのである。また、学説の多くが、戸別訪問禁止や公務員の政治活動の規制は内容中立規制（間接的・付随的制約）ではなく、内容規制にあたるとしており、区別の仕方の点でも判例とは異なる。

　その後、間接的・付随的制約論は判例にも見られなくなった（ただし、寺西判事補事件〔最大決平成10・12・1民集52巻9号1761頁〕では用いられている）が、学説の二分論はこうした判例理論と対決しつつ展開してきたのである。

(2) 二分論の根拠

　二分論の根拠としては、様々な議論があるが、主なものとしては、①恣意的な規制である可能性が高く、裁判所が立ち入って審査を行う必要があること、②当該内容の表現が方法を問わず広く規制されるため、表現の制約の程度が大きいこと、が挙げられる。

①について、内容中立規制の場合には、規制によって保護される利益が客観的に把握できるもの（住居の平穏や交通の安全）であることが多いのに対し、内容規制の場合、例えばわいせつ表現が社会に害悪をもたらすといっても、その内容や程度は曖昧であってその分恣意的な規制となりやすい。また、政治的表現を規制する場合にも、何らかの弊害がもちだされるにしても、それは政府批判を封じる口実にすぎないということもありうる。このように、内容規制は恣意的な規制である可能性が経験則上高いために、裁判所は厳格な基準で審査をすべきである。

②について、内容中立規制の場合には特定の時・所・方法についての規制であるのに対し、内容規制の場合には時・所・方法のいかんを問わず規制されることになる。つまり、当該内容の表現をするための他の手段が閉ざされてしまうため、表現の制約の程度が大きいのである。

(3) 二分論に対する批判

これに対して、二分論に対する有力な批判も存在する。それによれば、そもそも、内容規制と内容中立規制とは区別が困難な場合もあり、そうした場合に内容中立規制だと判断されて審査基準が緩和されてしまうおそれがある。あるいは、表現の時・所・方法の意義・重要性は場合によって異なるのであって、別な手段があるから基準が緩和されてもよいとはいえない、といったものである。

(4) 柔軟な二分論へ

こうした批判にも相当の説得力はあるものの、他方で二分論が典型的に当てはまる場合もある。結局、二分論を基本的な枠組みとしつつも、それを機械的に適用するのではなく、その論拠を踏まえつつ事案に応じた判断を試みるアプローチが適当であり、多くの二分論支持者もこうした柔軟な立場をとっている。

2 審査基準

ここでは、以上を踏まえてどのような審査基準を用いるべきかについて、学

説の議論を見る。もっとも、今見たとおり、二分論は基本的な枠組みであり、以下で述べる内容も基本的な考え方であって、実際には具体的な事案を踏まえた検討が必要である。

　なお、以下でも垣間見られるように、ここでも判例と学説との距離が見られるので、注意してほしい。

(1)　内容規制

　まず、内容規制には最も厳格な基準が用いられる。ただ、厳格な基準といっても大別して2つの類型がある。

　1つは、定義づけ衡量と呼ばれるものであり、規制によって保護される利益を踏まえたうえで、規制対象となる表現をできるだけ限定的かつ明確な形で定めるものであり、それによって萎縮効果が生じるのを避けようとする。このようなアプローチは、違法行為の煽動やわいせつ、名誉毀損等、伝統的には表現の自由の保障範囲外であると理解されてきた表現類型（→本章 I 3(2)）に用いられるものと考えられている。

　ここでは煽動に触れておくと、これについては、アメリカの判例にならい、煽動の規制が可能であるのは、それが「明白かつ現在の危険」の基準を充たす場合に限られるとされる。「明白かつ現在の危険」の基準とは、ブランデンバーグ基準と呼ばれるその現代版によれば、煽動が切迫した違法行為を生み出すことに向けられていて、かつそのような行為を生じさせる蓋然性がある場合に限り規制が合憲となるというものである。

　日本でも、破壊活動防止法38条、39条、40条をはじめとして煽動行為を独立教唆罪として処罰する例がある（その他、税犯則取締法22条1項や地方税法21条1項など）。政府批判や政策批判の文脈で、不当な法律には従わないこと、不当な法執行には抵抗することなどを呼びかけることは政治的表現の1つの典型であるから、こうした表現行為が煽動として広く処罰されることになると、表現の自由の観点からは深刻な事態である。そこで、学説は明白かつ現在の危険の基準を充たさない限り違憲であると批判してきた。しかし、最高裁は、初期はともかく、比較的近年の段階に至っても、このような厳格な基準を用いることなく合憲判断を行っている（最大判昭和24・5・18刑集3巻6号839頁〔食料緊急措

置令事件〕、最判平成2・9・28刑集44巻6号463頁〔渋谷暴動事件〕)。

　なお、「明白かつ現在の危険」基準に類するものは、煽動の場合に限らず、物理的な支障が生じる恐れを理由に規制がなされるような場合に用いられることがある。判例も、集会の自由との関係で、「明白かつ現在の危険」に類する判断で市民会館の使用拒否事由を限定している（最判平成7・3・7民集49巻3号687頁〔泉佐野市民会館事件〕)。

　厳格な基準のもう1つの類型は、目的手段審査による厳格審査基準である。目的手段審査は、立法目的（規制目的）とその実現のために立法上採用された規制手段との整合性との両面から合憲性を審査するものであるが、そのうちの厳格審査基準においては、立法目的が必要不可欠のものであって、かつ、手段が立法目的達成のために必要不可欠であることが要求される。また、違憲性の推定がなされるため、基準を充たすことについては合憲を主張する側（通常は公権力）がそれを積極的に論証しなければならないとされる。こうした基準は定義づけ衡量とは違って予測可能性には乏しいが、汎用性があるとはいえる。

(2)　内容中立規制

　内容中立規制に対しては、やや緩和された審査基準を用いるべきだとされる。具体的には、立法目的が重要なものであって、目的と手段との間に実質的関連性が認められればよいとされる（「厳格な合理性」の基準、あるいは中間審査基準と呼ばれる）。

　ここで、立法目的が「重要」であるとは、緩やかな基準（「合理性」の基準）の求める立法目的の「正当性」が不当な目的ではないといった程度であるのに対し、より実質的なものが求められる。また、実質的関連性とは典型的には、立法目的を達成するのに同等の有効性をもちつつ、表現の自由の制約の程度が小さい他の現実的な手段（LRA〔Less Restrictive Alternatives〕と呼ばれる）がないこと、を意味する。

　この厳格な合理性の基準は、経済的自由に対する消極目的規制の審査に用いられる基準と類似のものであるが、表現の自由の場合には違憲性の推定が働き、合憲性の論証責任が公権力の側に課されるため、実質的にはより厳格なものであるとされる。

また、前述した二分論に対する批判や、二分論の論拠にも対応して、内容中立規制に見えるものであっても、同様の効果のある他の表現手段が十分に確保されていない場合などには、内容規制に準じた審査基準を用いるのが適切な場合があることにも留意すべきである。

第8章

表現の自由(2)──各論

　本章では表現の自由に関する個別的な問題を概説するが、表現の自由論は憲法学のなかでも多岐に渡る論点が議論されてきている領域であり、本章において触れることのできるのはその一端にすぎない。まず **I** では、名誉やプライバシーをはじめとする個人の人格権と表現の自由との調整のあり方について検討する。個人の人格権の保護は重要であるが、公共性の高い表現との間でどのように調整されるべきだろうか。続いて **II** では、わいせつ規制をはじめとする性表現規制の問題を取り上げる。そこでは、今日においてどのような根拠でこうした規制が可能なのか、批判的な検討の必要性が示される。**III** では、公共的な空間における表現の自由として、道路等でのビラの配布や貼付行為やデモ行進といった行為の規制について、一般市民でも容易に行使できるこうした表現行為には独自の価値があることも踏まえつつ、検討する。**IV** では、メディアの表現の自由について、取材の自由と放送規制をめぐる問題を中心に触れる。インターネットが普及した今日でも、報道機関は独自の重要性を保っている。**V** は集会の自由についてである。デモ行進の規制については **III** で触れたが、ここでは、パブリック・フォーラム論を中心に検討する。最後に、**VI** では通信の秘密について述べる。通信の秘密は表現の自由と同じ21条で保障されているが、表現の自由とは性格が異なり、むしろプライバシーの保障をその趣旨としている。ただ、通信の秘密と関連して通信の自由も保障されるのであり、通信の自由と表現の自由とは密接な関係があり、ここで説明することとする。また、通信の自由との関連で、インターネットによる表現の自由の位置づけについても便宜上ここで触れる。

I　人格権と表現の自由

1　総　説

　本節では、人格権保護と表現の自由とが衝突する場面について検討する。人格権とは、人の人格的価値に着目して、その重要な要素を保護するために認められている権利である。人格権は歴史的には私法の領域で発展してきたものであるが、憲法上も13条によって保護されるものがあると考えられている（→憲法II 3章）。

　しかし、人格権のなかには、それを保護する措置が表現の自由の制約に当たりうるという意味で両者が衝突し、調整が必要となるものがある。こうした人格権としては、名誉権やプライバシー権が典型例であり、表現の自由との調整のあり方が憲法問題として議論されてきた。具体的な調整のあり方は、様々な要素を勘案して検討する必要があるが、抽象論としては、人格権は個人の自律の根幹にも関わりうる重要な権利であることから、表現の自由が一方的に優越すると考えるのではなく、両者を等価値的に捉えて慎重な衡量を行うことが求められる。

2　名誉毀損と表現の自由

(1)　名誉権の保障

　名誉は憲法上の保護が承認される以前より、民刑事法上保護されてきている。すなわち、刑法230条は名誉毀損罪、231条は侮辱罪を定めているし、名誉毀損や侮辱が不法行為（民法709条。なお、同710条・723条も参照）となることは古くから承認されている。他方、名誉毀損が問題となるのは主として私人間においてであることもあり（ただし、警察による被疑者の氏名や被疑事実の公表など、公権力による名誉毀損の例も稀ではない）、名誉権の憲法上の承認は遅れたが、今日では、名誉は人格的自律としての人間存在の根幹に関わるものであるとして、13条で保障されるとするのが通説的な見解となっている。判例も、北方ジャーナル事件判決（最大判昭和61・6・11民集40巻4号872頁）に「人格権としての個人の名誉の保護（憲法13条）」という表現があることから、同様の立場に立

っているものと見られる。

　ここでいう名誉の意義については一般に、「人の品性、徳行、名声、信用等の人格的価値について社会から受ける客観的評価である名誉」（北方ジャーナル事件判決）のことであるとされる。もっとも、主観的な自己評価である名誉感情等も一定の法的保護を受けるとされるが、以下では、上記のように定義された名誉について述べる。

　民事において名誉毀損が認められた場合の救済として、裁判所は「名誉を回復するのに適当な処分」を命ずることができる（民法723条）。この「適当な処分」としては謝罪広告の掲載が一般的である（謝罪広告の憲法問題については憲法Ⅱ5章を参照のこと）。

(2)　表現の自由との調整

　政治家や高級官僚の不祥事の暴露や批判がその者の社会的評価を低下させるのは明らかであるが、民主主義社会においてはこのような表現は原則として許容されなければならない。すなわち、名誉権が憲法上あるいは民刑事法上保障されるとしても、表現の自由、とりわけ公共性のある事項に関する表現の自由との調整が必要となる。

　この点についてはまず、憲法制定後の刑法改正によって刑法230条の2が追加され、①事実の公共性、②目的の公益性、③真実性の証明があれば名誉毀損罪は成立しないこととされた（同条1項）。これを真実性の法理というが、名誉毀損罪が真実を述べた場合であっても成立するとされている（230条1項）ことが表現の自由を過度に制約し、違憲となるおそれがあることから規定されたものである。

　しかし、上記③との関係で、十分な調査（取材）を行ったにもかかわらず訴訟において真実性が証明できなかった場合にも処罰されるとすれば、表現の自由に対する萎縮効果はなお大きい。そこで判例は、③を緩和し、真実性の証明がなくても、真実であると信ずるについて相当の理由（相当性）があれば、名誉毀損は成立しないとしている（最判昭和41・6・23民集20巻5号1118頁〔署名狂やら殺人前科事件〕、最大判昭和44・6・25刑集23巻7号975頁〔夕刊和歌山時事事件〕）。このような真実性・相当性の法理は、事実摘示による名誉毀損に関する法理と

して判例によって民事・刑事を通じて採用されており、また、学説の多くからも基本的には支持されていると見られる。

　もっとも、これに対しては有力な批判もある。それによれば、真実性や相当性の立証責任が表現を行った側に負わされていることや、相当性がないと免責されないのは表現の自由の保護として不十分であることなどが指摘される。そして、公職者や公的人物に対する批判については、発言者が発言を虚偽であることを知っていたか、あるいはその真実性を全く顧慮せずに発言したことを証明できない限り名誉毀損は成立しないとするアメリカの判例法理（現実的悪意の法理）を日本でも導入すべきであるとする。

　こうした議論は、萎縮効果を回避するための緩衝領域をどの程度確保すべきかをめぐるものだといえ、真実性・相当性の法理で基本的には足りるとする考え方では、例えば名誉毀損に関する損害賠償額の違いなど、日米の相違が踏まえられている。

　以上は事実摘示による名誉毀損に関するものであった。刑法の名誉毀損罪はこの類型のもののみを処罰するが、民事不法行為においては意見表明（論評）による名誉毀損も認められている（もっとも、その一部は侮辱として刑法でもカバーされている（刑法231条））。これについて最高裁は、前提事実について真実性・相当性の法理を充たすときには、「人身攻撃に及ぶなど論評としての域を逸脱したものでない限り、名誉侵害の不法行為の違法性を欠く」としている（最判平成元・12・21民集43巻12号2252号〔長崎教師批判ビラ事件〕）。これは公正な論評の法理と呼ばれる。

(3)　裁判所による事前差止め

　例えば、週刊誌に名誉毀損的な記事を掲載されることを事前に察知して、その発売の差止めを裁判所に求めるような事例について、表現の自由の保障との関係でどのように考えるべきだろうか。まず、これが検閲（21条2項前段）には当たらないが、事前抑制禁止原則（21条1項）との関係で問題となることについては、すでに述べた（→憲法II7章II）。

　事前抑制原則の例外として差止めが認められるための要件について、北方ジャーナル事件判決は、公共の利害に関する名誉毀損的表現については、①その

表現内容が真実でないことが明白であり、または、②それが専ら公益を図る目的でないことが明白であり、かつ、③被害者が重大にして著しく回復困難な損害を被るおそれがあること、を挙げている。ここまでは真実性・相当性の法理を下敷きにした判断であるが、これに加えて、手続的な要件として、④口頭弁論または債務者の審尋を行って表現内容の真実性等に主張立証の機会を与えることが原則として必要であるとする（その後、この点は明文化されている（民事保全法23条4項））。

　この判決は、事前抑制禁止原則を承認し、差止めは「厳格かつ明確な要件のもとにおいてのみ許容されうる」としたうえで、個別的な衡量ではなく、上記のとおり、要件の形で例外を提示したものであり、こうした基本的な考え方は学説にも共有されているが、さらに厳格な要件を求める見解も見られる。

(4)　インターネットにおける名誉毀損

　インターネットにおいては誰でも容易に表現を行うことができるから、批判を受けたとしても反論が可能である。また、一般の個人による表現であるから、必ずしも常に十分な裏付けをもってなされるわけではない。これらは、マスメディアでの表現と異なる点であるが、名誉毀損と表現の自由との調整に関し、インターネットの特徴を踏まえた別の法理を採用すべきだろうか。この点を考える素材となるのが、一般の個人がホームページを開設して某ラーメン店チェーンを批判したことが名誉毀損罪に問われたラーメンフランチャイズ事件である。

　一審の東京地裁は、利用者が対等の地位で言論の応酬ができるというインターネットの特質に注目し、また、個人利用者により発信された情報の信頼性は一般的に低いものと認識されているとして、個人利用者によるインターネット上の名誉毀損罪は、被害者による反論を要求しても不当とはいえないような特段の事情があり、事実の公共性・目的の公益性が認められる場合には、摘示した事実が真実でないことを知りながら発信したか、あるいは、インターネットの個人利用者に対して要求される水準を満たす調査を行わず真実かどうか確かめないで発信したといえるときに限り成立するとして、無罪とした（東京地判平成20・2・29判時2009号151頁）。この判決の論理はやや複雑であるが、インタ

ーネットの特徴を踏まえつつも、被害者に一方的に反論の負担を負わせる不当性にも配慮した判断であった。

これに対して最高裁は、瞬時に不特定多数者に情報が拡散し、名誉毀損の被害が時として深刻なものとなるというインターネットの別の側面を強調するなどして、インターネットにも従来の真実性・相当性の法理が適用されるとした（最決平成22・3・15刑集64巻2号1頁）。

東京地裁と最高裁とは、それぞれインターネットの別の側面に着目して判断を行ったものであり、いずれも相応の説得力を有している。ただ、インターネットで表現を行う一般の個人に対してマスメディアと同等の調査（取材）を求めるのは酷な場合もありうることに留意が必要だろう。

3　ヘイトスピーチ規制と表現の自由

ヘイトスピーチ（憎悪言論）とは、主として人種、民族、宗教等の集団的属性に基づき、集団全体やそれに属する個人を誹謗する言論のことである。このなかにも多様なものが含まれるが、ここでは、大別して集団に対する名誉毀損と憎悪の煽動とに区分しておく。

ヘイトスピーチの規制は、マイノリティを保護するための規制の一環としてなされるが、表現の自由との関係でその可否が議論されている。この種の規制は表現の自由の憲法的保障を重視する国々でもヨーロッパ諸国には広く見られるが、アメリカでは表現の自由を理由に消極的な考え方がとられており、その影響を受けた日本の憲法学説にも消極説が根強い。そのため、人種差別撤廃条約4条(a)(b)がヘイトスピーチの規制を求めているのに対し、日本は同条約の締結の際、これらの規定を留保している。

規制消極論の主な根拠として、まず、人種や民族、宗教に関わる議論には政治的な表現が含まれうるが、ヘイトスピーチ規制によってこれらが規制され、あるいは萎縮効果が生じるおそれがあることが指摘される。マイノリティに対する差別が存在するのは確かかもしれないが、ヘイトスピーチに対しては反論によって対抗すべきであるという。また、集団的な名誉毀損としてのヘイトスピーチ規制は、個人の名誉を毀損するものではないため、現在の名誉毀損の考え方と整合しない。さらに、憎悪の煽動については、煽動規制の一般論と同

様、明白かつ現在の危険の基準で判断すべきで、ごく例外的な場合に規制も合憲となりうるにすぎないなどともされる。

　日本ではヘイトスピーチ規制の是非をめぐる議論は、2000年代に入り、排外的団体が在日コリアン排斥を叫ぶ示威活動を活発に展開するなかで現実の問題として関心を集めるようになった。特に、朝鮮初級学校（幼稚園・小学校に相当）の門前等で暴力的な示威活動が行われたり、その動画がインターネット上に公開されたりしたことに対し、学校が損害賠償や街宣行為の差止めを求めて提起した訴訟は大きな注目を集めた。この事件について、京都地裁、大阪高裁は、業務妨害や名誉毀損とともに、人種差別撤廃条約にいう人種差別に当たるとして高額の損害賠償を認めている（京都地判平成25・10・7判時2208号74頁、大阪高判平成26・7・8判時2232号34頁。なお、上告も棄却されている（最決平成26・12・9判例集未登載）〔京都朝鮮学校事件〕）。

　本件では外延不明確な集団ではなく、特定の学校法人が原告となり訴訟を提起したため、現行法の枠組みで対応可能であったが、繁華街などで侮蔑的なスローガンを叫ぶ行為等について、どこまで現行法で対応可能なのか、対応できないとしてどのような規制が表現の自由との関係で可能なのか、規制消極論の主張は克服できないものなのか、等について、議論を深める必要がある。

　法令に目を転じてみると、上記のような近年の状況を踏まえ、ヘイトスピーチ解消法（「本邦外出身者に対する不当な差別的言動の解消に向けた取組の推進に関する法律」）が制定されたが、これは基本理念等を定めるにとどまり、ヘイトスピーチの規制を行うものではない。これに対して、2015年制定の大阪市ヘイトスピーチ対処条例を皮切りに、東京都等でも導入された仕組みは、第三者からなる審査会の審査を経て、ヘイトスピーチの概要等を公表するものである（大阪地判令和2・1・17判自468号11頁は、大阪市条例を合憲だとした）。さらに、2019年制定の川崎市差別のない人権尊重のまちづくり条例は、こうした仕組みのほか、市長による勧告・命令及び不遵守の場合の罰則をも定め、規制を一歩進めている。

4　プライバシーと表現の自由

(1)　不法行為法におけるプライバシー権の確立

プライバシー権の一般論については第3章で検討したが、そこでも示唆され

ていたように、私法（不法行為法）の領域では、個人のプライバシーに属する事項の公表の可否について、表現の自由との調整のあり方が問題となってきた。なお、従来、名誉毀損とは異なり、表現の自由との関係でプライバシーを刑法的に保護する例は存在しないとされてきたが、2014年、第三者が被写体を特定できる方法で性的画像記録を不特定または多数の者に提供する行為等を処罰するリベンジポルノ規制法（私事性的画像記録の提供等による被害の防止に関する法律）が制定されたことが注目される。

　さて、不法行為法におけるプライバシー保護の問題に戻ると、この問題はアメリカでは19世紀末から顕在化していたが、日本で明確に意識されたのは戦後のことである。この点について、重要なのは、『宴のあと』事件東京地裁判決（東京地判昭和39・9・28下民集15巻9号2317頁）であり、そこでは、プライバシー権が「私生活をみだりに公開されない」権利として明示的に承認され、その侵害に対して救済が与えられるためには、①私生活上の事実または私生活上の事実らしく受け取られるおそれのあることがらであること、②一般人の感受性を基準にして当該私人の立場に立った場合公開を欲しないであろうと認められることがらであること、③一般の人々に未だ知られていないことがらであること、という3要件が示されている。さらに、この3要件が充たされる場合であっても、他人の私生活を公開することに正当な事由があれば違法性が阻却されるという判断枠組みを提示し、『宴のあと』判決は、下級審判決ながら、後の裁判例に大きな影響を与えている。

　これに対して最高裁は、当初、プライバシーという概念を明示的に用いることには慎重であったが、まずは表現の自由との調整が問題とならない事案において実質的に私法上の権利利益としてのプライバシーを承認し（最判昭和56・4・14民集35巻3号620頁〔前科照会事件〕、最判平成15・9・12民集57巻8号973頁〔早稲田大学江沢民講演会名簿提出事件〕など）、その後、表現の自由との関係が問題となる事案でもプライバシー保護が図られるようになった（最判平成6・2・8民集48巻2号149頁〔『逆転』事件〕、最判平成14・9・24判時1802号60頁〔「石に泳ぐ魚」事件〕、最判平成15・3・14民集57巻3号229頁〔長良川事件〕など）。

(2) 表現の自由との調整のあり方

　この点について最高裁は、名誉毀損に関する調整法理や、前述したような
『宴のあと』事件東京地裁判決のような枠組みとは異なり、個別事件ごとの比
較衡量によって判断することとしている（前掲最判平成6・2・8民集48巻2号
149頁〔『逆転』事件〕、最判平成15・3・14民集57巻3号229頁〔長良川事件〕）。

　確かに、プライバシーに含まれる事項やそれが公表される状況は多種多様で
あるため、より明確な基準を立てることが困難であることも理解できるが、し
かし、個別事件ごとの比較衡量ではあまりにも予測可能性に欠け、あるいは、
恣意的な判断のおそれもあり、特に公共的な事項に関する表現の自由に対して
萎縮効果を及ぼす懸念がある。

　そのため、学説には、表現行為によるプライバシー侵害が違法とされない要
件を明確かつ限定的に定めるべきであるという主張も有力である。具体的に
は、正当な公的関心事であれば違法性が阻却されるとする見解や、それに加え
て表現内容・表現方法が不当なものでないことを要求する見解などがある。

　なお、事前差止めの要件については、明確な最高裁判例はない。市井の一個
人のプライバシー侵害も含むモデル小説の差止めが問題となった事例として、
前掲最判平成14・9・24判時1802号60頁（「石に泳ぐ魚」事件）があるが、事例
判断にとどまる。

　プライバシーを侵害するインターネット上の書き込みへのリンクが検索結果
に表示されるとしてその削除を求めた仮処分申し立てにつき、最高裁は、検索
事業者が「インターネット上の情報流通の基盤」としての役割を果たしている
こと等を踏まえ、上述のような比較衡量の判断方法を基礎としつつも、公表さ
れない法的利益が優越することが明らかな場合に限って削除を認める判断を行
った（最決平成29・1・31民集71巻1号63頁〔グーグル検索結果削除事件〕）。最高裁
は、プライバシーという人格権ないし人格的利益に基づく削除請求の問題とし
て判断したが、EUの一般データ保護規則（GDPR）の影響を受けた諸外国や国
内の学説には、それとは区別される「忘れられる権利」の問題として捉えるも
のがある。

(3) 少年法の推知報道禁止

　関連する問題として、少年事件の加害者の身元を推知させるような記事等の掲載禁止を定める少年法61条の規定の合憲性や表現の自由との調整のあり方が問題となる（なお、児童ポルノ禁止法13条も、被害児童の推知報道を同様に禁止する）。同条はその文言を超えて、捜査段階にも及び、また出版物のみならずあらゆる表現手段に及ぶと解釈されている反面、罰則はない。

　まず、合憲性についてであるが、同条には罰則がなく、報道機関の自主的な判断を尊重する趣旨だとされていることから、21条に反するとまでする見解は少ないが、過度に広汎な規制であるとする違憲論もある。

　次に、表現の自由との調整のあり方については、前提として、同条の法的意義が問題となる。同条が、今述べたような報道機関等に対する訓示規定としての意義を超えて、推知報道の対象となった少年に私法上の権利・利益（「成長発達権」を背景とする推知報道されない権利・利益など）を認めるものだとすれば、その権利・利益と表現の自由との調整のあり方が問題となる。推知報道による不法行為の成否が問題となった長良川事件において最高裁は、同条に基づく主張については判断せず、通常のプライバシー侵害の枠組みで判断を行っている（前掲最判平成15・3・14民集57巻3号229頁）。

II　性表現と表現の自由

1　総　説

　本節では性表現に関する法規制と表現の自由との関係について、刑法等によるわいせつ表現の規制、児童ポルノ禁止法による児童ポルノの規制、および青少年健全育成条例による有害図書類の規制を見る。

　これらはいずれも内容規制に当たるが、特にわいせつ表現については伝統的には低価値表現として表現の自由の範囲外とする見方もあったところである（→憲法II 7章I 3(2)参照）。しかし、今日では端的に表現の自由の範囲外とする捉え方はされなくなっており、表現の自由の制約となることを認めたうえでの合憲性が議論される。

2 わいせつ表現

(1) わいせつの判断方法

刑法175条は、わいせつ物頒布等の罪について規定している。また、他の法律による規制もなされており、特にわいせつな書籍等を輸入禁制品とする関税法（69条の11第1項7号）の規定が重要である（最大判昭和59・12・12民集38巻12号1308頁〔税関検査事件〕参照）。

まず、これらの規制における「わいせつ」の定義およびその判断方法について検討する。わいせつの定義については、判例上、①徒らに性欲を興奮または刺激させ、②普通人の正常な性的羞恥心を害し、③善良な性的道義観念に反するもの、という「わいせつ3要件」がとられている（最大判昭和32・3・13刑集11巻3号997頁〔チャタレイ事件〕）。この定義自体は戦前から引き継がれたものであり一貫しているが、これだけでは曖昧であり、多く争われてきたのはその判断方法である。

わいせつの判断方法については、①文書の中の個別の箇所についてわいせつ性の判断を行うのか否か、②芸術性や学術性など他の価値を考慮するか否か、といった点が問題となる。①については、チャタレイ事件においては個別の箇所を問題とするような立場が示されたが、その後の「悪徳の栄え」事件（最大判昭和44・10・15刑集23巻10号1239頁）以降、わいせつ性は文書全体との関連で判断すべきものとされている（全体的考察方法）。

また、②については、チャタレイ事件はわいせつ性と芸術性とは別次元にあり、わいせつ性の判断に芸術性は影響しないという絶対的わいせつ概念をとったが、「悪徳の栄え」事件では芸術性がわいせつ性を減少・緩和しうることが認められている。

これらの点も含め、現在の判例は、諸事情を総合し、その時代の健全な社会通念に照らしてわいせつ3要件の該当性を判断しており、特に、当該文書等が全体として読者の好色的興味に訴えるものかどうかが重視されている（最判昭和55・11・28刑集34巻6号433頁〔「四畳半襖の下張」事件〕）。

今述べたとおり、わいせつ性の判断は時代ごとの社会通念にも左右される。上記のようなかつての判例では、小説のわいせつ性が争われていたが、その後

は写真集など視覚的な文書等のわいせつ性が争われるようになる。また、わいせつと判断される範囲も縮小傾向にあるといえる。この点で注目される近年の判決として、男性器を直接的・具体的に写し、これを画面中央に配する写真も含む著名な写真家の写真集のわいせつ性が否定されたメイプルソープ事件がある（最判平成20・2・19民集62巻2号445頁）。より最近の重要事件として、女性アーティストがフェミニズム思想に基づき、自身の女性器を石膏でかたどったものに装飾を施してオブジェ作品を制作して展示し、また、女性器の3Dデータを作成して第三者に送信したことがわいせつ物公然陳列罪やわいせつ電磁的記録頒布罪に問われたろくでなし子事件がある。最高裁は、わいせつ性は作品そのものについてのみから判断すべきだとする一方で、作品外の事情は違法性阻却の問題として考慮されうることを示した（最判令和2・7・16刑集74巻4号343頁）。

(2) わいせつ表現規制の合憲性

(1)で見たようなわいせつの定義については、学説からは明確性の原則に反し違憲であるとの批判がなされているが、それ以上に、わいせつ表現規制の根拠そのものが薄弱であって違憲であるとの主張が有力である。

わいせつ表現規制の根拠について、判例は、性的秩序を守り、最少限度の性道徳を維持することであるとする（前掲最大判昭和32・3・13〔チャタレイ事件〕）。自発的にわいせつ表現に接しようとする成人に対する頒布であっても犯罪が成立するのは、そのためである。

これに対して、道徳秩序の保護というような目的で刑罰を設けることは、国が特定の道徳観を押し付けることであって、表現の自由の憲法的保障の観点からは問題であるとする批判も有力である。

次に、わいせつ表現規制を社会にもたらす害悪の観点から正当化する議論もある。これにも様々な見解があるが、古典的なものとしては、わいせつ表現は性犯罪の引き金になるという主張がある。しかし、これについては実証的な根拠がないという批判が有力である。これに対して、青少年への悪影響を理由とする規制については、同じく実証的な根拠がないという見方もあるが、これについてはなお慎重に考える必要があろう。ただ、青少年保護を目的とするわい

せつ表現規制が可能だとしても、そこから正当化されるのは場所を限っての規制や青少年への頒布の禁止といった規制だけであって、現行のような広範囲の規制を正当化することはできないはずである（→こうした観点からの規制として、後述4）。他方、フェミニズムの立場から、「ポルノグラフィー」は性差別の構造を再生産するものであるとして、規制理由や規制対象の再構成を求める主張もある。

　総じて、現在のわいせつ表現規制の根拠は理論的には脆弱であり、見直される必要があろう。

3　児童ポルノ

　18歳未満の児童を相手とする性交ないしそれに類する行為・姿態を撮影した児童ポルノについては、児童買春・児童ポルノ禁止法によってその製造や提供等が処罰されている（同法7条）。

　端的にいえば児童ポルノとは「性的搾取・虐待の記録」であり、性的搾取あるいは性的虐待の一種であるといえる。もちろん、映像に記録された行為自体、性的虐待として許されないものであるが、児童ポルノとして記録されることにより、その後長期間にわたって当該児童に精神的な苦痛を与え、被害を半永久化させる。また、児童ポルノそれ自体、児童を性的な対象として位置づけ、その未熟さにつけ込むことで、児童のセクシュアリティを搾取するものともいえる。したがって、児童ポルノの規制の目的ないし保護法益は、まずは被写体とされた児童の保護にある（「援助交際」のように児童の側から誘引する場合も規制されるので、パターナリスティックな制約（→憲法Ⅱ1章Ⅲ1）でもある）。児童ポルノ規制は、個人的法益の保護を第一の目的とする点で、社会的法益の保護を第一義とするとされるわいせつ表現規制とは異なる。ただし、児童ポルノ規制の保護法益として、純然たる個人法益にはとどまらず、例えば、児童を性的対象として扱う風潮の阻止、児童の健全育成などといった社会的法益も含まれるとする見解もある。

　以上のような観点から、児童ポルノの製造や提供の規制は、表現の自由の制約となるとしても、基本的には憲法上正当化されると考えられている。しかし、児童ポルノの定義（特に2条3項3号）には曖昧な点が含まれるとの批判も

ある（最高裁は合憲とする（最判平成14・6・17集刑281号577頁））。

　また、2014年の改正により、自己の性的好奇心を満たす目的の所持に対して処罰がなされるようになった（7条1項）が、これに対しては保護法益が曖昧である等の批判がある。さらに、いわゆる非実在児童の性的姿態を描いたものにまで規制を及ぼすための法改正の主張が根強くあるが、このような処罰範囲の拡大は、被害児童の保護という目的を逸脱し、道徳的な観点からの規制であって合憲性が疑わしい。

4　青少年健全育成条例による有害図書類規制

(1)　青少年健全育成条例とは

　具体的な名称は様々であるが、青少年健全育成条例と総称される条例がほとんどの都道府県で制定されている（以下、本項では「青少年条例」という）。青少年条例の目的は、青少年（18歳未満）の健全育成であるが、その規制内容は①青少年を取り巻く社会環境の整備と、②健全な成長を阻害する行為の規制との2つが柱となっている。表現の自由の観点からは①が重要であって、そこには、いわゆる有害図書類の規制や、成人映画館への立ち入り制限、インターネット利用環境の整備など、青少年の情報への接触に関わる規制が行われている。他方、②は、いわゆる淫行規制（青少年とのみだらな性行為やわいせつ行為の処罰）などであり、未成年者に対するパターナリスティックな制約（→憲法II1章III1）と位置づけられるものがあるが、ここでは触れない（淫行規制に関する重要判例として、最大判昭和60・10・23刑集39巻6号413頁〔福岡県青少年保護育成条例事件〕）。

(2)　有害図書類の規制と表現の自由

　さて、表現の自由との関係では、青少年条例による有害図書類の規制が重要な問題となる。有害図書類の規制とは、著しく性的な感情を刺激したり残虐性を助長したりする等の点で青少年の健全育成を阻害するおそれのある図書やDVD等を知事が有害図書類として指定し、販売業者等は青少年に対して有害図書類の販売やレンタル等をしてはならないとするものである。また、年齢確認の困難さから、自動販売機での有害図書類の販売（正確には自動販売機への収

納）は一律に禁止されている。

　こうした規制は、付随的に成人の情報受領の自由の制約となるほか、主として青少年の情報受領の自由を制約することになり、その合憲性について争われてきた。判例は、自動販売機への収納規制に関して、有害図書類が一般に思慮分別の未熟な青少年の性に関する価値観に悪影響を及ぼし、性的な逸脱行為や残虐な行為を容認する風潮の助長につながるもので、青少年の健全育成に有害であることは、「既に社会共通の認識になっている」として、合憲だと判断している（最判平成元・9・19刑集43巻8号785頁〔岐阜県青少年保護育成条例事件〕）。なお、こうした判断は、最近においても維持されている（最判平成21・3・9刑集63巻3号27頁〔福島県青少年健全育成条例事件〕）。

　これに対して学説では、有害図書類への接触と逸脱行動との因果関係が立証されていないこと等を理由に、有害図書類の規制の合憲性に疑問を呈する見解も有力である。これに対しては、岐阜県青少年保護育成条例事件における伊藤正己補足意見は、青少年向けの表現を制約する場合には、厳格な基準が適用されず、青少年非行などの害悪を生ずる相当な蓋然性があれば規制は合憲であるとしているが、これについても学説は批判的である。もっとも、多くの自由主義国でこの種の規制が違憲とされていないことにも留意すべきであろう。

　また、有害図書類の指定にあたっては事前に審査がなされることから、検閲または事前抑制に当たるのではないかとの指摘もある（→判例は検閲該当性を否定している点も含め、憲法II 7章II 1 (3)）。

III　公共的な空間における表現の自由

1　総　説

　本節では、道路や公園をはじめとした公共空間における表現の自由をめぐる諸問題について述べる。

　ここで公共空間における表現行為として念頭に置いているのは、街頭での演説やパフォーマンス、あるいはビラによる表現行為であり、さらにはその集団的な形態としてのデモ等である。これらは、マスメディアを通じて表現を行う

術をもたない一般の市民にも容易に利用可能な表現手段であり、その意味で独自の重要性を有する。インターネットによる情報発信が容易になった今日においても、2011年以降の反原発デモや2015年の安保法制反対運動に見られたように、ネットによる表現と公共空間における身体性を伴った表現行為とが相補的に活用されて政治運動が展開されており、ここで扱うような表現行為は依然として重要である。

　他方、公共空間での表現活動は、例えば道路であれば交通の安全と円滑を維持するという要請が働くし、また、他人の財産権や管理権の保護の必要性もあり、マスメディアやインターネットでの表現とは異なる様々な制約がありうる。しかし、道路は、広く公共の場として開かれたパブリック・フォーラム（→本章Ⅴ1）であるから、規制の合憲性は慎重に審査されなければならないとされる。

　さて、ここで扱う事項を内容規制・内容中立規制二分論の観点から見ると、端的な内容規制である煽動規制は本来、本節で扱われるべき事項であるが、すでに触れたためにそちらに譲る（→憲法Ⅱ7章Ⅳ2(1)）。その結果、実際にこれから触れる諸事例は、基本的には内容中立規制である（もっとも、個別の事案においては内容を問題にして訴追等がなされているのではないかということが争点となりうる）。

　また、個人または少人数の者による表現行為と、集団的になされるデモ等の表現行為とでは憲法上も実定法上も取扱いが異なるところがあるため、以下では両者を区別した上で概説を行う。後者との関係で付言しておくと、デモ行進は厳密には集会の自由（→本章Ⅴ）によって保障されるが、公共空間における集団的な表現行為と位置づけることも可能であり、公安条例等によるデモ規制については便宜上、本節で取り扱う。

2　公共空間における表現行為の規制をめぐる諸問題

(1)　道路交通法によるビラ配布や街頭演説等の規制

　道路における街頭演説やビラ配布等は、道路交通関係法規によって規制されうる。道路交通法制定前の旧道路交通取締法26条1項4号は、「道路に人が集まり一般交通に著しい影響を及ぼす行為」については所轄警察署長の許可を求

めていた。こうした許可を得ずに街頭演説が行われた事案において最高裁は、街頭演説が場合によっては道路交通上の危険の発生、その他公共の安全を害する恐れが「ないでもない」といった程度の理由に基づき、許可基準等の詳細を欠く許可制を合憲とした（最判昭和35・3・3刑集14巻3号253頁〔街頭演説事件〕）。

　これに対して学説は、道路は本来的に表現活動に開かれたパブリック・フォーラムであって、道路交通の安全と円滑とを一方的に優先し、抽象的な理由で道路での表現行為を規制することは許されないとして、この判決には批判的であった。

　その後、1960年に制定された道路交通法は、同じく警察署長による許可制を維持したが（77条1項）、ある程度規制対象を限定し（同項4号）、また、列挙された不許可事由（同条2項）に該当しない場合には許可を義務づけるなどとしている。さらに、警察署長は必要な条件を付すことができ（同条3項）、許可に条件を付することによって交通の妨害となるおそれがなくなる場合には許可をしなければならない（同条2項2号）。これらからすると、道路上における表現行為を含む行為の自由への配慮が示されているといえる。デモ規制の事案についてであるが、最高裁もこの規定を合憲としている（最判昭和57・11・16刑集36巻11号908頁〔道路交通法によるデモ規制事件〕）。

(2)　屋外広告物条例によるビラやポスター等の貼付の規制

　屋外広告物法およびそれに基づいて制定された地方公共団体の屋外広告物条例によれば、良好な景観の形成、風致の維持（2004年改正以前は両者合わせて「美観風致の維持」）等のために、一定の地域または場所について、広告物の表示または掲出物件の設置を禁止することができ、あるいは許可制を定めることができる。このような規制により、電柱や街路樹等に政治的内容のビラやポスターを貼付する行為が起訴されることがあるが、こうした行為を処罰することの合憲性が問題となる。こうした起訴は、時に狙い撃ち的であると批判されることもあり、屋外広告物法29条で、同法の適用にあたっては政治活動の自由等への留意が促されているのはそのためである。

　さて、処罰の合憲性について、大阪市屋外広告物条例事件判決は、国民の文化的生活の向上を目標とする憲法のもとにおいては、都市の美観風致を維持す

ることは、公共の福祉を保持するゆえんであるから、この程度の規制は公共の福祉のための必要かつ合理的な制限であるとした（最大判昭和43・12・18刑集22巻13号1549頁）。

しかし、広告物の表示が規制されているのは、美観風致が特に重視されるような地区に限られておらず、例えば、街路樹や街灯柱については、歓楽街に設置されているようなものも含めすべて禁止されていることも多く、過度に広汎な規制ではないかが問題となる。

法令自体が違憲とまではいえないとしても、個別の事案に応じて、違憲とならないかどうかを検討すべきであるとされる。この点で注目されるのが、大分県屋外広告物条例事件における伊藤正己裁判官の補足意見である（最判昭和62・3・3刑集41巻2号15頁）。そこでは、条例自体の合憲性は前提とされつつ、その地域の美観風致の侵害の程度と掲出された広告物にあらわれた表現のもつ価値とを比較衡量し、後者が優越する場合には適用違憲とすべきだと主張されている（もっとも、当該事案では合憲判断であった）。

(3) ビラ等の貼付・配布と財産権

他人所有の敷地内でのビラの配布行為等や、他人所有の建物等へのビラ貼付行為については、他人の財産権と表現の自由との調整が必要になる。もっとも、他人の財産を利用して表現行為を行う権利は基本的には認められないため、通常は表現の自由が譲歩することとなる。ただし、刑事事件においては、罰則を科することまでは正当化されないという形で適用違憲あるいは違法性阻却等が認められるべき場合もありうる。

ビラの貼付について、軽犯罪法1条33号前段は、他人の家屋その他の工作物にはり札をする行為を処罰することとしているが、その合憲性について最高裁は、たとえ思想を外部に発表するための手段であっても、その手段が他人の財産権、管理権を不当に害するごときものは許されないとしたうえで、この程度の規制は公共の福祉のための必要かつ合理的な制限であるとした（最大判昭和45・6・17刑集24巻6号280頁〔軽犯罪法によるビラ貼付規制事件〕）。なお、ここで示された「思想を外部に発表するための手段であっても、その手段が他人の財産権、管理権を不当に害するごときものは、もとより許されない」という定式に

は、その後も繰り返し言及されることになる。

　次に、ビラの配布についてはまず、私鉄の駅構内において、管理者による退去要求を無視してビラを配布したり演説を行ったりした行為により、鉄道営業法35条違反および不退去罪（刑法130条後段）に問われた吉祥寺駅構内ビラ配布事件が重要である。最高裁は、ここでも「思想を外部に発表するための手段であっても、その手段が他人の財産権、管理権を不当に害するごときものは許されない」という定式を用いて処罰は合憲とした（最判昭和59・12・18刑集38巻12号3026頁）。これに対して、伊藤正己裁判官の補足意見は、前述の大分県屋外広告物条例事件における同裁判官の補足意見と同様、比較衡量の必要性を指摘し、特に、パブリック・フォーラムにおける表現である場合にはその点も衡量の要素として十分に考慮すべきことを主張している（→同裁判官のパブリック・フォーラム論については本章Ⅴ 1）。

　最後に、平成期中ごろ以降、郵便受けへのビラ配布（ポスティング）のために集合住宅の敷地や建物内共用部分に立ち入ったことが住居等侵入罪（刑法130条前段）に問われる事案が目立った。イラクへの自衛隊派遣に反対するビラを自衛隊官舎の各玄関ドアの新聞受けに投函した行為が住居等侵入罪で起訴された事案について、一審判決は可罰的違法性を欠き無罪であるとしたが（東京地八王子支判平成16・12・16判時1892号150頁）、最高裁はここでも、「思想を外部に発表するための手段であっても、その手段が他人の権利を不当に害するようなものは許されない」という定式に言及したうえで、本件の争点は、表現そのものの処罰の合憲性ではなく、表現の手段（ビラ配布のために管理権者の承諾なく立ち入ったこと）の処罰の合憲性であり、本件集合住宅の共用部分及び敷地は一般に人が自由に出入りできる場所ではないとして、本件のような立ち入りを処罰することは21条1項に反しないとした（最判平成20・4・11刑集62巻5号1217頁〔立川反戦ビラ配布事件〕）。この他、近年の事例として、葛飾マンションビラ配布事件（最判平成21・11・30刑集63巻9号1765頁）や、問われた罪は住居等侵入罪ではなく国公法違反であるが、堀越事件（最判平成24・12・7刑集66巻12号1337頁）や宇治橋（世田谷）事件（最判平成24・12・7刑集66巻12号1722頁）も集合住宅へのポスティングの事案である。

　これらの事案については、通常は商業ビラの配布は許容されていることが多

いことから、集合住宅の共用部分は平穏な態様でなされる限りは何人も立ち入りが認められている場所であるとか、平穏な態様での立ち入りであるにもかかわらず管理権者の意思を過度に重視して処罰することは妥当でないなどといった批判がある。確かに、少なくとも集合住宅の建物入口付近に設置された郵便受けについては原則として何人も立ち入ってポスティングを行うことが許容されていると理解することができるが、その場合でも、拒絶の意思が個別に明確に表明されれば、表現の自由によって対抗することは困難だと思われる。

　なお、立川反戦ビラ配布事件では、自衛隊官舎の管理者は自衛隊であり、ビラ配布者と管理者との関係のみならず、管理者の意思と居住者の意思とが民間集合住宅の場合以上に異なりうる点で事案に特殊性が見られる。

3　集団行動の規制

(1)　公安条例による規制

　デモ行進や集会等の集団行動は、広くは表現の自由の一部としても捉えることができるが、直接的には集会の自由として保障される（→本章Ⅴ）。本書でも同様に捉えるが、問題状況としてはこれまで触れてきた諸問題と共通するところがあることから、便宜上ここで説明する。

　公共空間における集団行動の自由に対する現行法上の主な規制としては、各地で制定されている公安条例と総称される条例によるものと、道路交通法によるものとがあり、まずここでは前者について述べる。

　集団行動は平成期中ごろ以降、再び活況を呈しているが、かつて戦後すぐから1980年代頃までは、労働運動や学生運動等の集団行動が盛んであり、公安条例はその対応策として制定された。したがって、公安条例は単に道路等の公物管理の必要性に基づくものではなく、また、道路交通秩序の維持を目的とするものでもなく、より広範な公の秩序の維持を目的とするものである。

　具体的な規制内容は条例によって異なるものの、道路・公園その他公共の使用に供される場所における集会やデモ行進などについて、事前の許可または届出を義務づけ、許可申請や届出を受けた公安委員会は、公共の安全を害するおそれがあると判断するときには不許可としあるいは届出を受理せず、または条件を付することができるといったものである。

公安条例の合憲性について、新潟県公安条例事件判決は、①一般的な許可制は違憲だが、②特定の場所または方法につき、合理的かつ明確な基準のもとに予め許可を受けさせ、または届出をさせてこうした基準に反する場合には禁止できる旨の規定を設けても違憲ではなく、また、③公共の安全に対し明らかな差し迫った危険を及ぼすことが予見されるときは不許可または禁止も許されるとした（最大判昭和29・11・24刑集8巻11号1866頁）。

　こうした一般論については、学説も基本的に支持している。すなわち、事前抑制禁止原則の観点からは、一般的な許可制は当然許されず（①）、不許可や禁止は他に方法がない場合に限られなければならない（③）。また、恣意的な運用を禁止するため、明確な基準が定められなければならず（②）、さらには、迅速な司法的救済手段の保障が必要である。なお、集団行動による主張の内容を審査するわけではないことから検閲には該当しない（逆に、内容審査をすれば検閲に当たるおそれがあることになる）。

　もっとも、新潟県公安条例事件判決は、こうした一般論からすれば合憲性に疑問のある新潟県条例を合憲だと判断するもので、一般論の具体的な適用の仕方には批判がある。

　続いて、東京都公安条例事件判決においては、折しも日米安保条約改定に反対する集団運動が激化し、死者が出るなどの騒然とした世相にも影響され、集団行動の危険性を強調しつつ（集団暴徒化論）、不備の多い東京都条例が合憲と判断された（最大判昭和35・7・20刑集14巻9号1243頁）。すなわち、東京都条例は許可制をとりつつ、「公共の安寧を保持する上に直接危険を及ぼすと明らかに認められる場合」以外には許可しなければならないとしているが、判決はこれをもって実質的な届出制にとどまるとする。しかし、「公共の安寧を保持する上に直接危険を及ぼすと明らかに認められる場合」というのは必ずしも明確ではなく、その結果公安委員会に裁量が認められること、また、一定の時期までに不許可の意思表示がなかった場合には許可されたものとみなす旨の規定が欠けていることなどから、同条例の合憲性を疑問視する見方が強い。なお、この判決と新潟県公安条例事件判決との整合性も問題となるが、この点については、後者の一般論と具体的な適用の仕方とのいずれに力点をおいて読むかによって考え方は分かれる。

いずれにしても、東京都公安条例事件判決をもって、実務上は公安条例自体の合憲性は争点とはならなくなり、その後は、許可の際に付される条件のあり方などが争われることとなった。なお、公安条例自体が定める集団行動の際の遵守事項の明確性が問題となった事件として、徳島市公安条例事件がある（最大判昭和50・9・10刑集29巻8号489頁（→憲法Ⅰ13章））。

(2)　道路交通法による規制

　集団行動も道交法77条による許可制に服するが、この規制については既に述べた（→前述2(1)）。なお、徳島市公安条例事件（前掲）は、公安条例の規制が道交法の規制に反しないとしている（→憲法Ⅰ13章）。

Ⅳ　メディアの表現の自由

1　取材の自由

(1)　取材・報道の自由の憲法的保障

　表現の自由は国民一般に保障されるものであるが、限られた者にのみ関わるものとして、メディア（報道機関）の取材・報道の自由の問題がある。また、報道の自由は表現の自由に含まれそうであるが、取材の自由は報道の前段階の情報収集行為に関する自由であって表現の自由そのものには含まれないようにも見える。これらは21条で保障されるのか。

　この点について最高裁は当初、取材の自由が憲法で保障されることを否定していた（最大判昭和27・8・6刑集6巻8号974頁〔石井記者事件〕）。その後、博多駅事件決定（最大決昭和44・11・26刑集23巻11号1490頁）は、まず、報道機関の報道は、民主主義社会において、国民が国政に関与するにつき重要な判断の資料を提供し、国民の「知る権利」に奉仕するものであるとした。その上で、報道の自由は、表現の自由を規定した憲法21条の保障のもとにあり、さらに、報道機関の報道が正しい内容をもつためには、取材の自由も、「憲法21条の精神に照らし、十分尊重に値いするものといわなければならない」という。この決定によれば、取材の自由は、21条により「保障」されるには至らず、「尊重」す

なわち一定の保護を受けるにとどまるとされ、報道の自由と取材の自由とが区別されていることに注意が必要である。

　取材・報道の自由は報道機関あるいは記者だけに関わるものである。ただし、ネット上でプロとしてブログを書いているような人々が記者と同等に扱われるのかどうかには議論の余地がある。

　報道の自由に関する憲法問題は、名誉毀損やプライバシー侵害の問題を初め、表現の自由一般についてこれまで説明してきたことと重なることから、以下では取材の自由に関する諸問題、および放送に対してなされている特別な規制について述べる。なお、かつて論じられたメディアへのアクセス権の問題については、すでに述べた（→憲法Ⅱ7章Ⅰ3(4)(c)）。

(2) 取材と国家秘密

　国家公務員法は、国家公務員に守秘義務を課してその漏えいを罰則付きで禁止するとともに（国公法100条1項・109条12号）、第三者による漏えいのそそのかし等の行為も処罰している（同111条）。そのほか、国家秘密保護との関係では、防衛、外交、スパイ防止、テロ活動防止に関わって特に秘匿を要する秘密の保護を目的として2013年に成立した特定秘密保護法が重要である。国民主権あるいは民主政のもとにおいても、国民に対して秘匿される情報の存在は否定されないが、それが権力濫用の隠蔽に用いられないための監視が必要である。その監視にあたって報道は重要な役割を担うのであり、国家秘密の保護と取材・報道の自由とは慎重な衡量が求められる。

　新聞記者が外務省の女性職員と性的関係を結んで機密書類をもち出させたことが、秘密漏えいのそそのかし罪に当たるとして起訴された外務省秘密漏えい事件（西山記者事件）において最高裁は、報道機関が公務員に対し根気強く執拗に説得ないし要請を続けることは、それが真に報道の目的からでたものであり、その手段・方法が法秩序全体の精神に照らし相当なものとして社会観念上是認されるものである限りは、実質的に違法性を欠き正当な業務行為というべきであるとして取材の自由への配慮を見せたが、本件事案における記者は女性職員の人格の尊厳を著しく蹂躙したもので、正当な取材行為とはいえないとした（最決昭和53・5・31刑集32巻3号457頁）。

なお、特定秘密保護法22条2項は、外務省秘密漏えい事件決定を踏まえた規定である。すなわち、同法は、特定秘密の漏えいを教唆・煽動した者を処罰しているが（25条1項）、この規定は取材行為にも適用されかねないという批判を受けて、正当な取材については正当業務行為に当たる旨を定めている。

(3) 取材源の秘匿

　取材の自由の重要な要素として、保護すべき取材源の秘匿がある。公権力によって取材源の身元の開示が強制されてしまえば、危険を犯して取材に応じる者がいなくなってしまい、取材の自由が間接的に侵害されてしまうからである。したがって、取材源秘匿の目的は、取材源となった者自身の保護もさることながら、それを通じた公衆の利益（知る権利）の保護である。

　取材源の秘匿が問題となる典型的な事例は、法廷において記者が取材源の証言を求められる場面であり、そこで取材源に関する証言を拒絶できるかどうかが問題となる（なお、何人にも原則として証人義務・証言義務がある（民訴法190条・200条、刑訴法143条・161条など））。最高裁は、古い刑事事件では証言拒絶権を否定したが（最大判昭和27・8・6刑集6巻8号974頁〔石井記者事件〕）、NHK記者証言拒絶事件では、取材の自由が十分尊重に値するとした博多駅事件の立場を前提に、報道の取材源は原則として職業の秘密（民訴法197条1項3号）に該当し、証言拒否が認められるとした（最決平成18・10・3民集60巻8号2647頁）。

(4) 取材物の押収

　最後に、取材によって得られたビデオ等（取材物）が裁判所や捜査機関に押収（提出命令や差押え）されたことに係る一連の事件について触れる。博多駅事件では、学生運動と機動隊との衝突の際に生じた特別公務員暴行陵虐罪（刑法195条）に関する付審判請求事件において、その模様を撮影していたテレビ局にニュースフィルムの提出命令（刑訴法99条）がなされたことの適法性が争われた。最高裁は、取材の自由についての前述のような理解のもとに、公正な裁判の実現という憲法上の要請との比較衡量によって判断し、提出命令はやむをえないとした（最大決昭和44・11・26刑集23巻11号1490頁）。

　続いて日本テレビ事件では、贈賄の場面を撮影したビデオテープを検察（検

察事務官）が差し押さえたことの適法性、さらに TBS 事件では暴力団組長が組事務所において貸金の債務者に暴行・脅迫を加える場面を撮影したビデオテープを警察（司法警察職員）が差し押さえたことの適法性が問題となった。最高裁は、公正な刑事裁判を実現するためには適正迅速な捜査が不可欠の前提であるから、取材の自由が適正迅速な捜査のために制約を受けることがあることはやむをえないとしたうえで、比較衡量を行い、いずれの事件においても差押処分の適法性を認めた（最決平成元・1・30刑集43巻1号19頁〔日本テレビ事件〕、最決平成2・7・9刑集44巻5号421頁〔TBS 事件〕）。

　これらの事件では取材源の秘匿が問題となっているわけではないが、取材物の押収が広く認められれば取材過程に対する何らかの制約が生じることも予想される点で配慮が必要である。なお、これらの事案では押収対象となる取材物が明確に特定されたうえで押収のみがなされており、編集部の捜索はなされていない点に注意したい。編集部の捜索がなされて広く差押えが行われることになれば、取材・報道の自由に対する重大な制約として深刻な憲法問題となるだろう。

2　放　送

　放送に対しては、放送法や電波法によって免許制度や内容規制など、新聞をはじめとする他の表現手段には存在しない特別の規制が課されており、その合憲性が議論されてきた。

　放送とは、伝統的には、「公衆によって直接受信されることを目的とする無線通信の送信をいう」とされていた（2010年改正前の放送法旧2条1項）。そして、地上波放送をはじめとする基幹放送については、総務大臣による免許または認定が必要であるほか（放送法93条）、特に以下のような放送内容に関する規律（番組編集準則）が課されている。すなわち、①公安および善良な風俗を害しないこと、②政治的に公平であること、③報道は事実を曲げないですること、④意見が対立している問題については、できるだけ多くの角度から論点を明らかにすること、を求められる（放送法4条1項）。

　さらに、訂正放送の義務が定められている（放送法9条1項）。これについては、それが訴訟によって請求できる私法上の権利なのかどうか、法的な性格が

争われたが、最高裁は否定説（公法上の義務説）をとっている（最判平成16・11・25民集58巻8号2326頁〔生活ほっとモーニング事件〕）。

　さて、こうした放送固有の規制、特に免許制や番組編集準則については、違憲論も有力であるが、規制を正当化する主張もなされてきた。伝統的に有力な議論として、有限稀少説と社会的影響力説、あるいは両者を組み合わせたものがある。

　有限稀少説は、放送用電波は有限であり、放送チャンネル数には限りがあるので、混信を防止しつつ稀少な電波を有効適切に利用するためには、それにふさわしい放送事業者を選別したり、放送内容に対して一定の規律を課する必要があるとするものである。

　社会的影響力説（お茶の間侵入論）は、放送は直接家庭の茶の間に侵入し、即時かつ同時に動画や音声を伴う生の映像を通じて視聴される点で、受け手に他のメディアに見られない強烈な影響力を及ぼし、大きな衝撃を与えるとして、番組内容に対する公的規制を正当化する。

　しかし、これらの議論に対しては、近年の多チャンネル化によって稀少性は減少しているとか、放送の社会的影響力が本当にそれほど大きいのか、といった疑問も提起されている。

　そこで近年有力なのは、部分規制論と呼ばれる考え方である。それによれば、マスメディア全体のうち、活字メディア（印刷メディア）を自由とし、放送だけに一定の規制を加えるシステムをとり、一企業への放送と印刷の両メディアの集中を排除することによって、放送規制を通じて社会に多様な情報が提供され、国民の知る権利に応えることになると同時に、自由な活字メディアによる批判によって放送規制の行きすぎを抑えるという。

　いま見た活字メディアと放送との間で語られる部分規制論とは別の問題であるが、類似の論理に基づくものとして、放送法が想定する放送の二元体制がある。すなわち、受信料を財源とする日本放送協会（NHK）と、民間放送事業者とがそれぞれの長所を発揮するとともに欠点を補いあい、全体として国民の知る権利を充足させようというものである。それを支えるため、放送の受信設備を設置した者は、NHKと放送受信契約を締結する義務が定められており（放送法64条1項）、それが憲法13条、21条、29条に違反するとする訴訟が提起され

たが、最高裁は合憲と判断した（最大判平成29・12・6民集71巻10号1817頁〔NHK
受信料訴訟〕）。

　なお、2010年の放送法改正によって、放送の定義は、「公衆によって直接受
信されることを目的とする電気通信の送信をいう」（放送法2条1号。傍点筆者）
とされ、これまで別の法律で規律されてきた有線によるケーブルテレビ等も放
送の定義に含められている。他方で、インターネットによる番組配信の多くは
放送には該当しないとされている。先に述べたような議論の錯綜状況に加え、
こうした状況の変化も受けて、放送規制をめぐる憲法論はなお収斂していない
状況にある。

V　集会の自由

1　集会の自由の意義とパブリック・フォーラム論

(1)　集会の自由の意義

　21条1項で保障される集会の自由における「集会」とは、多数の人々が一定
の場所に何らかの目的で集まることである。デモ行進も「動く集会」として、
集会の自由に含まれる。

　集会には一定の目的を伴う点で単なる多数人の集合とは区別される。集会の
目的として、一定の主張を集団的に行うことによって強く訴えようとすること
がしばしばあり、その場合には表現の自由としても保障される。他方、趣味の
集まりや大会など非表現的な目的によるものであっても、集会の自由によって
保障される。つまり、集会の自由は表現の自由と密接な関わりがあり、そのた
めに同一の条文で保障されていると考えられるが、他方で独自の保障領域もあ
ることにも留意が必要である。

　集会の自由の保障とは、集会を主催し、指導しまたは集会に参加するなどの
行為について公権力が制限を加えることが禁止され、またはそのような行為を
公権力によって強制されないことを意味する。つまり、国家の不作為を求める
防御権である。それを貫くとすれば、集会を開催するために、国や地方自治体
が所有・管理する道路、公園、市民会館等の公的施設を求める権利が集会の自

由に含まれることはないようにも思われる。

　しかし、集会を行うためにはそのための会場が必須なのであり、集会開催のための公的施設利用の可否が管理権者の自由裁量に委ねられるとすることは、集会の自由の保障を実質的に大きく狭めるものである。パブリック・フォーラム論は、こうした問題に対応するためのものである。

⑵　パブリック・フォーラム論

　パブリック・フォーラム論とは、もともとアメリカの判例理論によるものであり、国の管理する公的財産を、①道路や公園などの「伝統的パブリック・フォーラム」、②市民会館などの「指定によるパブリック・フォーラム」、③市役所の執務室や公立病院などの「非パブリック・フォーラム」に区分したうえで、集会の自由との関係で次のように論じる。①については、自由な表現活動ができることが原則であるから、内容規制に対する厳格審査など、通常の表現の自由に関する審査基準論が妥当する。②については、国が自ら公衆の表現活動に供する目的で設置した施設であり、国は憲法上このような施設の設置を義務づけられているわけではないが、当該施設を公衆に開放している限りにおいては、パブリック・フォーラムとして取り扱われ、伝統的パブリック・フォーラムと同様に取り扱われる。③においては、表現活動を一律禁止することも可能である。

　理論的に考えれば、パブリック・フォーラム論は、集会をはじめとする表現活動のための公的施設の利用について、利用拒否処分を、単なる公的給付の拒否ではなく、自由権の侵害であって正当化を要するという主張の梃となる議論であると位置づけられる。

　こうしたパブリック・フォーラム論は、のちに述べる泉佐野市民会館事件判決で一部取り入れられたが、日本では別な形でもパブリック・フォーラム論が主張されている。それは、伊藤正己裁判官が吉祥寺駅構内ビラ配布事件（最判昭和59・12・18刑集38巻12号3026頁）の補足意見において述べた見解である。私鉄駅構内でのビラ配布行為が罪に問われた事案において、伊藤補足意見は、形式的に刑罰法規に該当する行為は直ちに不当な侵害になるとすべきではなく、表現の自由の価値が十分に考慮すべきだとされ、パブリック・フォーラムとし

ての性質をもつ場所での表現行為については、表現の自由の保障を可能な限り考慮する必要があるとする。このパブリック・フォーラム論は、表現行為が行われる場所のパブリック・フォーラム性を利益衡量の際の1つの要素とするものである点で、先に述べたアメリカの判例理論におけるパブリック・フォーラム論とは区別される。

2 集会の自由の限界

先に述べたような集会の自由の意義からすれば、その制約に対する合憲性審査は、一般の表現の自由同様、厳格な審査が求められる。もっとも、集会は多数人が集まる場所を前提とする活動であり、他者の権利・自由と矛盾・衝突することがあり、結果として一般の表現の自由よりも多くの制約に服することもやむをえない面がある。

現行法上、集会の自由を直接に制約する立法としては、デモ行進の規制との関係で前述した公安条例（→本章Ⅲ3）のほか、破壊活動防止法が代表的である。同法は、暴力主義的破壊活動を行った団体に対する集会の禁止等を定める（→その他の団体規制との関連での集会禁止の例も含め、憲法Ⅱ9章Ⅰ3）。

また、より個別的な規制として、かつて激しく展開された成田空港建設反対運動に対処するために制定された成田新法（3条1項1号）による暴力主義的破壊活動者の集会の自由の制限については、比較衡量により、合憲と判断された（最大判平成4・7・1民集46巻5号437頁〔成田新法事件〕）。

さらに、広島市暴走族追放条例事件においては、何人も公共の場所において許可を得ないで公衆に不安または恐怖を覚えさせるような集会を行うことを禁じ、それが特異な服装で行われていたなどの場合には、市長が中止・退去を命令できるとされていたことについても、限定解釈のうえ、同様の比較衡量で合憲判断がされている（最判平成19・9・18刑集61巻6号601頁）。

3 公的施設での集会の自由

公的施設の使用を拒否したとしても、公的な給付を拒否しただけであり、集会の自由の制約とはいえないのではないか。また、地方公共団体等には公的施設の管理権があるのであるから、利用を認めるかどうかについては相当の裁量

があるのではないか、といった議論をどのように克服するかが課題となる。

　初期の判例である皇居前広場事件判決（最大判昭和28・12・23民集7巻13号1561頁）では、メーデーのための皇居前広場（皇居外苑）の使用不許可処分について、厚生大臣の管理権行使は自由裁量ではないとしながらも、参加予定者数が50万人にも上る集会を認めると広場が著しい損壊を受けることが予想されることや、本件不許可が表現の自由または団体行動権自体を制限することを目的としたものではないことなどを理由として、違憲ではないとしている（なお、本件は訴えの利益が消滅したと判断されており、以上の判示は傍論）。集会の自由等への配慮がないわけではないが、管理権を強調した判断であり、また、本件許可制の根拠が法律ではなく国民公園管理規則であること（法律の留保に関する問題）や、許可の基準も定められていないことなどを問題視していないなどの点も指摘される。

　これに対して、アメリカの判例理論におけるパブリック・フォーラム論を意識しつつ、市民会館の使用不許可事由を限定解釈した判決として注目されるのが泉佐野市民会館事件判決（最判平成7・3・7民集49巻3号687頁）である。本判決は、公の施設（地方自治法244条）としての市民会館は、その設置目的に反しない限り住民の利用が認められることになるので、管理者が正当な理由なくその利用を拒否するときは、憲法の保障する集会の自由の不当な制限につながるおそれがあるとした。つまり、市民会館の使用拒否が単なる公的な給付の拒否ではなく、集会の自由の実質的制約になることを認めたものであり、アメリカ判例理論的なパブリック・フォーラム論の影響が感じられる。そのうえで判決は、泉佐野市民会館条例に定める「公の秩序をみだすおそれがある場合」という不許可事由について、本件会館で集会が開かれることによって、人の生命、身体または財産が侵害され、公共の安全が損なわれる明らかな差し迫った危険の発生が具体的に予見される場合を指すと限定解釈した。

　なお、集会が開催される場合に生じうる危険のなかには、主催者に敵対的な団体等が抗議や妨害活動を行うことによって生じるものがあるが、こうした妨害活動のおそれを理由に会館使用を拒否できるかが問題となる。この点については、第三者による妨害等のおそれがある場合に利用を拒否できるのは、警察の警備等によってもなお混乱を防止することができないなど特別の事情がある

場合に限られるという「敵意ある聴衆の法理」が判例上確立している（泉佐野市民会館事件判決のほか、最判平成8・3・15民集50巻3号549頁〔上尾市福祉会館事件〕）。逆にいえば、管理者には警察の警備要請などの対応が求められることになる。

　泉佐野市民会館事件判決では、市民会館の性格や地方自治法の規定に基づいてそのパブリック・フォーラム性が認められた結果、使用拒否について厳格な判断がなされたものと考えられるが、パブリック・フォーラムとは認められない施設使用については、管理者の裁量が認められざるをえない。公立小中学校等の教職員団体による教育研究集会の会場としての公立学校の施設使用を不許可とした事案において、学校施設の目的外使用を許可するか否かは原則として管理者の裁量に委ねられているとされた（最判平成18・2・7民集60巻2号401頁〔広島県教研集会事件〕）。ただし、この事案ではやや綿密な裁量審査が行われ、結論として不許可が違法であるとされている。

表現の助成とその統制

　すでに述べたように（→憲法II 7章I 3(4)）、表現の自由は自由権（防御権）であり、公権力に対して表現の場を提供するように請求する権利を含むものではないとされている。しかし、現実には、本文で見た市民会館のほか、各種の展示スペース、美術館や図書館など、公権力が表現の場を設営し、いわば表現を助成する例は非常に多い。このようななか、表現の自由の保障に含まれないからといって公権力がこれらの場を恣意的に運用することが認められるだろうか。

　このような問題については、いくつかの考え方が提示されている。まず、市民会館やこれに類する施設の使用については、集会以外の表現活動についても、本文で述べたパブリック・フォーラム論を応用することが考えられる。それによれば、例えば、表現内容に基づいて使用の可否を判断するようなことは禁止される。

　他方、図書館や美術館については、収蔵する図書・作品を内容に基づいて選別することが不可避である。しかし、この場合でも公権力が直接にその選別に介入することは許されず、司書や学芸員といった独立性をもった専門職に委ねることが必要だとされる。

この点に関連して、公立図書館の司書が閲覧に供されている図書を著作者の思想や信条を理由とする不公正な取り扱いによって廃棄したことが、国家賠償法上違法であるとされた船橋市立図書館事件判決が注目される（最判平成17・7・14民集59巻6号1569頁）。この判決では、著作者が自著の図書館による購入を求める権利が存在しないことを前提としたうえで、図書館という公的な場の性格上、収蔵された図書の不公正な取扱いが著作者の権利利益を侵害する可能性を認めたものといえる。さらに、市立公民館を拠点とする句会で秀句に選ばれた「梅雨空に『9条守れ』の女性デモ」という原告の俳句が、同公民館が発行する公民館だよりの秀句の掲載欄への掲載を拒否された事案について、上記判決を引用した上で、不公正な扱いをしたものとして原告の人格的利益を侵害し違法であると判断された（東京高判平成30・5・18判時2395号47頁〔9条俳句事件〕。なお、最高裁は上告棄却）。

なお、これに先立ち、美術館について類似の問題が争われた事件として、天皇コラージュ事件がある（名古屋高金沢支判平成12・2・16判時1726号111頁）。

VI　通信の秘密

1　表現と通信との区別

憲法21条は、すでに概説した表現の自由（21条1項・2項前段）などのほか、通信の秘密（21条2項後段）を保障している。すなわち、憲法上、情報流通に関する基本権は、表現と通信とに区分されていることになる。

表現と通信とは、情報の発信や受領という点では同じであるが、表現は、典型的には新聞や放送、あるいは街頭での演説のように、広く一般に情報を発信するものであるのに対し、通信は、特定者間の情報のやりとりである。通信の自由について憲法に明文はないが、通信の秘密保障の前提として保障されると考えられている。

通信を行うためには通信制度あるいはそれを担う通信事業者（つまり、郵便局や電話会社）が必要である。郵便も電話もかつて国営であったが、現在では民営化されている。これらの通信事業者は、コモン・キャリアといわれ、通信

サービスの提供に徹しなければならない。つまり、利用者から通信サービスの提供の申し出を受けたとき（要するに、郵便物の配達を依頼されたとき、電話をかけられたとき）には、その通信の内容を詮索することなく、どのような内容のものであっても宛先に届けなければならない。逆に、通信事業者は、例えば通信によって脅迫がなされたとか名誉毀損がなされたという場合であっても、それについて一切責任を負わない（大阪高判平成17・6・3判例集未登載参照）。

2　インターネット

(1)　表現と通信との区別における位置づけ

インターネットは表現だろうか、通信だろうか。インターネットは通信回線を利用しているが、実際にはホームページ、電子匿名の巨大掲示板、動画共有サイト、SNS、電子メール等、不特定多数に向けた様々なサービスが行われている。これらのサービスは表現と通信の区分のなかで、どのように位置づけられるのだろうか。

この点、表現と通信の区別はもはや不要であるとの考え方もありうるが、この区別は憲法が前提とする区別であるし、依然として有用である場合も多いため、完全に放棄することは妥当ではない。そこで、現在有力な考え方は、インターネットのサービスごとに通信としての性格をもっているのか、表現としての性格をもっているのかを判断するという方法である。例えば、通常のホームページや電子掲示板は不特定多数に閲覧可能であるから、表現と捉えることが可能である。他方、電子メールやSNSのメッセージ機能などは通信としての性格をもっている。

(2)　インターネットにおける表現の自由

インターネットには伝統的な表現手段とは異なる特徴があり、憲法論においてもこうした特徴を考慮すべきかどうか、あるいはどの程度考慮すべきかということが問題となる。

インターネットにおいては誰でも容易に表現を行うことができるから、批判を受けたとしても反論が可能であることが名誉毀損に関する判断枠組みにどのように影響するかという点についてはすでに述べた（→本章Ⅰ2(4)）。

ここでは、インターネットにおける表現においては、プロバイダ等と呼ばれる表現の媒介者の存在が重要である点について触れる。例えば、電子掲示板やSNS での書き込みは、書き込んだ本人（発信者）のほかはそれらのサービスの運営者しか削除できないこともある。ある書き込みが名誉毀損等に該当して違法であるという場合、表現の媒介者たる運営者にどの程度の法的責任を負わせるかが、インターネット上の表現の自由のあり方に影響があることを知っておく必要がある。例えば、媒介者に発信者と同様の責任を負わせるとすれば、媒介者は違法とされる可能性のある書き込みを過度に削除するよう促されることとなりインターネット上に流通する情報が減少することになるし、媒介者の責任を最小限とした場合には名誉毀損等の救済に欠けることになる。この問題については、2001年にプロバイダ責任制限法が制定され、実務上一定の解決を見ている。

3　通信の秘密

(1)　通信の秘密の保障内容

　通信については、通信の秘密が保障されている。表現の自由と通信の秘密とを同一の規定で保障することは、比較憲法上は通例ではないが、すでに見てきたような表現と通信との密接な関連を踏まえたものということができる。他方で、通信の秘密そのものの保障趣旨は、プライバシー保護だと考えるのが一般的である。

　通信の秘密の範囲については、まず、通信の内容、つまり電話の通話内容、手紙やメールの本文が通信の秘密の範囲内であることは当然である。

　それに加えて、通信の外形的事項（通信の構成要素）についても通信の秘密の保障が及ぶと考えられている。通信の外形的事項とは、通信の送信者・受信者が誰か、宛先の住所・電話番号・メールアドレス、通信の個数や通信日時等である。これらは通信の内容ではないが、外形的事項が知られることによって内容が推知される可能性があることから、通信の秘密の範囲に含まれるとされている。逆にいえば、それだけ通信内容の秘密は手厚く保障されているということになり、これが、13条による一般的なプライバシー保障に加えて通信の秘密の保障規定が置かれていることの今日的な意味合いであるともいえる。

通信の秘密を「侵してはならない」とは、憲法解釈としては、「積極的知得行為」の禁止と「漏洩行為」の禁止を意味するとされる。積極的知得行為とは、公権力が通信の内容及び通信の存在それ自体に関する事実を知得することであり、漏洩行為とは、通信事業に従事する者が情報を私人又は他の公権力に漏洩することである。ただし、後者については、通信事業が国営とされていた時代の解釈であり、今日もそのまま維持できるかどうか、再検討が求められる。

　憲法上の保障は、こうした行為を公権力が行うことを禁じるものであり、法律上の保障は、すべての者に対してこれらの行為を禁止し、かつ、違反に対して罰則を科すものである。

(2)　法律による通信の秘密の例外とその合憲性

　法律によって通信の秘密の制約が定められている場合として、①刑事手続に関連して郵便物等が押収される場合（刑訴法100条・222条）、②刑事収容施設関係に関連して郵便物の検閲が行われる場合（刑事収容施設法126条以下）、③破産手続に関連して破産者の郵便物が開披される場合（破産法81条・82条）、④通信業務遂行上や行政上の必要に基づき、郵便物引受の際の説明・開示、取扱中に係る郵便物の開示（郵便法31条・32条など）、関税法上の郵便物の差押え（関税法122条）、⑤プロバイダ責任制限法に基づく権利侵害情報の発信者情報の開示（同法4条）などがあるが、一部範囲が広すぎるのではないかという批判はあるものの、概ねその合憲性が認められている。

　もっとも、②については、規定自体が違憲ではないとしても、その運用には注視が必要である。比較的最近では、死刑確定者が発受する信書に対する拘置所長の処分の適法性につき、高裁が違法だとしたものを最高裁が破棄する例が続いた（最判平成28・4・12集民252号139頁、最判令和元・8・9民集73巻3号327頁）。刑事施設の長の裁量権が尊重されていることが分かるが、憲法の視点が欠けているとの指摘もされている。

　さらに、大きな議論があるのは、通信傍受法に基づく通信傍受（盗聴）である（→なお、憲法Ⅱ第12章Ⅱ2(1)も参照）。これは、暴力団やテロ組織による組織的犯罪の捜査については、従来の捜査手法では十分対応できないとして、1999

年に組織的犯罪三法の1つとして制定されたものである。すなわち、通信傍受法は、法律に列挙された組織的な犯罪の捜査に関して、裁判所の令状に基づき、捜査機関が通信の傍受を行うものである。なお、傍受対象の通信には、固定電話だけでなく携帯電話や電子メールも含まれる。

　通信の傍受は、もっとも手厚く保障されるべき通信内容を捜査機関が取得するものであるから、合憲性が認められるためには厳格な要件を充たす必要がある。すなわち、重大な犯罪に限定されること、他の捜査手法では対応できないこと、手続的な保障が確保されることといった要件が充たされる必要がある。現行法は概ねこれらを充たしているとされるが、違憲論も根強い。しかし、2016年には通信傍受の範囲を大きく拡大するなどの改正がなされ、2019年から施行されている。

第9章

結社の自由・学問の自由

　結社の自由は、表現の自由、集会の自由と並んで、憲法21条1項で保障されているが、結社の自由の場合、国家と個人の二極関係ではなく、国家・個人・結社の三極関係のなかでの考察が特に求められる点で、他の権利とは別個の検討が必要である。

　学問の自由は、憲法23条で「学問の自由は、これを保障する」とかなりあっさりと規定されている。そのため、具体的な保障内容や対象は、判例や学説を素材にしながら検討していくことが求められる。

I　結社の自由

1　多様な結社観

(1)　フランスとアメリカ

　市民革命によって身分制を打破し国民国家を作り上げたフランスでは、国家と個人の間に存在する「中間団体」は、個人を旧来の社会構造に縛りつけようとする障害として敵視された。そのため、国家からの結社の自由ではなく、結社からの国家による自由が、個人の自由を確立させるために必要であると捉えられた（中間団体否認論といわれることがある）。1789年のフランス人権宣言が結社の自由の保障を規定していないのはこのためである。

　他方で、1830年代のアメリカを見た A. トクヴィルが、著書『アメリカのデモクラシー』において、「世界中で結社をもっとも多く利用する国であり、こ

の有力な行動手段をこのうえなく多様な目的のために使う国」、「新たな事業の先頭に立つのは、フランスならいつでも政府であり、イギリスならつねに大領主だが、合衆国ではどんな場合にも間違いなくそこに結社の姿が見出される」、「結社の自由は多数の暴政に抗する必要な保証となっている」と評したように、アメリカでは、結社の自由を憲法の明文で保障していないものの、結社は、市民社会のみならず政治的にも重要な構成要素と位置付けられていた。

　このように、結社の捉え方はその国の歴史とも関係して多様である。

(2) 日　本

　日本の場合、明治憲法29条が「日本臣民ハ法律ノ範囲内ニ於テ言論著作印行集会及結社ノ自由ヲ有ス」と定めていたが、あくまでの法律の範囲内での保障にとどまっていた。そのため実際には、1880年の集会条例、1925年の治安維持法などの各種の法律によって結社の自由は大きく制約されており、さらには1938年の国家総動員法により、結社には「戦時ニ際シ国防目的達成ノ為」（1条）に「総動員業務」に協力する義務を課され（5条）、全体主義体制の手段として利用された。これらから、結社に対する敵対的・警戒的態度と、結社を統治の道具としてみなす結社観とが見て取れる。

　これに対して、全体主義体制を否定し、個人の尊重（憲法13条）を中核とする個人主義に立脚する日本国憲法は、法律の留保なしに結社の自由を保障し、明治憲法下で見られたような結社観を明確に否定している。

2　結社の自由の保障

(1) 結　社

　憲法21条1項にいう「結社」とは、共同・共通の目的をもって、特定の多数人が、意思形成を行う団体を形成し、継続的に結合することをいう。特定多数人であること、継続的な結合であること、特定の場所を前提としない結合であるという点で、「集会」とは区別される（→集会の自由については憲法Ⅱ8章Ⅴ）。

　なお、特定の種類の結社は、他の憲法規定によって競合的に保障されている（例えば、宗教団体は20条、大学は23条、労働組合は28条）。結社の自由を一般的に定める憲法21条1項よりも特定の結社を対象とした規定を優先させるべきである

から、それらの結社は、通常は21条1項の結社の自由の問題とする必要はない。また、営利を目的とした株式会社などの結社は、22条・29条の経済的自由の問題であり、21条1項にいう「結社」に該当しないとする学説もある。

(2) 結社の自由の意義

結社の自由の意義は、概ね集会の自由の意義と重なるため、集会の自由の意義について述べた成田新法事件（最大判平成4・7・1民集46巻5号437頁）の一節を引用しておく。「現代民主主義社会においては、集会は、国民が様々な意見や情報等に接することにより自己の思想や人格を形成、発展させ、また、相互に意見や情報等を伝達、交流する場として必要であり、さらに、対外的に意見を表明するための有効な手段であるから、憲法21条1項の保障する集会の自由は、民主主義社会における重要な基本的人権の一つとして特に尊重されなければならないものである」。要点を整理すれば、結社の自由そして集会の自由が表現の自由と並列的に保障されていることから推察されるように、①その保障根拠は、表現の自由の保障根拠と重複する部分が多い、②対外的な意見表明をするうえで有効な手段であるとして、表現の自由の手段としての価値が強調されている、③その一方で、表現の自由にはない、他者との親密な交流の意義を指摘している、ことを挙げることができる。とりわけ特定多数人の継続的結合である結社の場合、③の価値が重要である。

(3) 結社の自由の保障内容

結社の自由には、個人の自由としての側面と、結社それ自体の自由としての側面があり、両者が対立する場合もある。そのため、結社の自由を考えるにあたっては、国家・個人・結社の三極関係のなかでの考察が必要である。

(a) 個人の自由としての結社の自由

個人の自由としての結社の自由は、結社をする／しない、既存の結社に加入する／しない、加入した結社から脱退する／しないことにつき、公権力による制約を受けない自由を保障する。この自由との関係で、弁護士、司法書士、税理士などの一定の職業が、法律によって結社の設立を強制されているとともに、当該職業に従事する者に対して結社への強制加入制がとられていることの

合憲性が問題となる。学説では、それらの職業が高度の専門技術性・公共性を有していることから、団体の目的および活動範囲がそれらの確保・維持のためのものにとどめられている限り、違憲とはいえないとするのが通説である。他方、判例では、一定の職業に関する結社の強制設立・強制加入制を憲法22条1項の職業の自由として把握したうえで、簡単に合憲としている（最判平成4・7・9判時1441号56頁〔弁護士会強制加入制度違憲訴訟〕など）。

　このように、結社の強制設立・強制加入制を設けることが直ちに結社の自由に違反して違憲となるわけではない。しかし、強制加入団体という性格上、団体としての活動内容には限界がある。この点は後述する（→本章 I 4）。

(b)　結社それ自体の自由

　結社それ自体の自由は、団体としての意思決定、そしてその決定に基づく活動について公権力による干渉を受けない自由を保障する。団体としての活動は、結社内部における統制権と、結社としての活動の自由とに大別できる。

　前者の結社内部における統制権の問題については、司法権の限界という論点で論じられる。この論点は、結社の自律権が司法権の限界を構成すると解されているように（いわゆる部分社会論）、結社の自由による保障と関連させて理解する必要がある（→憲法 I 12章 II 5）。後者の結社としての活動の自由は、構成員の思想の自由などと衝突する場合もあるが、結社の活動に賛成できなければ脱退すればよいから、基本的には結社の活動の自由が優先する。しかし、強制加入団体の場合には構成員に脱退という選択肢が保障されていないために、個人と団体の自由の調整が必要となる。この点は後述する（→本章 I 4）。

　なお、結社に対する法人格の付与までは憲法上要請されていないとするのが通説であるが、近年、有力な異論も提起されている。

3　結社の自由の限界

(1)　団体の活動として暴力主義的破壊活動を行った団体

「団体の活動として暴力主義的破壊活動を行った団体に対する必要な規制措置」等を定め、「公共の安全の確保に寄与することを目的」（1条）とした「破壊活動防止法」は、公安審査委員会に対して、該当団体による集団示威運動・集会・機関誌発行などの一定期間の制限（5条1項）、さらには当該団体の解散

の指定を行うことができる旨を定めている（7条。解散指定が行われた例はない）。

(2)　団体の活動として役職員又は構成員が無差別大量殺人行為を行った団体

「無差別大量殺人行為を行った団体の規制に関する法律」は、「団体の活動として役職員（代表者、主幹者その他いかなる名称であるかを問わず当該団体の事務に従事する者をいう。以下同じ。）又は構成員が、例えばサリンを使用するなどして、無差別大量殺人行為を行った団体」（1条）に対して、公安審査委員会の指定に基づき、公安調査庁長官による観察処分（5条）、再発防止のための各種処分（土地・建物の新たな取得、借受の禁止、所有する土地・建物の使用禁止、勧誘の禁止、脱退妨害の禁止、金品その他の財産上の利益の贈与を受けることの禁止・制限）（8条）を規定するなどしている。

同法は、オウム真理教（当時）が起こした事件を契機に、それに対処するために制定された法律である。当初は先に見た破壊活動防止法の解散指定が試みられたが、公安審査委員会がこれを認めなかったため、この法律が制定された。いわゆる処分的法律（措置法律、個別的法律ともいう）の問題を避けるために、同法は、オウム真理教などと特定しない一般的な定めとなっている（→憲法Ⅰ7章Ⅰ2）。現在、オウム真理教から分裂した後継団体が同法に基づく観察処分の対象となっている。

(3)　団体の構成員が集団的に又は常習的に暴力的不法行為等を行うことを助長するおそれがある団体

「暴力団員による不当な行為の防止等に関する法律」、いわゆる暴対法は、「団体の構成員（その団体の構成団体の構成員を含む。）が集団的に又は常習的に暴力的不法行為等を行うことを助長するおそれがある団体」（2条2号）に対する都道府県公安委員会による暴力団指定（3条）、さらには特定抗争指定暴力団（15条の2）、特定危険指定暴力団の指定（30条の8）、そして指定を受けた団体の一定の行為を禁止するなどしている。暴対法に基づく暴力団指定が争われた四代目会津小鉄暴力団指定処分取消訴訟第一審判決（京都地判平成7・9・29判タ900号182頁）は、暴対法は、「……その目的を達成するため、暴力団自体ではなく、暴力団員の行う民事介入暴力行為について行政的規制を行い、対立抗争

時には暴力団事務所の使用制限や事務所周辺における迷惑行為を規制すること
としており、これら立法目的、規制措置の内容等に照らすと、暴対法は、暴力
団の壊滅を目的として制定されたものとは認められ」ない、「……規制の態様
も暴力団員を対象としていることは明らかである」として、憲法21条1項違反
の主張を退けている。

(4) 結社による政治活動とその制限

　結社は政治活動を行う自由を有するが（⇒第2章 I 2）、特定の法人には、そ
の法人格の取得・維持のために一定の政治活動について制限がある（例えば、
特定非営利活動促進法の認定NPO法人について、同法45条1項4号参照）。また、政
治資金規正法上の「政治団体」に該当する場合には一定の統制が及ぶ。同法の
政治団体とは、「政治上の主義若しくは施策を推進し、支持し、又はこれに反
対すること」、または「特定の公職の候補者を推薦し、支持し、又はこれに反
対すること」を「本来の目的とする団体」と、その「活動をその主たる活動と
して組織的かつ継続的に行う団体」を指す（同3条1項）。同法の政治団体に該
当する結社には、目的、名称、事務所の所在地、主たる活動区域、代表者・会
計責任者等の氏名、住所、生年月日などについての届出や、収支報告書の提出
義務などが課されるとともに（6条、12条）、届け出をせずに政治活動に関する
寄附を受けることなどが禁止される（8条）。これらの政治資金規正法上の規
制について、結社の政治活動の自由を過度に制限するもので違憲であるとする
主張も見られる。

4　結社と個人

　結社とその構成員とが衝突した場合、お互いが有する権利・利益をどのよう
に調整すればよいのだろうか。これが特に問題となるのは、強制加入団体の活
動とその構成員の思想とが衝突する場合である。

(1) 強制加入団体における構成員

　強制加入団体の活動が、団体の構成員の思想・信条の自由などと衝突した事
案における代表的判例として、南九州税理士会事件（最判平成8・3・19民集50

巻3号615頁）と、群馬司法書士会事件（最判平成14・4・25判時1785号31頁）があ
る。前者は、南九州税理士会が、税理士法の改正を目指して政治団体に寄付す
る目的で各会員から特別会費を徴収する決議をしたが、それに反対する会員が
これを納入しなかったため、当該会員の税理士会内部における役員選出の選挙
権、被選挙権を停止し、その間に選挙を実施したために、当該会員が、本件選
挙の無効と慰謝料の支払いを求め提訴したという事案である。後者は、群馬司
法書士会が、阪神・淡路大震災で被災した兵庫司法書士会に復興支援金を寄付
するために、会員から、登記1件あたり50円の特別負担金を徴収する総会決議
を行ったため、これに反対する会員が本件決議は無効であって会員には当該負
担金の支払義務がないと主張して、債務の不存在の確認を求めた事案である。

(2) 目的の範囲と構成員の協力義務

　注意が必要なのは、第一に、両事案とも私人間の紛争であり、憲法が規律す
ることを直接予定していない事案であるということ、第二に、それにもかかわ
らず、最高裁は両事案とも私人間効力に言及していないということである（→
私人間効力については、憲法Ⅱ2章Ⅲ）。
　一般に最高裁は、団体と構成員とが対立した事案では、次のような処理を行
っている。まず、紛争が団体の内部的事項に関する統制処分に関する場合、団
体の決定を重視して裁判所による審査を控える傾向が強い（いわゆる部分社会
論。→憲法Ⅰ12章Ⅱ5）。団体の決定に基づく活動に対して構成員に協力を求め
ることが問題となる事案の場合には、①当該活動が団体の「目的の範囲」に含
まれるか否かの検討と、②目的の範囲に含まれるとされた場合でも、その活動
のためにどこまで構成員に協力義務を負わせることが許されるのかを検討する
のが通例である。いわば、その判断に必要な範囲で、構成員の憲法上の権利に
由来する利益が斟酌されるのであり、そこにおいて黙示的な間接適用がなされ
ているといえるだろう。
　さて、南九州税理士会事件では、政治献金目的での特別会費徴収は、税理士
会の目的の範囲外と判断して①の検討のみで事案を処理したが、その決め手と
なったのは、株式会社の目的の範囲を広く認めた八幡製鉄政治献金事件（最大
判昭和45・6・24民集24巻6号625頁）とは異なり、税理士会は公的性格を有する

強制加入団体であるから、構成員の思想・良心の自由等に配慮する必要があること、そして政治的な寄附をするか否かは会員各人が市民として自主的に決定すべき事柄であること、という事情であった。

　他方、群馬司法書士会事件では、同じく強制加入団体であったが、司法書士会が「その目的を遂行する上で直接又は間接に必要な範囲で、他の司法書士会との間で業務その他について提携、協力、援助等をすることもその活動範囲に含まれる」ところ、本件の拠出金はそうした趣旨に基づく支出金であるとして、①の検討で当該活動は目的の範囲内とされた。しかし、②本件拠出金が司法書士会の「目的の範囲内」に含まれるとしても、その徴収方法が「公序良俗」（民法90条）に反する場合には許されないとして、さらに検討を進め、その検討のなかで強制加入団体性も考慮しつつ、本件負担金の徴収は、宗教や思想を害するとはいえず、額も少額であることを理由に、会員に社会通念上過大な負担を課するものではないから、公序良俗に反しないとされた。

(3)　協力義務の具体的検討

　では、構成員に対して協力義務を負わせることは、どの程度まで許されるのだろうか。この問題を考えるうえで重要な判決が、南九州税理士会事件、群馬司法書士会事件に先立って下されていた国労広島地本事件判決（最判昭50・11・28民集29巻10号1698頁）である。株式会社のような完全な任意団体ではないが、かといって強制加入団体ではない労働組合と組合員との対立の事案である。

　最高裁は、当時、労働組合の活動が拡大していることには「社会的必然性」があるとして、労働組合の目的の範囲を広くとる（①）。他方で、労働組合は、「事実上の強制加入団体」であるとして、労働組合の目的の範囲内の活動であっても、その活動のために会員に協力義務を負わせることには一定の限界があると論じる（②）。そして、「多数決原理に基づく組合活動の実効性と組合員個人の基本的利益の調和という観点」から、「組合の統制力とその反面としての組合員の協力義務の範囲に合理的な限定を加えることが必要」であり、そのために、「問題とされている具体的な組合活動の内容・性質、これについて組合員に求められる協力の内容・程度・態様等を比較考量」するという判断枠組みを設定する。この判断枠組みのもと、臨時組合費を、他組合の闘争に対する支援資金であ

る「炭労資金」、安保反対闘争に参加して処分を受けた組合員を救援するための資金である「安保資金」、総選挙に際し特定の立候補者支援のためにその所属政党に寄付する資金である「政治意識昂揚資金」の３つに区別して、それぞれにつき協力義務を負わせることができるかを具体的に検討し、前二者についての協力義務を肯定する一方、最後者についての協力義務を否定したのである。

　この判決における協力義務の区別は、ほぼそのまま、南九州税理士会事件と群馬司法書士会事件における協力義務の判断に結びついているといえる。

Ⅱ　学問の自由

1　学問の自由の意義

　明治憲法下では、「国体に反する」とされた学問研究に対する政治介入が広く見られた。1920年、東京帝国大学助教授であった森戸辰男が執筆したある無政府主義者の思想に関する論文が新聞紙法の朝憲紊乱罪違反に問われ、有罪とされた事件（森戸事件）、1933年、京都帝国大学教授であった滝川幸辰が行った講演が文部省から問題とされ、その著書が発禁処分となったうえ、さらに休職処分を受けたため、これに抗議した京都帝国大学法学部の全教官が辞表を提出した事件（滝川事件）、1935年、東京帝国大学教授であった美濃部達吉の学説（統治権は国家という法人に帰属し、天皇はその最高機関として統治権を行使するという天皇機関説）が、国体に反するものとして告発され、美濃部はすべての公職を退き、著書も発禁処分とされた事件（天皇機関説事件）などが有名である。

　このような明治憲法下での学問への政治介入、弾圧に対する反省を踏まえて規定されたのが、憲法23条である。

2　学問の自由の保障内容

(1)　東大ポポロ事件から

　学問の自由の保障内容を、リーディングケースである東大ポポロ事件（最大判昭和38・5・22刑集17巻4号370頁）の説明を参考に見ていこう。この事件は、反植民地闘争デーの一環として東京大学構内で行われた東大劇団ポポロ演劇発

表会を警備公安情報収集のために秘密裏に監視していた警察官に対して、これを発見した学生らが暴行を加えたため、「暴力行為等処罰ニ関スル法律」に違反するとして起訴された事案である。争点となったのは、本件における警察官の大学への立入行為が、大学の自治を損なわせるもので、その職務権限の範囲を逸脱して行われた違法な行為といえるか否かであった。

(2) 保障内容

　最高裁は、学問の自由の保障内容として、①学問的研究の自由、②その研究結果の発表の自由、③大学において教授その他の研究者がその専門の研究の結果を教授する自由、④大学の自治、の４つを挙げる。判決のなかでは「学問」とは何かの定義はなされていないが、大学に学問の自由が保障される理由として、「大学が学術の中心として深く真理を探究することを本質」としていることが強調されていることからすれば、真理探究こそが学問の本質であると考えていると解される。教育基本法が、「大学は、学術の中心として、高い教養と専門的能力を培うとともに、深く真理を探究して新たな知見を創造し、これらの成果を広く社会に提供することにより、社会の発展に寄与するものとする」（７条１項）と定めているのも、このような理解に基づくものと解される。

(3) 享有主体

　学問の自由の享有主体として、東大ポポロ判決は次のように理解している（傍点は引用者）。

(a) 学問的研究の自由およびその研究結果の発表の自由

　まず①学問的研究の自由と、②その研究成果の発表の自由である。①と②の保障の趣旨について、「一面において、広くすべての国民に対してそれらの自由を保障するとともに、他面において、大学が学術の中心として深く真理を探究することを本質とすることにかんがみて、特に大学におけるそれらの自由を保障することを趣旨としたもの」と述べられており、①と②は一般国民にも保障されるが、大学の場合よりも保障の程度は低いとされている。

(b) 教授の自由

　次に、③大学において教授その他の研究者がその専門の研究の結果を教授す

る自由について、最高裁は、「教育ないし教授の自由は、学問の自由と密接な関係を有するけれども、必ずしもこれに含まれるものではない」とする一方、「大学については、憲法の右の趣旨と、これに沿って学校教育法52条〔現83条1項〕が『大学は、学術の中心として、広く知識を授けるとともに、深く専門の学芸を教授研究』することを目的とするとしていることとに基づいて、大学において教授その他の研究者がその専門の研究の結果を教授する自由は、これを保障されると解するのを相当とする」としている。このように、③については、一般国民には保障されず、大学の教授その他の研究者のみを対象とした保障であると位置づけられている。

(c) 初等・中高学校の教師の「教授の自由」

　しかしながら、東大ポポロ事件判決後に下された旭川学力テスト事件判決（最大判昭和51・5・21刑集30巻5号615頁）（→憲法Ⅱ13章Ⅲ1）は、初等・中等学校の教師の「教授の自由」について、「専ら自由な学問的探究と勉学を旨とする大学教育に比してむしろ知識の伝達と能力の開発を主とする普通教育の場においても、例えば教師が公権力によって特定の意見のみを教授することを強制されないという意味において、また、子どもの教育が教師と子どもとの間の直接の人格的接触を通じ、その個性に応じて行われなければならないという本質的要請に照らし、教授の具体的内容及び方法につきある程度自由な裁量が認められなければならないという意味においては、一定の範囲における教授の自由が保障されるべきことを肯定できないではない」と判断している。そのため、この点については東大ポポロ事件判決の実質的変更であるとも評価される。

　ただし、その保障の程度は大学の教授その他の研究者と同じではない。旭川学力テスト事件判決は、「大学教育の場合には、学生が一応教授内容を批判する能力を備えていると考えられるのに対し、普通教育においては、児童生徒にこのような能力がなく、教師が児童生徒に対して強い影響力、支配力を有することを考え、また、普通教育においては、子どもの側に学校や教師を選択する余地が乏しく、教育の機会均等をはかる上からも全国的に一定の水準を確保すべき強い要請があること等に思いをいたすときは、普通教育における教師に完全な教授の自由を認めることは、とうてい許されないところといわなければならない」として、保障の程度に差を設けている。

(d)　大学の自治

　④の大学の自治については、「大学における学問の自由を保障するために、伝統的に大学の自治が認められている」とされていることから、対象は大学に限定される。大学の自治の内容については後述する。

(e)　「学生」の位置づけ

　東大ポポロ事件判決は「学生」について、一般国民と同様に23条の学問の自由の保障を受けるが、「大学の学生としてそれ以上に学問の自由を享有し、また大学当局の自治的管理による施設を利用できるのは、大学の本質に基づき、大学の教授その他の研究者の有する特別な学問の自由と自治の効果としてである」としている。学生は、①と②につき、一般国民よりも広い保障があるが、それは③、④の保障の反射的効果としての保障である、という理解である。このような理解のもと、最高裁は、「大学における学生の集会も、右の範囲において自由と自治を認められるものであつて、大学の公認した学内団体であるとか、大学の許可した学内集会であるとかいうことのみによって、特別な自由と自治を享有するものではない」とも述べている。

3　学問の自由の限界

(1)　実社会の政治的社会的活動

　学問を、真理探究を本質とする営為と理解する場合、実社会に働きかけようとする実践的な政治的社会的活動は学問から外れる可能性がある。東大ポポロ事件判決が、「学生の集会が真に学問的な研究またはその結果の発表のためのものでなく、実社会の政治的社会的活動に当る行為をする場合には、大学の有する特別の学問の自由と自治は享有しないといわなければならない」とし、「本件集会は、真に学問的な研究と発表のためのものでなく、実社会の政治的社会的活動であり、かつ公開の集会またはこれに準じるものであって、大学の学問の自由と自治は、これを享有しないといわなければならない」、したがって、「本件の集会に警察官が立ち入ったことは、大学の学問の自由と自治を犯すものではない」として、原判決および第一審判決を破棄差戻しとしたのは、この考え方を採用しているからである。

　しかし「学問」に該当するか否かの判断が恣意的になされてしまうと、学問

の自由の保障が不当に狭められてしまう恐れがある。そこで学説では、研究者ないし研究施設の行う研究は、「真理探究のため」という推定を働かせるべきであると有力に説かれている。なお、「実社会の政治的社会的活動」が、学問の自由の保障から外れたとしても、表現の自由などによって保障される。

(2) 先端科学分野

真理探究を本質とする営為である学問は、内面的活動にとどまらない。それが内面的活動にとどまる限り、思想・良心の自由と同様、絶対的な保障を受けるが（→憲法Ⅱ5章Ⅰ）、実際の行動として現れる場合には制約もありうる。原子力研究、遺伝子研究、臓器移植、遺伝子治療、クローン技術、再生医療といったいわゆる先端科学分野の研究も、当然に学問の自由によって保障されるが、研究がもたらしうる生命・健康、人間の尊厳、環境などに対する損害、被害の重大性にかんがみ、危険発生が抽象的な段階で予防的に規制を設けることが正当化される。法律による規制の典型例が、「ヒトに関するクローン技術等の規制に関する法律」であり、同法は、人クローン胚、ヒト動物交雑胚、ヒト性融合胚又はヒト性集合胚を人又は動物の胎内に移植することを禁止するなどしている。また、「再生医療等の安全性の確保等に関する法律」は再生医療の提供や、特定細胞加工物の製造についての手続を定めるとともに、厚生労働大臣による緊急命令や改善命令、立入検査などについて定めをおいている。なお、法律では直接に規制を行わず、学会などの専門家集団により構成される団体や、大学等の各研究機関により自主規制がなされることもある。

4 大学の自治

上述したように東大ポポロ事件は、大学の自治に対して、学問の自由を保障するために認められたものであるとして、手段的な性格を与えている。それでは大学の自治の具体的な内容は何か。ここでも判例の説明を参考に見ていこう（傍点は引用者）。

(1) 自治の内容

東大ポポロ事件において大学の自治の内容の第一に挙げられているのは、人

事権である。「この自治は、とくに大学の教授その他の研究者の人事に関して認められ、大学の学長、教授その他の研究者が大学の自主的判断に基づいて選任される」とされている。

さらに大学の自治は、「大学の施設と学生の管理についてもある程度で認められ、これらについてある程度で大学に自主的な秩序維持の権能が認められている」とされる。あくまで「ある程度」の保障に留まるのは、「大学の学問の自由と自治は、大学が学術の中心として深く真理を探求し、専門の学芸を教授研究することを本質とすることに基づくから、直接には教授その他の研究者の研究、その結果の発表、研究結果の教授の自由とこれらを保障するための自治とを意味する」、「大学の施設と学生は、これらの自由と自治の効果として、施設が大学当局によって自治的に管理され、学生も学問の自由と施設の利用を認められる」と考えられているためである。

学生の管理に関しては、昭和女子大事件（最判昭和49・7・19民集28巻5号790頁）が、「大学は、国公立であると私立であるとを問わず、学生の教育と学術の研究を目的とする公共的な施設であり、法律に格別の規定がない場合でも、その設置目的を達成するために必要な事項を学則等により一方的に制定し、これによって在学する学生を規律する包括的権能を有する」としている。また、学生の単位認定については、富山大学事件（最判昭和52・3・15民集31巻2号234頁）が関連するが、司法権の限界ともかかわる論点なので、これについては憲法 I 12章を参照。

(2)　大学の自治の限界

上述のように東大ポポロ事件では、大学内部の秩序維持は大学が管理責任の一環として担うべきなのか、それとも大学外の場合と同様に警察も大学内部の秩序維持のための行動が取れるのかが争点となった。そして、本件集会は、真に学問的な研究とその発表のためのものではなく、「実社会の政治的社会的活動」であり、かつ公開の集会またはそれに準ずるものであるから、警察官の立ち入りは、大学の学問の自由と自治と侵すものではない、つまり、大学の自治とは関係ないというのが、東大ポポロ事件の結論であった。

そのため、大学の自治と警察作用との関係について、どのように考えるべき

かが依然として論点として残されたままであった。この点について判断した事例として、下級審ではあるが、愛知大学事件（名古屋高判昭和45・8・25判時609号7頁）がある。この事件で名古屋高裁が、「緊急その他已むことを得ない事由ある場合を除き、大学内への警察官の立入りは、裁判官の発する令状による場合は別として、一応大学側の許諾または了解のもとに行うことを原則とすべきである。ここに両者の調和点を見出し、警察権行使の大学自治への干渉にわたらない限界を画することができると考えられるのである。右のように、原則として警察官の学内立入りは、大学側の許諾了解のもとに行うべきであるが、しかし、許諾なき立入りは、必ずしもすべて違法とは限らない。結局、学問の自由、大学の自治にとつて、警察権の行使が干渉と認められるのは、それが、当初より大学当局側の許諾了解を予想し得ない場合、特に警備情報活動としての学内立入りの如き場合ということになる」と述べているのが注目される。

(3) 大学の自治をめぐる今日的問題

　2003年に国立大学は法人化され、それを機に大学を取り巻く状況が大きく変化している。そのため、今日では、それらの変化を「大学の自治」との関係で再検討することが求められるようになっている。

　例えば、大学の自治が主に念頭に置いてきたのは、対外的な干渉から大学を守るという「公権力 vs 大学」という問題構図であった。しかし近時は大学内部、すなわち「大学管理者（経営者）vs 教員団（教授会）」という構図のもとで問題となることが少なくない。その背後には、国立大学法人の学長人事は、半数の学外委員を含めた学長選考会議で行われるため（国立大学法人法12条2項）、必ずしも教員団の意向が反映されない仕組みとなったこと、そして教授会は従来、「大学には、重要な事項を審議するため、教授会を置かなければならない」とされていたが（旧学校教育法93条1項）、近時の法改正により、「大学に、教授会を置く」とされ（現行学校教育法93条1項）、その職務も、基本的に学長に対して「意見を述べる」ものとされたこと（同条2項・3項）などがある。

　学問の自由を保障するために大学の自治が認められるというのが最高裁の考え方であったが、その観点から、大学のあり方を問い直す時期に来ているといえよう。

第10章

職業選択の自由・居住移転の自由

　憲法は、22条1項で職業選択の自由を、29条で財産権を保障している。両者を合わせて経済的自由というが、二重の基準論のもとで経済的自由は、精神的自由に比べて制約の余地が広いと解されている（→憲法Ⅱ1章Ⅲ4(3)）。しかし、経済的自由も憲法が保障する人権である以上、安易な制約が容認されてはならないことはいうまでもない。事実、経済的自由に関して、これまでに2件の法令違憲判決（森林法判決、薬事法判決）も下されている。

　それでは経済的自由に対する制約の合憲性をどのように考えていけばよいか。必要なことは、それぞれの権利を保障したことの意義を踏まえつつ、最高裁判例を正確に理解して、具体的に考えていくことであろう。本章では、経済的自由に関する一般的な説明をしたうえで、憲法22条1項の職業選択の自由と、同条で保障される居住移転の自由について見ていく。財産権は次章で扱う。

Ⅰ　総説

1　経済的自由と国家観

(1)　夜警国家観

　経済的自由は、近代初期においては不可侵の人権と捉えられていた。その背後にあったのは、個々人の自由かつ活発な経済活動が資本主義社会の発展につながるため、国家干渉は少なければ少ないほどよいとする夜警国家観である。封建社会を打破し、資本主義社会をもたらした近代市民革命の担い手たる市

民・有産階級（ブルジョワジー）によって主張されたこともあって、このような国家観が反映された近代憲法の人権宣言には、職業選択の自由、営業の自由、契約の自由、居住移転の自由、財産権の保障などが不可侵の人権として掲げられるのが通例であった。

　なお、ここで一見すると経済的自由と関係なさそうな居住移転の自由が挙がっているのには理由がある。それは、封建社会から脱却して近代社会を形成し、資本主義経済体制を導入するにあたっては、労働力の自由な売買が必要であり、その前提として身分制度・封建制度のもとで土地に縛られ自由な居住や移転が許されていなかった人々（特に農民）の居住と移転を法的に認めることが重要であったからである。憲法22条1項が職業選択の自由と居住移転の自由を保障しているのは、そのような歴史的背景を反映してのことである。

(2)　社会国家・福祉国家観

　時代が進展すると、夜警国家観のもとで少数の資本家に富が集中する一方で、資産を持たず労働力の提供しかできない人々は不安定な立場で低賃金の劣悪な労働を強いられるなど、貧困や失業に苦しむようになり、有産階級と無産階級との間で激しい対立が生じた。その極限的な表出形態が、1917年のロシア革命による社会主義国家の設立であった。

　こうした状況を受けて、国家によって、自由放任の経済活動・競争によって生じる弊害を是正し、実質的に平等な権利・自由を確保するための規制がなされること、さらには、生活の確保が困難な国民に対する積極的関与・施策が講じられることが期待されるようになる。その典型を、1919年に制定されたワイマール憲法の社会権規定に見出すことができる。ワイマール憲法151条1項は、「経済生活の秩序は、すべての者に人たるに値する生存を保障することを目指す正義の諸原則に適合するものでなければならない。各人の経済的自由は、この限度内において確保するものとする」と定めているが、これが社会権規定を定める最初の憲法であるとされる。ワイマール期ドイツのように、憲法レベルで社会国家・福祉国家観を導入した例のほかにも、アメリカのように、連邦最高裁による判例変更で対応した国も見られる。

2 日本国憲法における経済的自由

(1) 日本国憲法の想定

こうした流れのなかの1947年に施行された日本国憲法は、「思想、信条の自由や法の下の平等を保障すると同時に、他方、22条、29条等において、財産権その他広く経済活動の自由をも基本的人権として保障している」（最大判昭和48・12・12民集27巻11号1536頁〔三菱樹脂事件〕）一方で、その経済活動の自由に対する制約の余地が広いことが最初から織り込まれた憲法である。

この点に関して、後述する小売市場事件（最大判昭和47・11・22刑集26巻9号586頁）は、「憲法は、個人の自由な経済活動を基調とする経済体制を一応予定しているが、公共の福祉の要請に基づき、その自由に制限が加えられることを当然視するだけでなく、全体として福祉国家的理想のもとに、社会経済の均衡のとれた調和的発展を企図しており、経済的劣位に立つものに対する適切な保護政策を要請している。こうして憲法は、国の責務として積極的な社会経済政策の実施を予定しており、個人の経済活動の自由に関する限り、個人の精神的自由等に関する場合と異なって、右社会経済政策の実施の一手段として、これに一定の合理的規制措置を講ずることは、もともと憲法が予定し、許容するところである」としている。

(2) 公共の福祉

経済的自由に対する広い制約は、憲法における「公共の福祉」（→憲法Ⅱ1章Ⅲ）という言葉の用いられ方にも表れている。「公共の福祉」という言葉は、12条、13条、22条1項、29条2項の合計4回登場するが、人権一般について言及する12条、13条のほかに、あえて職業選択の自由・居住移転の自由について定める22条、財産権について定める29条で「公共の福祉」を規定したのは、経済的自由に対する制約可能性の大きさを反映したものであると解されている。

(3) 契約締結の自由

なお、憲法は「契約締結の自由」について明文での規定を設けていないが、この自由は22条、29条から導かれると解されている。契約締結の自由について

最高裁は、三菱樹脂事件判決において、同条を根拠に、「企業者は、かような経済活動の一環としてする契約締結の自由を有し、自己の営業のために労働者を雇傭するにあたり、いかなる者を雇い入れるか、いかなる条件でこれを雇うかについて、法律その他による特別の制限がない限り、原則として自由にこれを決定することができる」と述べたことがある。ここで示された根拠は、企業者のみならず、すべての個人にも妥当するといえるだろう。こうして、私法における大原則である「私的自治の原則」から導かれる「契約締結の自由」は、憲法上の淵源を有していると解することができる。NHK受信料訴訟（最大判平成29・12・6民集71巻10号1817頁）でも、契約の自由が憲法上保障されることを前提に受信契約の締結の強制は13条、21条、29条に違反しないとしている。

II　職業選択の自由 (22条1項)

1　意義

22条1項が保障する職業の意味と職業選択の自由の意義について、後述する薬事法判決（最大判昭和50・4・30民集29巻4号572頁）は次のように述べている。「職業は、人が自己の生計を維持するためにする継続的活動であるとともに、分業社会においては、これを通じて社会の存続と発展に寄与する社会的機能分担の活動たる性質を有し、各人が自己のもつ個性を全うすべき場として、個人の人格的価値とも不可分の関連を有するものである。右規定が職業選択の自由を基本的人権の一つとして保障したゆえんも、現代社会における職業のもつ右のような性格と意義にあるものということができる」。職業と人格的価値との不可分の結びつきが強調されていることが注目される。

2　保障内容

22条1項は、①職業の選択（職業の開始、継続、廃止）の自由のみならず、②選択した職業の遂行、すなわちその職業活動の内容、態様においても、原則として自由であること、さらに、③国の規制を原則として受けずに営利を目的として事業を営むという「営業の自由」もまた保障しているというのが、最高裁

の立場である。そのため、憲法22条1項の保障内容を総称して「職業の自由」と呼ぶことが多くなっている。本書でも、以下「職業の自由」と記すことがある。

> **営業の自由論争について**
> 　上記③の「営業の自由」は、憲法が保障する「権利」ではないとする学説がある。この説は、歴史的に「営業の自由」なるものは、ギルド（同業者組合）や特権商人らによる独占を排除するために「公序」として国家によって強制的に導入されたものであり、国家による規制からの自由を本質とする「職業選択の自由」とは出自が異なるため、一緒くたにすべきではないと主張する（岡田与好）。この指摘は歴史認識としてみれば正鵠を射ている。しかし、具体的な憲法解釈のレベルでは、この歴史認識によって憲法解釈が大きく変更されることはないとも指摘されている。

3　職業の自由に対する制約

(1)　職業の社会的相互関連性

　上述のとおり、職業の自由は、表現の自由などの精神的自由に比べてより広範な規制を受けるが、その理由は、福祉国家観のもと、22条1項にあえて「公共の福祉」が規定されていることに加え、職業の有する社会的相互関連性の大きさに基づいている。薬事法判決が述べるように、職業は「本質的に社会的な、しかも主として経済的な活動であって、その性質上、社会的相互関連性が大きいものであるから、職業の自由は、それ以外の憲法の保障する自由、殊にいわゆる精神的自由に比較して、公権力による規制の要請がつよく、憲法22条1項が『公共の福祉に反しない限り』という留保のもとに職業選択の自由を認めたのも、特にこの点を強調する趣旨に出たものと考えられる」からである。

(2)　規制理由と規制態様

　薬事法判決は、上述した定義に該当する「職業」は「多種多様」であり、それに応じて、その職業を規制する理由ないし目的も「千差万別」であると指摘する。例えば、国民の健康や安全に対する危険の除去、経済的弱者の保護、社

会経済の発展、財やサービスの需給調整、租税の確実な賦課徴収、一定水準の
サービス提供の維持確保などがあり、しかもそれらが複合的である場合が少な
くない（→規制目的により違憲審査基準を決定しようという考え方とその評価について
は、本章コラムを参照）。

　そして、規制目的の千差万別性に応じて、規制の態様も、「特定の職業につ
き私人による遂行を一切禁止してこれを国家又は公共団体の専業とし、あるい
は一定の条件をみたした者にのみこれを認め、更に、場合によっては、進んで
それらの者に職業の継続、遂行の義務を課し、あるいは職業の開始、継続、廃
止の自由を認めながらその遂行の方法又は態様について規制する等、それぞれ
の事情に応じて各種各様の形をとることとなる」。

(3) 典型的な規制態様

　職業の自由に対する具体的な規制は、様々な目的に基づいて、職業の「選
択」と「遂行」の双方に及ぶ場合が少なくない。そのことに留意しながら、以
下、典型的な規制態様を見ておこう。

(a) 禁止

　一定の職業は、その反社会的な性格を理由にその職業の選択自体が禁止され
ている。職業の自由に対する最も強度な制約であるが、そもそもそうした職業
は、憲法22条１項の保障範囲に含まれないということもできる。関連する判例
として、管理売春業の禁止を合憲とした判決（最判昭37・7・14刑集15巻７号
1097頁）などがある。

(b) 国家独占

　職業の公共的性質や国家財政の確保といった見地から、一定の職業を国家や
公共団体の専業とする場合がある。かつての郵便事業、たばこ専売業、さらに
有料職業紹介事業などがこの典型例であった。職業の選択自体を制限する強度
の規制であるが、民営化が進んだ今日、厳密な意味での国家独占は姿を消して
いる。関連する判例として、職業紹介事業の公共性と従来の有料職業紹介事業
がもたらす弊害を理由に、有料職業紹介事業規制を合憲とした判決（最大判昭
25・6・21刑集４巻６号1049頁〔職業安定法事件〕）などがある。

(c) 特許制

国民生活に不可欠な需要を確保するため、特に電気・ガス・水道・放送など
の公益事業を行う特権を特定企業にのみ認めることがある。これを特許制とい
うが、原則的に競争原理が働かないことやその公共性・公益性のために、料金
設定や契約内容などにも規制が設けられており、職業の選択に加え、その遂行
にも強い規制が及んでいる。しかし規制緩和が進んだことで、それら事業への
参入障壁は下がってきており、後述する許可制との区別が相対化しつつある。

関連する判例として、伝統的に公企業の特許として理解されてきたタクシー
事業の免許制を合憲とした判決（最大判昭38・12・4刑集17巻12号2434頁〔白タク
営業事件〕）がある。タクシー事業は後に規制緩和されて許可制となっている
が、近年、供給過剰地域に対する減車の義務付け等について定める法律が制定
されるなど、需給調整のための規制強化の動きがみられる。

(d) 許可制

一定の活動を一般的に禁止したうえで、個別の申請に基づいて審査を行い、
一定の要件に合致する場合に、個別的に禁止を解除することを許可というが、
一定の職業についてこの許可制が採用されている。公衆浴場、旅館業、風俗営
業、飲食店営業などが典型であり、その例は多い。許可制は、職業の選択自体
を制限するものであるが、個別の許可条件により規制の強度は異なり、また、
職業の遂行にも条件が及ぶことがある。この点については後述する。

関連する判例は少なくなく、すでに触れた薬事法判決や小売市場判決、後述
するコラムで言及する公衆浴場距離制限事件や酒類販売免許制事件のほか、近
時の事例として、風営法上の許可が必要なダンス営業の対象を限定的に解する
ことによって、無許可営業で起訴された被告人を無罪とした風営法ダンス営業
規制事件（最決平成28・6・7判例集未登載）などがある。

(e) 資格制

資格制は、高度の公共性を有し、または専門的、技術的知識および技術の習
得を必要とする職業について、その能力を担保するために設けられる。医師、
弁護士、税理士、公認会計士、看護師、薬剤師などがこれに該当する。関連す
る判例として、歯科技工士法事件（最大判昭34・7・8刑集13巻7号1132頁）や司
法書士法事件（最判平12・2・8刑集54巻2号1頁）などのほか、近時の事例とし

て、タトゥー施術は医師でなければ行うことのできない「医行為」に該当しないとして、医師法違反で逮捕されたタトゥー彫師を無罪とした事案（最判令和2・9・16裁時1752号3頁）などがある。

（f）届出制・登録制

職業活動の実態把握や監督のため、または何か問題が生じた際に迅速に対応するために、一定の職業にはその開始に際して届出または登録が求められる。旅行業、砕石業、貸金業、クリーニング業などがこれに該当する。届出制は、情報提供の義務を課すことにとどまるため、許可に比べると規制の強度は弱い。登録制は、登録条件次第で強度の規制になり得るが、許可制と比べた場合には類型的に弱い規制といえる。関連する判例として、旅行業法上の登録制度を合憲とした旅館業法事件（最判平成27・12・7集刑318号163頁）などがある。

4 職業の自由規制の違憲審査手法

職業の自由に対する規制を見てきたが、具体的な規制が憲法に違反するものであるかをどのように判断すればよいだろうか。リーディングケースである薬事法判決から、最高裁の考え方を見ていこう。

(1) 薬事法判決のアプローチ

この事件で問題となったのは、薬局の配置の適正を欠く場合は、知事は薬局開設の許可を与えないことができるとしていた薬事法の規定であり、この規定を受けて、既存の薬局から「おおむね100メートル」という距離制限規定を定めた広島県条例によって開設許可申請を不許可とされた原告が、距離制限が憲法22条1項に違反するとして不許可処分の取消しを求めたという事案である。

本事案において職業の自由が制約されていることは特に争いはない。しかし、一口に職業といっても、すでに述べたとおり「多種多様」で、規制目的も「千差万別」、その重要度は「区々」、制限も「各種各様」であるから、職業の自由に対する規制を憲法上正当化できるか否かを一律に論ずることができない。そこで薬事法判決は、「具体的な規制措置について、規制の目的、必要性、内容、これによって制限される職業の自由の性質、内容及び制限の程度を検討し、これらを比較考量したうえで慎重に決定されなければならない」とし、さ

らに「右のような検討と考量をするのは、第一次的には立法府の権限と責務であり、裁判所としては、規制の目的が公共の福祉に合致するものと認められる以上、そのための規制措置の具体的内容及びその必要性と合理性については、立法府の判断がその合理的裁量の範囲にとどまるかぎり、立法政策上の問題としてその判断を尊重すべきものである」とした。

　これが、薬事法判決で示された職業の自由の規制に対する裁判所の一般的立場であり、基本的に以降の判例でも踏襲されている立場である。

(2) 「事の性質」の考慮

　他方で薬事法判決は、立法府に認められる「右の合理的裁量の範囲については、事の性質上おのずから広狭がありうる」から、「裁判所は、具体的な規制の目的、対象、方法等の性質と内容に照らして、これを決すべき」と述べ、上記の判断を行う際に「事の性質」を踏まえるべきとしていることに注意が必要である。ここでいう「事の性質」とは、職業の多種多様性、規制目的の千差万別性、制限の各種各様性を踏まえることであり、それによって、規制を加える立法府の裁量の範囲を考えようということを意味する。

　この観点から薬事法判決は、許可制という規制の性質と、規制の目的を取り上げて、次のように論じた。「一般に許可制は、単なる職業活動の内容及び態様に対する規制を超えて、狭義における職業の選択の自由そのものに制約を課するもので、職業の自由に対する強力な制限であるから、その合憲性を肯定しうるためには、原則として、重要な公共の利益のために必要かつ合理的な措置であることを要し、また、それが社会政策ないしは経済政策上の積極的な目的のための措置ではなく、自由な職業活動が社会公共に対してもたらす弊害を防止するための消極的、警察的措置である場合には、許可制に比べて職業の自由に対するよりゆるやかな制限である職業活動の内容及び態様に対する規制によっては右の目的を十分に達成することができないと認められることを要するもの、というべきである」。

　そして薬事法判決は、ここで示した基準に基づいて具体的な検討を行い、薬局の「適正配置上の観点から不許可の道を開くこととした趣旨、目的を明らかにし、このような許可条件の設定とその目的との関連性、及びこのような目的

を達成する手段としての必要性と合理性を検討し、この点に関する立法府の判断がその合理的裁量の範囲を超えないかどうかを判断」した結果、薬局等の偏在→競争激化→一部薬局等の経営の不安定→不良医薬品の供給の危険または医薬品乱用の助長の弊害、という因果関係を想定して設けられた適正配置規制は、これらの目的のために必要かつ合理的な手段であるとはいえないとして、違憲判断を下したのである。

(3) 規制目的の位置づけ

以上のように、薬事法判決が比較的厳しく距離制限規定の合憲性を審査したのは、職業の自由に対する「許可制」という形態での制約の強さと、消極目的での規制であるという「事の性質」が相まってのことであった。

かつて学説では、薬事法判決と、薬事法判決に先立って下されていた小売市場判決（最大判昭和47・11・22刑集26巻9号586頁）を受けて、最高裁は職業の自由を規制する目的を積極目的規制（福祉国家の理念のもと、弱者保護や社会経済の発展のために行う規制）と、消極目的規制（国民の健康や安全に対する危険を除去するために行う規制）とに区別し、それぞれ異なる審査基準を適用するアプローチ（いわゆる「規制目的二分論」（以下、二分論））を採用していると理解する立場が通説であった。しかし現在では、規制目的はあくまでも職業の自由の制約について考える際の「事の性質」の1つに過ぎないとする理解が有力になっている（→コラム参照）。

規制目的が「事の性質」のなかで斟酌されるのは、主に裁判所の能力との関係で説明できる。すなわち、消極目的規制の場合は、規制を支える理由となった立法事実の把握が裁判所にとって比較的容易であり、その手段が必要最小限か否かを判断することもまた容易であるのに対して、積極目的規制の場合は、経済の調和的発展という総合的な見地から、いかなる産業・業態をどのように保護・規制するかに関わる規制であるため、そのような専門知識・能力を欠く裁判所の判断には適さない。この裁判所の審査能力にかかわる規制目的が、「事の性質」の1つとして考慮された、という説明である。

規制目的二分論の盛衰

　学説が提示した規制目的二分論は、小売市場判決では、積極目的規制の場合には目的および手段が著しく不合理な場合にのみに違憲とするという、「合理性の基準」（「明白性の原則」ともいわれる）が用いられたという理解と、薬事法判決では、消極目的規制の場合には立法目的が必要かつ合理的であり、その目的を同程度に達成できる「より制限的でない他に選びうる手段」が存在しないことの論証を求める、「厳格な合理性の基準」が用いられたという理解により、最高裁判決の立場を説明する理論として提示されたものであった。

　しかし、二分論に対する批判は当初より少なくなかった。まず、積極・消極目的の区別の相対性である。かつて公衆浴場距離制限事件（最大判昭和30・1・26刑集 9 巻 1 号89頁）は、公衆浴場法の距離制限規定の目的を消極目的と位置付けていたが、同じ法律の同じ距離制限規定の合憲性が問題となった最判平成元・1・20刑集43巻 1 号 1 頁では、規制目的を、積極目的と位置付けた（さらに両目的が併存するとした、最判平成元・3・7 判時1308号111頁も参照）。

　次に、規制目的は必ずしも積極・消極目的に限られない。酒類販売免許制事件（最判平成 4・12・15民集46巻 9 号2829頁）で最高裁は、本件規制は「租税の適正かつ確実な賦課徴収を図るという国家の財政目的のための職業の許可制による規制」であるとし、積極・消極目的規制以外の規制目的を示した。

　最も根本的な問題は、規制目的と審査基準を結びつける論拠の不明確さである。法令の違憲性を審査する際に必要なのは、制限された憲法上の権利の重要性、権利に対して課される制限の程度を踏まえて審査基準を決めることであり、規制目的二分論は、なぜ規制目的のみが審査基準の寛厳に結びつくのか説明できていない、という問題である。

　こうした問題を踏まえてか、近年の最高裁は、二分論をそのままの形で適用せず、問題となる権利の性格や内容、規制の類型や事案に応じて個別具体的に判断するようになっている。例えば、司法書士法事件（最判平成12・2・8 刑集54巻 2 号 1 頁）は薬事法判決の趣旨に徴するとしながらも、二分論には言及していないし、農業災害補償事件（最判平成17・4・26判時1898号54頁）でも、二分論への言及がされていない。このような状況を受け、現在の学説は、最高裁はもともと規制目的二分論を採用していなかったのではないかと理解する見解が有力となっている。

(4)　選択規制と遂行規制

　薬事法判決が、規制目的とともに「事の性質」として考慮したのが、許可制が有する規制としての強度であった。薬事法判決は、一般に許可制は、職業遂行に対する規制を超えて、職業の選択を制約するものであるから「強力な制限」であると指摘したが、規制の強度に関して、ドイツ連邦憲法裁判所の判決を参考に、三段階に区別して考察する立場がある。それによると、規制強度が緩やかな順に、①職業遂行（職業活動の内容・態様）に対する制限（閉店・開店時間の規制など）、②職業開始に際して特定の資格等を要求する許可の「主観的」要件による制限、③当人の資格・能力とは関わりのない「客観的」要件による制限（許可の割当制、国家独占、特定職業の全面禁止など）に区別し、この規制強度の強弱を「事の性質」として考慮しようとするものであり、参考に値するが、職業遂行にも主観的・客観的要件があるし、職業の遂行「方法」の規制を通じて、遂行「自体」がほぼ不可能となることなどもあるため、形式のみならず、実質的に規制強度をみる必要がある。薬事法判決が、「開業場所の地域的制限は、実質的には職業選択の自由に対する大きな制約的効果を有するものである」と述べたのは、この点にかかわる。

(5)　遂行規制に関する判例

　職業の遂行規制に関する判例として、農業共済組合への当然加入性につき、「もとより職業の遂行それ自体を禁止するものではなく、職業活動に付随して、その規模等に応じて一定の負担を課するという態様の規制」であり、「著しく不合理であることが明白であるとは認め難い」とした農業災害補償事件判決（最判平成17・4・26判時1898号54頁）や、地域医療計画の定める病床数を超えるとして中止勧告を受けたにもかかわらず開設された病院による、保険医療機関の指定を求める申請を健康保険法に基づいて拒否したことが違法ではないとされた保険医療機関指定拒否事件（最判平17・9・8判時1920号29頁）などがある。いずれも踏み込んだ審査が行われていないのは、規制の強度が弱いと解されたからであろう。

Ⅲ　居住移転の自由

1　意　義

Ⅰ1で述べたように居住移転の自由は、もともと職業選択の自由の前提として、自由に住む場所を定め、移動することを認めるものであったという出自に照らして、経済的自由に属すると考えられていた。しかし今日、居住移転の自由は、自由な経済活動の前提という意味での「経済的自由」の側面のみならず、自由な移動を妨げられないという意味での「人身の自由」の側面、さらには、自由な移動と、そこでの意見や情報の交流などを通じて人格の形成に役立つという意味での「精神的自由」の側面をも有していることを見逃してはならない（後述する最判昭和60・1・22民集39巻1号1頁における伊藤裁判官の補足意見を参照）。この点について、ハンセン病国賠訴訟熊本地裁判決（熊本地判平成13・5・11判時1748号30頁）における、「居住・移転の自由は、経済的自由の一環をなすものであるとともに、奴隷的拘束等の禁止を定めた憲法18条よりも広い意味での人身の自由としての側面を持つ。のみならず、自己の選択するところに従い社会の様々な事物に触れ、人と接しコミュニケートすることは、人が人として生存する上で決定的重要性を有することであって、居住・移転の自由は、これに不可欠の前提というべきものである」という指摘が正鵠を射ている。

2　内　容

(1)　居住と移転

居住の自由とは、自己の意思で住む場所を定め、またはそれを変更する自由であり、移転の自由とは、ある程度の期間（時間）の滞在を前提に居場所を移動する自由であり、旅行のような一時的な移動も含まれると説明される。このように通説では、一定期間以上の滞在を念頭に居住移転の自由を捉えているが、上述した居住移転の自由の意義に照らせば、広く一般に「移動の自由」を保障していると解することも可能である（なお、憲法13条がこの「移動の自由」を保障していると解する説もある）。

(2) 海外旅行と外国移住

海外旅行ないし海外渡航の自由もまた22条により保障されることに異論はないが、その保障は１項によるのか、２項によるのかについては争いがある。帆足計事件（最大判昭和33・9・10民集12巻13号1969頁）では、憲法22条２項の「外国に移住する自由」には外国へ一時旅行する自由を含むものと解すべきとし、一般旅券発給拒否処分が理由付記の不備のため違法とされた事例（最判昭和60・1・22民集39巻１号１頁）も、帆足計事件の立場を踏襲している。

他方、この昭和60年判決に付された伊藤正己裁判官の補足意見は、22条２項の「外国に移住する自由」は、「移住という言葉の文理からいっても、その置かれた位置からいっても、日本国の主権の保護を受けながら一時的に日本国外に渡航することの自由ではなく、永久に若しくは少なくとも相当長期にわたって外国に移住する目的をもって日本国の主権から事実上半ば離脱することの自由をいうもの」と理解して、一時的な海外渡航の自由は、憲法22条２項ではなく１項によって保障されると解するのが妥当としている。伊藤裁判官が22条１項によって海外旅行の自由を基礎づけようとしたのは、国際関係における日本国の利益などを考慮して海外渡航の自由に対して合理的な制限を加えることは許されるべきであることの根拠を、22条１項が「公共の福祉に反しない限り」と特に明文で規定していることに見出すからである。

3 居住移転の自由に対する制約

居住移転の自由の今日的意義に照らして考えるならば、規制がもっぱらその経済的自由の側面に関わるときは、原則的に経済的自由一般と同様、立法府の判断を尊重すべきである一方、経済的自由の側面以外がかかわる規制の場合には、それに応じた審査を要請すべきである。典型的な制限の場面とその制限に関する考え方を整理すれば次のとおりであるが、このいずれかに分類することが困難な場合もあることに注意が必要である。

(1) 経済的自由の側面

経済的自由の側面が関わる規制として、破産者の居住地制限がある。破産法37条１項は、「破産者は、その申立てにより裁判所の許可を得なければ、その

居住地を離れることができない」と定める。これは、破産に関する説明義務等の履行確保のための規制であり、破産者による情報提供が、破産状態の徹底究明という立法目的を達成する最も有効な手段であると考えられる。次に、自衛官に対する居住地指定がある。自衛隊法55条は、「自衛官は、防衛省令で定めるところに従い、防衛大臣が指定する場所に居住しなければならない」と定める。自ら選択した職業の特殊性により、居住移転の自由が妨げられている場面であり、職務の性質との間に合理的関連性が認められれば合憲であると解されている。

(2) 人身の自由の側面

人身の自由の側面が関わる規制として、懲役刑、禁錮刑、逮捕勾留などがある。これは、憲法31条が明文で認めた憲法上の制限であり、原則として憲法上の問題は生じない。そのほか、感染症法に基づく強制入院、精神保健福祉法に基づく措置入院等の制限もこの側面に関わるが、放置した場合に生じる害悪の蓋然性が高く、緊急の必要性がある場合には合憲と考えられる。そのような害悪の蓋然性や緊急の必要性がないにも関わらず、強制隔離をした例として、らい予防法に基づく強制隔離があった（同法は1996年に廃止された）。ハンセン病国賠訴訟熊本地裁判決（前述1）が述べるように、当該隔離規定は「すでに、ハンセン病予防上の必要を超えて過度な人権の制限を課すものであり、公共の福祉による合理的な制限を逸脱していた」といわざるを得ない。

(3) 精神的自由の側面

精神的自由の側面が関わる規制に関連する事案として、居住の自由を制限する規定の合憲性を正面から判断した初めての最高裁判決とされるのが、成田新法事件（最大判平成4・7・1民集46巻5号437頁）である。最高裁は、多数の暴力主義的破壊活動者の集合の用に供する工作物の使用禁止等を定める「新東京国際空港の安全確保に関する緊急措置法」、いわゆる成田新法の規定に基づく工作物の使用禁止命令により居住の自由も制約されるとしたうえで、比較衡量によって合憲と判断している。暴力団員が市営住宅に入居している場合に明渡し請求等ができる旨を定める条例について、制限される利益は、社会福祉的観

点から供給される市営住宅に暴力団員が入居しまたは入居し続ける利益にすぎず、他の場所における居住まで制限を受けるものではない一方、当該市営住宅の他の入居者等の生活の平穏が害されるおそれがあることなどから、公共の福祉による必要かつ合理的なものであり合憲とした最判平成27・3・27民集69巻2号419頁〔西宮市市営住宅条例事件〕も、比較衡量により合憲性を判断した事例と位置付けることができる。

名古屋市中区がアレフ信者からの転居届を不受理したことにつき、信者側が、区長に対して処分の取消しと名古屋市に対する損害賠償を求めた事例であるアレフ信者転入拒否事件（最判平成15・6・26判時1831号94頁）も、精神的自由に関連する居住移転の自由の制約の事例である。最高裁は、住民基本台帳に関する法令の規定およびその趣旨に照らして、法定の届出事項に係る事由以外の事由を理由として転入届を受理しないことは許されないとして、地域の秩序が破壊され住民の生命や身体の安全が害される危険性が高度に認められるような特別の事情がある場合には、転入届を受理しないことが許される旨の区側の主張は、実定法上の根拠を欠くとして退けた。ここでは、憲法22条の言及はなく、もっぱら関係法令の解釈によって判断がなされたが、その背後に憲法22条の精神を読み取ることが可能である。

紛争地に行こうとするジャーナリストに対する旅券法19条に基づく旅券返納命令の合憲性が争われた事例では、「海外渡航の自由だけではなく、報道の自由及び取材の自由をも制限するものといえるから、その合憲性については慎重に判断するべき」としつつ、ジャーナリストの「生命・身体の安全を確保するために報道の自由及び取材の自由が制限されることが直ちに憲法22条2項、21条1項に違反するということはできない」と判断した（大阪高判平成29・9・6判例集未登載。上告棄却）。

4　国籍離脱の自由

憲法22条2項後段は、国籍離脱の自由を保障する。国籍法は、外国の国籍を取得したときに日本国籍を失う旨を規定しており（11条～13条参照）、無国籍という選択を認めていない。この点、そもそも無国籍になる自由は国籍離脱の自由の保障に含まれないというのが通説である。

第11章

財産権

　憲法29条１項は、「財産権は、これを侵してはならない」とするが、他方で２項では「財産権の内容は、公共の福祉に適合するやうに、法律でこれを定める」と規定している。財産権は、法が制定される以前から存在しているというよりはむしろ、法によって内容が決まるという性質を有する。そうすると、侵してはならない29条１項にいう「財産権」とは何なのか、仮にそれが29条２項にいう法律で定められた内容を保障するとすれば、財産権の内容を形成する法律と、財産権を制約する法律との区別が必要であるが、それはどのようにして行えばよいのか、３項で定める損失補償が必要な場面、程度とはどのようなものなのか、などといった疑問が生じる。

　本章では、これらの疑問について考察しながら、財産権の諸問題を見ていく。

I　財産権 (29条)

1　財産権における近代と現代

　近代当初、財産権は経済的自由の１つとして、個人の不可侵の人権と理解されていた。1789年のフランス人権宣言が「所有権は、神聖かつ不可侵の権利」（17条）と定めていたのは、この表れである。ただし、フランス人権宣言は続けて、「何人も、適法に確認された公の必要が明白にそれを要求する場合で、かつ、正当かつ事前の補償のもとでなければ、これを奪われない」と定め、損失補償を通じた財産権の公用収用を予定した規定も置いていた。日本国憲法

198

は、憲法29条1項で「財産権は、これを侵してはならない」と定め、3項で「私有財産は、正当な補償の下に、これを公共のために用ひることができる」と定めており、フランス人権宣言に見られるような古典的な財産権理解と軌を一にしている。

しかし他方で日本国憲法は、29条2項で「財産権の内容は、公共の福祉に適合するやうに、法律でこれを定める」と定め、フランス人権宣言では見られなかった規定を設けている。この規定は、経済的自由に対する制約を広く認めた1919年のワイマール憲法が、「所有権には義務を伴う。その行使は、同時に公共の福祉に役立つべきである」（153条3項）と定めていたことと親和的である（ワイマール憲法の同規定は、現行のドイツ基本法14条2項に引き継がれている）。

このように、近代的要素と現代的要素が入り混じった憲法29条の保障内容をどのように理解すればよいのだろうか。「侵してはならない」財産権（1項）の内容を、「法律で定める」（2項）というのは、どういうことなのだろうか。

2　財産権の保障内容

最高裁は、憲法29条1項と2項の保障内容について、後述する森林法判決（最大判昭和62・4・22民集41巻3号408頁）で、「私有財産制度を保障しているのみでなく、社会的経済的活動の基礎をなす国民の個々の財産権につきこれを基本的人権として保障する」とした。ここでは、①私有財産制度という客観的な制度の保障と、②社会的経済的活動の基礎をなす国民の個々の財産権という主観的な権利とが、憲法29条1項と2項によって保障されることが示されている。

まず①であるが、これは憲法29条1項が法律によっても侵すことのできない財産権の内実として、私有財産制度を核とする資本主義体制を保障したと解される（いわゆる制度的保障。→憲法Ⅱ1章Ⅱコラム）。この立場は、日本国憲法は憲法レベルで資本主義体制を選択したのであるから、社会主義国家・共産主義国家体制に変更することは法律ではなしえず、憲法の改正が必要となると捉える。単に法律の成果を保障するだけの規定ではない意味を29条1項に見出そうとする立場であるが、このように体制選択の次元で議論が展開されたのは、かつて、法律による私有財産の全面的な国有化を通じて体制変更も可能であるとの主張が見られたためである。

次に②であるが、これは、いったん法律により「国民の個々の財産権」として認められたものを憲法上保障しようというものであり、既得権の保障と言い換えることができる。この意味での財産権は、法律により自己に帰属するとされた既得財産を自由に利用・収益・処分をする権利として理解できよう。

3　財産権に対する制約

(1)　制約の余地の広さ

財産権の制約に関して、森林法判決は、「社会全体の利益を考慮して財産権に対し制約を加える必要性が増大するに至ったため、立法府は公共の福祉に適合する限り財産権について規制を加えることができる」、財産権は、「それ自体に内在する制約」があるほか、「立法府が社会全体の利益を図るために加える規制により制約を受ける」としている。職業の自由と同様、29条2項においても、「公共の福祉」という文言があえて挿入されていることも、制約の余地が広いということを示唆していると解されている（→憲法Ⅱ10章Ⅰ2）。

(2)　内在的制約

まず、財産権それ自体に内在する制約である。これは、生命・健康などに対する危害を防止するという消極的な目的に基づく各種の規制であり、近代的意味の財産権においても認められうる規制である。感染症法、食品衛生法、消防法、宅地造成等規制法などの規制がこれに該当する。奈良県ため池条例事件（最大判昭和38・6・26刑集17巻5号521頁）では、ため池の提とうを使用する財産上の権利を有する者の財産権の行使をほとんど全面的に禁止したとしても、それが災害を未然に防止するという社会生活上やむを得ない必要からの規制である場合には、公共の福祉のため、当然これを受忍しなければならない責務を負うとしたが、これは財産権の内在的制約について述べたものと解される。同様に、成田新法事件（最大判平成4・7・1民集46巻5号437頁）において、多数の暴力主義的破壊活動者の集合の用に供することを禁止するために財産を使用禁止にすることは、公共の福祉による必要かつ合理的な制限であるとされたのも、同趣旨と解しうる。

(3) 外在的制約

次に、立法府が社会全体の利益を図るという積極的な目的に基づく制約である。これは外在的ないし政策的規制と言い換えることができるが、現代的意味の財産権理解に基づいて認められる規制である。借地人・借家人の保護を図るための借地法、借家法の規定を合憲とした最大判昭和37・6・6民集16巻7号1265頁（なお現在、借地借家法が制定されている）、耕作者の地位の安定と農業生産力の増進を図るための農地法の規制を合憲とした最大判昭和35・2・10民集14巻2号137頁などが、この種の規制の典型例である。

その他、公害の防止や自然環境保全のための規制、文化財や自然の風物の保存・保護のための規制、都市計画上の制限などは、内在的制約という側面も備えた複合的な制約といえる。

4 森林法判決

財産権を制約する法令の合憲性はどのように判断すればよいのだろうか。ここでは、財産権制約の合憲性についての判断枠組みを提示するとともに、憲法29条2項に違反するとして違憲判断を下した森林法判決（最大判昭和62・4・22民集41巻3号408頁）から、最高裁の考え方を検討することにしたい。

(1) 事実の概要

この事件は、父から生前贈与により与えられた山林を2分の1ずつ共有していた兄弟の一方が、仲違いしたことを機に、共有物の分割請求権について定める民法256条に基づいて持分に応じた山林の分割を求めて提訴したところ、「民法……256条1項の規定にかかわらず、その共有にかかる森林の分割を請求することができない。ただし、各共有者の持ち分の価格に従いその過半数をもって分割の請求をすることを妨げない」と定める森林法の旧186条の規定により分割請求が認められなかったため、同規定が憲法29条に違反し無効であるとして争った事案である。

(2) 判 旨

最高裁はまず、薬事法判決（最大判昭和50・4・30民集29巻4号572頁）（→憲法

Ⅱ10章Ⅱ）で示された職業の自由の規制に対する裁判所の一般的立場を引用して、「財産権に対して加えられる規制が憲法29条2項にいう公共の福祉に適合するものとして是認されるべきものであるかどうかは、規制の目的、必要性、内容、その規制によって制限される財産権の種類、性質及び制限の程度等を比較考量して決すべき」とする。そして同時に立法裁量を広く認め、立法の規制目的が公共の福祉に合致しないことが明らかであるか、または規制手段が規制目的を達成するための手段として必要性もしくは合理性に欠けていることが明らかであって、そのため立法府の判断が合理的裁量の範囲を超えるものとなる場合に限り、当該立法は憲法29条2項に違反する、という一般論を展開した。

　次に、共有物分割請求権を認める民法256条の立法の趣旨・目的について考察し、次のように述べた（傍点は引用者）。「共有物分割請求権は、各共有者に近代市民社会における原則的所有形態である単独所有への移行を可能ならしめ、右のような公益的目的をも果たすものとして発展した権利であり、共有の本質的属性として、持分権の処分の自由とともに、民法において認められるに至ったものである」。「したがって、当該共有物がその性質上分割することのできないものでない限り、分割請求権を共有者に否定することは、憲法上、財産権の制限に該当し、かかる制限を設ける立法は、憲法29条2項にいう公共の福祉に適合することを要するものと解すべきところ、共有森林はその性質上分割することのできないものに該当しないから、共有森林につき持分価額2分の1以下の共有者に分割請求権を否定している森林法186条は、公共の福祉に適合するものといえないときは、違憲の規定として、その効力を有しない」。

　そして、森林法186条の立法目的は、「森林の細分化を防止することによって森林経営の安定を図り、ひいては森林の保続培養と森林の生産力の増進を図り、もって国民経済の発展に資すること」にあり、この目的は「公共の福祉に合致しないことは明らかであるとはいえない」としつつ、そのために森林法186条が共有森林につき持分価額2分の1以下の共有者に民法256条1項所定の分割請求権を否定するのは、立法目的との関係において、「合理性と必要性のいずれをも肯定することのできないことが明らか」と判断し、森林法186条は、憲法29条2項に違反し無効であると結論づけた。

(3)　制約を伴った財産権と憲法

　上述したように憲法29条は、①私有財産制度と、②既得の財産権を保障する
ものであるとされるが、まず森林法判決で問題となった森林法の規定は、私有
財産制度を否定しているわけではない。また、その規定は1907年の森林法制定
時に設けられた規定を受け継いだものであり、訴訟当事者は1947年に共有物分
割請求権の制限がすでに付随していた財産権を贈与により取得したに過ぎな
い。それではなぜ、①にも②にも抵触しないようにも思える制約が、憲法上の
財産権の制約となり、憲法29条2項に違反するとされたのだろうか。

　その後の財産権に関する最高裁判例は、憲法29条により憲法上の保障が及ぶ
財産権の範囲の検討を行わずに制限の可否を論じる、という仕方で事案を処理
しており、この「謎」に直接答えていない。

　例えば、森林法判決に代わって先例として引用されている証券取引法判決で
問題となった規定は、1948年の証券取引法の改正時に設けられたものであり、
訴訟当事者が証券を取得した段階で、短期売買利益の提供を請求されうるとい
う制限がすでに付随していた財産権であった。それにもかかわらず最高裁は、

問題となった規定が財産権の制限であることを前提として、制限を憲法上正当化できるかの検討を行っている。その後も、例えば消費者契約法9条1項の合憲性に関する最判平成18・11・27判時1958号61頁（消費者契約法事件）は、冒頭から「財産権に対する規制が憲法29条2項にいう公共の福祉に適合するものとして是認されるべきものであるかどうかは、規制の目的、必要性、内容、その規制によって制限される財産権の種類、性質及び制限の程度等を比較考量して判断すべきものである」と述べて証券取引法判決を引用して議論を進めており、ここでも財産権の制約であることが前提とされている。建物区分所有法70条1項の合憲性に関する最判平成21・4・23判時2045号116頁（建物区分所有法事件）も、「規制の目的、必要性、内容、その規制によって制限される財産権の種類、性質及び制限の程度等を比較考量して判断すれば、区分所有法70条は、憲法29条に違反するものではない」と述べて、このことは、証券取引法判決の趣旨に徴して明らかであるとしている。

(4) 公共の福祉に適合しない財産制度によって不利益を受けない自由

　以上のような判例の動向は、どのように説明できるだろうか。1つの有力な説明は、次のとおりである。

　まず立法府には、憲法29条2項により、「公共の福祉」に適合する内容の財産権ないし財産権制度を創設する義務が課されている。この義務は、第一義的には個々の国民に対して負う義務ではなく、国家に対して課されている客観的義務であるが、この義務に違反する内容の法律は、同時に、直接的・現実的に個人の自由も制限する。そのため個人は、29条2項にいう「公共の福祉に適合しない財産制度によって不利益を受けない自由」が侵害されたとして、①の私有財産制度の制約でも、②既得権の制約でもない財産権の制約についても、その違憲性を争うことができる。そのため、ここで行われる合憲性の審査は、原則として比較考量の枠組みを用いながら制度の合理性を問うものとなるだろう。「財産権に対する規制が憲法29条2項にいう公共の福祉に適合するものとして是認されるべきものであるかどうか」を端的に問う近年の最高裁判例の立場は、このようにして説明することができる。

　森林法判決で比較的厳しく合憲性が判断されたのは、①の私有財産制度その

ものの否定ではないものの、それに準ずる「近代市民社会における原則的所有形態である単独所有」が制限されたという「事の性質」が機能したものと考えられる。すなわち森林法判決は、比較考量を原則としたうえで、「事の性質」から比較考量の程度を考えるという立場を採用したと解されるのであり、その後の判例も、基本的にこの立場を踏襲しているとみることが可能である。

5 既得権の制約の場合

　森林法判決や証券取引法違反判決は、いずれも既得権制約の事案ではなかった。それでは、すでに取得した財産を、法律によって事後に制約したり、不利益に変更したりする場合はどのように考えればよいのだろうか。リーディングケースは、国有農地売払特措法事件判決（最大判昭和53・7・12民集32巻5号946頁）である。

(1) 事後法による財産権の内容の変更

　最高裁は、まず、「法律でいったん定められた財産権の内容を事後の法律で変更しても、それが公共の福祉に適合するようにされたものである限り、これをもって違憲の立法ということができないことは明らかである。そして、右の変更が公共の福祉に適合するようにされたものであるかどうかは、いったん定められた法律に基づく財産権の性質、その内容を変更する程度、及びこれを変更することによって保護される公益の性質などを総合的に勘案し、その変更が当該財産権に対する合理的な制約として容認されるべきものであるかどうかによって、判断すべきである」とする。そして、当該法律の「公共の福祉」適合性を認めたのであるが、そこで検討は終わらなかった。

(2) 事後法の遡及適用

　最高裁はさらに、事後法を遡及適用させることの合憲性についても検討を加えた。すなわち、「同法の施行前に……国に対し売払いを求める旨の申込みをしていた旧所有者は、特別措置法施行の結果、時価の七割相当額の対価でなければ売払いを受けることができなくなり、その限度で買収の対価相当額で売払いを受けうる権利が害されることになることは、否定することができない」と

して、事後法の遡及適用により不利益が生じることを認める。しかしながら、この権利は、すでに成立した売買契約に基づく権利ではないこと、売払いを求める権利自体が剥奪されるわけではなく、権利の内容である売払いの対価が不利益に変更されるにとどまるものであることを強調して、「右変更が公共の福祉に適合するものと認められる以上、右の程度に権利が害されることは憲法上当然容認されるものといわなければならない」として、上告を退けた。

(3) その後の判例

その後、証券取引法の損失補填禁止規定（42条の2第1項3号）が、同規定導入前に締結された私法上有効な契約（証券会社と顧客との間で締結された損失保証契約）に基づく履行請求をも否定するものであるとすれば、憲法29条に違反するのではないかが争点となった証券取引法損失填補事件（最判平成15・4・18民集57巻4号366頁）では、事後法の遡及適用事案であったにも関わらず、国有農地売払特措法判決ではなく、証券取引法事件判決を引用して比較衡量の手法により合憲とした。

しかし、さらにその後、土地建物等の譲渡損失を他の所得の金額から控除すること（損益通算）を廃止する旨を定める租税特別措置法31条1項後段の規定（平成16年4月1日施行）を、同年1月1日以後に行う譲渡についてもさかのぼって適用する旨を定める同法附則27条1項の規定の合憲性が憲法84条の租税法律主義（→憲法I8章II6）との関係で問題となった租税特別措置法遡及適用事件（最判平成23・9・22民集65巻6号2756頁）は、事後法の遡及適用の合憲性について、84条の事案であったにもかかわらず、「租税法規の変更及び適用も、最終的には国民の財産上の利害に帰着するものであって、その合理性は上記の諸事情を総合的に勘案して判断されるべきものであるという点において、財産権の内容の事後の法律による変更の場合と同様」として、国有農地売払特措法判決を引用する。そして、同法の規定の遡及適用は具体的な公益上の要請に基づくものである一方、これによって変更の対象となるのは「納税者の納税義務それ自体ではなく、特定の譲渡に係る損失により暦年終了時に損益通算をして租税負担の軽減を図ることを納税者が期待し得る地位にとどまるものである」ことなどを強調して、合憲と判断した。

このように、既得権制約の事案における最高裁の判断方法は安定していないようにも見受けられるが、財産の既得の度合いなどが、合憲性判断において、検討要素とされていることがわかる。

II 損失補償 (29条3項)

1 損失補償と国家賠償

憲法は、国や地方公共団体の「違法」な活動によって生じた損害について、国家賠償制度の法定（憲法17条）を求めるとともに（国家賠償法により具体化されている。→憲法II14章II1）、国などの「適法」な活動によって生じた個人の私有財産に対する損失について、正当な補償をするよう要求している（29条3項）。両者を合わせて国家補償ということがある。

損失補償は、公共の利益のために加えられる制限を、公平の観点（憲法14条1項）から、全体すなわち税金で負担するという仕組みである。個人が現に有する具体的な財産権（既得権）を制約する際、一定の場合にはその財産価値の補償をしなければならないのである（精神的な損失は同条の対象ではない）。

損失補償に関しては、いかなる場合に損失補償が必要となるのかという補償の「要否」の問題と、いかなる内容の保障ならば憲法の要請を満たすのかという補償の「程度」の問題がある。

2 補償の「要否」

(1) 「公共のために用ひる」とは？

29条3項は、損失補償に際して「公共のために用ひる」という条件を付けている。これは、広く社会公共の利益のために私有財産の収用等を行うことをいい、特に公共事業のためといった限定をつける趣旨ではない。農地改革を通じた自作農創設の直接的受益者は私人であったが、それが「公共のため」に行われたと理解されているのはこのためである。

(2)　補償が必要となる場合

　憲法上、補償が必要となるのは、私有財産の制限が特定の個人に対して「特別の犠牲」を強いる場合である。この点に関して、河川附近地制限令事件（最大判昭和43・11・27刑集22巻12号1402頁）は、問題となった法令による制限につき、「この種の制限は、公共の福祉のためにする一般的な制限であり、原則的には、何人もこれを受忍すべきものである」。「特定の人に対し、特別に財産上の犠牲を強いるものとはいえないから、右の程度の制限を課するには損失補償を要件とするものではなく、……憲法29条3項に違反し無効であるとはいえない」としている。

(3)　特別の犠牲

　それでは、いかなる場合に特定の個人に「特別の犠牲」を強いるものといえるのだろうか。

　まず、財産権が内在的制約に服する場合には、原則として特別の犠牲を強いたとは評価されない。奈良県ため池条例事件判決（最大判昭和38・6・26刑集17巻5号521頁）は、ため池の堤とうの使用禁止は、災害を未然に防止するという社会生活上のやむを得ない必要性からの規制であることを強調して、財産権の行使をほとんど全面的に禁止されることになるとしても、公共の福祉のため、当然これを受忍しなければならない責務を負うとしたが、これはその趣旨を示したものと解される。

　他方、財産権に対する外在的・政策目的の規制は、「特別の犠牲」と評価される可能性がある。財産権に対する制約が特別の犠牲に該当するか否かを判断するための基準として、形式的要件と実質的要件を挙げるのが一般的である。形式的要件は、侵害行為が広く一般人を対象とするものか、それとも特定の範疇に属する人を対象とするものかを問うものであり、実質的要件は、侵害行為が財産権に内在する制約として受忍すべき限度内にあるのか、それとも財産権の本質的内容を侵害するほど強度なものかを問うものである。通常、法律による規制は一般的であるはずだし（→憲法I7章I2）、一般的な規制であってもそれが財産権の本質を侵害する場合には補償が必要であると考えられるから、実質的要件を中心に考察されることになる。

(4) 補償の規定を欠いている場合

特定個人に「特別の犠牲」を強いるもので、憲法上損失補償が必要であるにもかかわらず、法令が損失補償の規定を欠いている場合がありうる。この場合、法令を違憲無効とすべきであるという説もあったが、最高裁は憲法29条3項から直接に損失補償請求をすることができるとして、補償規定を欠く法令は、それだけで違憲無効とはならないとしている（河川附近地制限令事件）。このような最高裁の立場は、裁判における当事者の直接的な救済という観点からは評価できるが、他方で、損失補償を行ってでも財産権の制限を続けるか否かを立法者に判断させるために、むしろ、違憲無効と判断すべきであるとする説も近時は有力である。

3　補償の「程度」

(1) 「正当な補償」とは？

どの程度の補償をすれば、「正当な補償」といえるのだろうか。この論点をめぐって学説は、大きく3つに分かれる。第一は、制約される財産の市場価格の全額、そしてそれに付随する損失の一切を補償しなければ「正当な補償」とはいえないとする完全補償説である。第二は、補償額が「完全な補償」よりも下回る場合でも、財産に対して加えられる公共目的の性質、その制限の程度などを勘案し、合理的、客観的に公正妥当な相当額であれば、「正当な補償」であるとする相当補償説である。第三は、完全補償が原則であるが、既存の財産権の変動が生じた場合など、ごく例外的な場合に限り、相当補償でもよいとする完全補償原則説である。

(2) 農地改革事件

完全補償説と相当補償説との対立は、第二次世界大戦後にGHQ主導で進められた農地改革における政府の農地買収価格が通常の市場取引価格と比べて極めて低かったことから、それが29条3項にいう「正当な補償」に該当しないとして各地で訴訟が提起され、法廷で争われていたことが背景になっている。最高裁は、農地改革事件（最大判昭和28・12・23民集7巻13号1523頁）で、「憲法29条3項にいうところの財産権を公共の用に供する場合の正当な補償とは、その

当時の経済状態において成立することを考えられる価格に基き、合理的に算出された相当な額をいうのであって、必しも常にかかる価格と完全に一致することを要するものでないと解するを相当とする」として、この観点から、自作農創設特別措置法 6 条 3 項の買収対価をもって憲法29条 3 項の正当な補償にあたると判断した。

学説は、この判決が相当補償説を採用したものと受け止めたうえで、農地改革の特殊性から判決の結論を妥当としつつも、その射程をこの判決だけにとどめるべく、完全補償原則説を唱えてきたのである。

(3) その後の展開

最高裁はその後、土地収用法に基づく損失補償に関する事例（最判昭和48・10・18民集27巻 9 号1210頁）で、土地収用法における損失の補償について、「特定の公益上必要な事業のために土地が収用される場合、その収用によって当該土地の所有者等が被る特別な犠牲の回復をはかることを目的とするものであるから、完全な補償、すなわち、収用の前後を通じて被収用者の財産価値を等しくならしめるような補償をなすべきであり、……土地収用法72条……は右のような趣旨を明らかにした規定と解すべきである」とした。この判決は、直接には憲法29条 3 項の損失補償ではなく土地収用法72条の補償について述べたものではあるが、完全保障説を採用したと評されることがある。

しかし近年、最高裁は、土地収用法71条の合憲性に関する事件（最判平成14・6・11民集56巻 5 号958頁）で、憲法29条 3 項の「正当な補償」につき、相当補償説のような立場を示したため、議論を呼んだ。この事件では、損失額の計算を「裁決の時の価格」から「事業認定の告示の時における相当な価格」に変更したことの合憲性が争われたのであるが、最高裁は上記の農地改革事件の立場を採用して、土地収用法71条が憲法29条 3 項に違反するかを判断するとしたため、相当補償説の立場を採用したと解されて批判されたのである。もっとも本判決は「被収用者は、収用の前後を通じて被収用者の有する財産価値を等しくさせるような補償を受けられるものというべき」とも述べており、ここでは完全補償説の立場を採用しているかのようでもある。

(4) 学説の動向

　このような判例を受けて、近年の学説は、どのような補償であれば「正当な補償」といえるのかが重要であって、それを完全補償説と呼ぶか相当補償説と呼ぶかは、二次的な問題であると捉える見方が有力になっている。この見地からは、農地改革事件は、相当補償説の立場を採ったのではなく、自由な取引による価格が成立しなかったという戦後直後の状況下で、自由な取引による価格に基づく完全補償なるものが想定できなかったからこそ、合理的な価格であれば「正当な補償」であると判断したと理解される。以降の判決も、個別の事情を踏まえて、「正当な補償」といえるかどうかを実質的に検討した事案として把握されることになろう。

> **損失補償の時期**
>
> 　フランス人権宣言17条は、損失補償は「事前」になされなければならないと定めていたが、日本国憲法にはそのような明文規定がないため、損失補償の時期が問題となる。この論点について述べた判例として、「象のオリ」訴訟（最判平成15・11・27民集57巻10号1665頁）がある。米軍基地の使用のための土地に関して、補償をする前に暫定使用を先行させた行為が憲法29条3項にいう「正当な補償」に当たるかが争点の1つになった事案であるが、最高裁は、「憲法29条3項は、補償の時期については何ら規定していないのであるから、補償が私人の財産の供与に先立ち又はこれと同時に履行されるべきことを保障するものではないと解すべきである……。そして、上記関係規定が定める暫定使用及びこれに伴う損失の補償は、その補償の時期、内容等の面で何ら不合理な点はないから、憲法29条3項に違反しない」と判断し、事前の損失補償を憲法上の要請とは解さなかった。

4　国家補償の「谷間」

(1)　問題の所在

　国の「適法」な行為によって、財産権が制限された場合には、憲法29条3項に基づいて損失補償を受けることができる。そして、国の「違法」な行為によ

って、権利が侵害された場合には、憲法17条を具体化した国家賠償法に基づいて損害賠償が認められる。しかし、財産権ではなく人の健康や生命が国の「適法」な行為や、違法だが無過失である行為によって制限された場合について定める規定はない。これがいわゆる「国家補償の谷間」と呼ばれる問題であり、法律により義務付けられた予防接種によって生じた健康被害に関して特に問題となった。予防接種は法律に基づいて行われた行為であり、また、万全な注意を払っても被害が生じることを避けられない。そのため、過失責任を問うことが困難であるから国家賠償法１条１項の要件を満たさない可能性が強く、また、財産ではなく身体への制限であるから憲法29条３項の対象外ともいえるからである。

(2) 救済のための法的構成

　予防接種禍の被害者を救済すべきだとしても、その理由をどのように法的に構成するかが問題となる。ある下級審判決は、被害は予防接種に伴う公共のための「特別の犠牲」に該当するとして、29条３項を「類推適用」して補償を認めた（東京地判昭和59・５・18判時1118号28頁）。別の下級審は、財産権が補償の対象になるなら、生命・健康は当然補償されるとする「勿論解釈」を行って補償を認めた（大阪地判昭和62・９・30判時1255号45頁、福岡地判平成元・４・18判時1313号17頁）。これらの下級審による試みは、憲法29条３項を用いて、国の「適法」な行為に起因した健康や生命に対する損害を「補償」させようとするものであるが、生命・健康はいかなる理由があっても「収用・制限」されてはならないのであり、これを認めることは、生命・健康の「収用」を認めることにつながるという批判が寄せられた。そのような批判もあってか、近年の裁判所は、「過失」を相当に緩く解してこれを認めることで、「補償」ではなく国家賠償法上の枠組みで処理する傾向がある（例えば、最判平成３・４・19民集45巻４号367頁〔予防接種禍事件〕、東京高判平成４・12・18判時1445号３頁など）。

第12章

人身の自由と適正手続の保障

　人身の自由を明文で定める規定は見当たらないが、それはあらゆる自由の前提となることからして、憲法上当然に保障されていると考えられる。それを前提として、憲法は人身の自由に対する最大の脅威である刑事手続に関する公権力の統制について詳細に規定している。

I　人身の自由と刑事手続上の権利

1　人身の自由の保障の意義

　人身の自由は、身体の安全（不可侵）ともいわれ、法律の定める正当な理由がない限り、人はその身体を拘束されることのない権利を指す。この人身の自由について憲法は、18条や31条等で示唆するところはあるが、正面から定めてはいない。しかし、人身の自由はあらゆる自由の前提となることからして、憲法上当然に保障されていると考えられる。

　その上で憲法は、一方では次に述べる奴隷的拘束および苦役のように、絶対に禁止されるべき国家行為を定める。また他方で、31条以下の刑事手続に関する規定では、犯罪の捜査や処罰のために人身の自由等の制約が認められる場合における手続的な権利を定めている。これらの規定は、主として刑事手続を念頭に置いたものであるが、不法滞在等の外国人の収容（入管法39条1項）、精神障害者に対する措置入院（精神保健福祉法29条）や、感染症まん延防止のための入院（感染症法19条3項）などのように、それ以外の場合でも人身の自由が制約

される場合もある。こうした場合についても、人身の自由の重要性にかんがみ、その合憲性は厳格に審査されるべきである。

2　奴隷的拘束および苦役からの自由

18条は、奴隷的拘束の禁止および、犯罪処罰の場合を除いた意に反する苦役の禁止を定める。これらは人身の自由に対する典型的かつ深刻な侵害であるから、特に明文で禁止されたものと考えられ、その趣旨からは、少なくとも「奴隷的拘束」については、「検閲」（21条2項前段）と同様、その定義に該当する場合には、絶対的に禁止されると考えられている。また、本条は私人間にも妥当するとされている。

「奴隷的拘束」とは、自由な人格者であることと両立しない程度の身体の自由の拘束を指す。炭鉱や鉱山等でかつて見られた「監獄部屋（タコ部屋）」や、売春施設での強制売春などがその例である。

「意に反する苦役」については、絶対的禁止と解するかどうかには争いがあり、その関係もあって解釈が分かれている。広義説は、広く本人の意に反して強制される労役を指すとするとし、狭義説は、こうした労役のうち通常人が多少とも苦痛を感じるものを指すとする。

若干の具体例を見ると、徴兵制については、一般に意に反する苦役に該当するとされ、違憲であると考えられている。他方、非常災害時における救援活動等への従事命令（災害対策基本法65条・71条、災害救助法24条・25条等）については、一般に合憲であると考えられているが、その理由は、意に反する苦役をどのように理解するかによって異なりうる。近年の問題として、裁判員の任務が意に反する苦役に該当しないかどうかが争われたが、最高裁は合憲とした（最大判平成23・11・16刑集65巻8号1285頁〔裁判員制度合憲判決〕）。なお、裁判員制度については、憲法Ⅰ11章Ⅰ6参照。

II 適正手続の保障 (31条)

1 刑事手続の総則的規定としての31条

31条は、何人も、法律の定める手続によらなければ、その生命もしくは自由を奪われ、またはその他の刑罰を科せられない、とする。人身の自由をはじめとする国民の自由に対する最大の脅威は国家の独占する刑罰権（およびその実現過程である刑事手続）によってもたらされるものであるから、刑罰権の濫用防止は憲法の重大な関心事である。実際、こうした保障への関心は中世立憲主義に遡り（マグナ・カルタ39条）、近代の人権宣言でも規定が置かれる（フランス人権宣言7条、アメリカ合衆国憲法修正5条等）。

この点、日本国憲法は、戦前の反省を踏まえ、人身の自由等の基本権を保護するために刑事手続に関して詳細な規定を置いている。その総則的規定と位置づけられるのが31条であり、32条以下（特に33条以下）が刑事手続における個別の基本権を定める。

31条は「法律の定める手続」とするだけであるが、同条は「何人も、……適正な法の手続（due process of law）によらずに、生命・自由または財産を奪われることはない」とするアメリカ合衆国憲法修正5条（・14条）に由来するものであるから、科刑の手続を法律で定めるだけではなく、それが適正であることも要求される。

これに加えて、刑罰の実体要件の法定すなわち罪刑法定主義や、その内容の適正（罪刑の均衡など）が31条によって要請されるかどうかには争いがある。実体の法定・適正は、憲法の他の規定（13条、39条、41条、73条6号等）からも導けることも確かである。その意味ではどの見解をとっても具体的な問題に対する結論には大差がないということができ、見解が分かれるのは31条の体系的地位に関する理解の違いによるところが大きい。この点、31条を国家の刑罰権統制に関する総則的規定だと理解すれば、手続の法定・適正に加え、実体の法定・適正も同条の求めるところだと考えられる。

もっとも、憲法は32条以下（特に33条以下）で詳細な規定をおいており、31条が直接援用されるのは、これらの規定でカバーされない場合ということにな

る。この他、31条は32条以下の解釈指針および刑事手続に関する法律の制定・運用の指針としても機能する。

2 31条の保障内容

(1) 手続の法定

まず、科刑手続の法定については、「法律の定める手続」という文言からしても、31条によって要請されていることが明らかである。ここでいう「法律」には、全国一律に定められる刑事手続の性質上、条例は含まれない。また、「訴訟に関する手続」に関する最高裁の規則制定権との関係については見解が分かれている（→憲法Ⅰ11章Ⅱ）。

刑事訴訟法（以下、「刑訴法」という）は強制処分法定主義を採用しており（197条1項ただし書）、そのもとで強制処分を限定的に捉える判例が展開しているが、31条の科刑手続の法定の要請との関係で再考すべき余地もあるようにも思われる。

関連して、通信傍受の適法性に関する最高裁決定に触れておく。本件は、暴力団による組織的・継続的な覚せい剤の密売事件の捜査のため、警察官が電話傍受を検証（刑訴法218条1項）として行うことを許可する旨の検証許可状（令状）を請求したという事案に係るものであるが、最高裁は、一定の要件のもと、検証許可状によって通信傍受を行うことは適法とした（最決平成11・12・16刑集53巻9号1327頁〔通信傍受事件〕）。本決定については、手続の適正に関わる問題点のほか、通信傍受を「検証」として行うことには無理があり、手続の法定の要請の観点からも議論の余地がある。なお、1999年には通信傍受の手続を定める通信傍受法が制定されている（→憲法Ⅱ8章Ⅵ3(2)）。

(2) 手続の適正

手続の適正には独自の重要性があることを踏まえて、31条は手続の適正をも要請するが、適正な手続とは何か。一般的にいえば、告知・聴聞・防御の機会の保障や、裁判所の公平性といった原則がそれに当たるとされる。これらの原則の重要部分は32条以下（特に33条以下）で具体化されているので、そこから漏れるものが31条の問題ということになる。

判例としては、第三者所有物没収事件判決（最大判昭和37・11・28刑集16巻11号1593頁）が重要である。この判決は、付加刑として犯罪行為の用に供した船舶等の没収を定めていた関税法の規定に基づく没収について、没収対象物の所有者である第三者に対して何ら告知、弁解、防御の機会を与えることなくその所有権を奪うことは、適正な法律手続によらないで財産権を侵害するものであり、31条、29条に反するとした。最高裁も31条が手続の適正を要請していることを認めていることになる。

(3)　実体の法定

　31条は実体の法定・適正の要請を含まないとする見解もあるが、本書では前述のとおりこれらも31条の保障内容に含まれるという前提で説明する。実体の法定とは、罪刑法定主義、すなわち、行為時に、その行為が犯罪であり、一定の刑罰が科されることが法律（ここでは条例も含まれる。→憲法Ⅰ14章）によって定められていなければ、その行為に刑罰を科すことはできないという保障を指す。法律の委任なく政令で罰則を定めることを禁ずる73条6号は裏から罪刑法定主義を定めるものであり、また、事後法の禁止（39条前段の前半）は罪刑法定主義の必然的帰結である。

　同じく罪刑法定主義の必然的帰結として、明確性の原則がある（憲法Ⅱ7章Ⅲ2も参照）。刑罰法規が不明確であってどのような行為が犯罪とされているかが理解できなければ、罪刑法定主義の趣旨は没却されるからである。徳島市公安条例事件判決（最大判昭和50・9・10刑集29巻8号489頁）も、刑罰法規の明確性は31条の要請であることを認めたうえで、明確性の原則に反するかどうかは、通常の判断能力を有する一般人の理解において、具体的場合に当該行為がその適用を受けるものかどうかの判断を可能とするような基準が読みとれるかどうかによって決すべきだとする。

(4)　実体の適正

　実体の適正とは、刑罰法規の実体的要件が、自由を不当に侵害するものであってはならないことをいうが、これは基本的には、それぞれの基本権の制約の合憲性の問題に還元される。したがって、実体の適正に関して31条が援用され

る場面は多くはないと思われるが、これに関する具体的な要請として、罪刑の均衡が挙げられる（なお、(3)で触れた刑罰法規の明確性は、実体の適正の問題に位置づけられることもある）。

3　31条以下の規定と行政手続

(1)　31条と行政手続

　31条以下の規定が、まずは刑事手続に関するものであることには争いがないが、行政手続についても、身体の自由を奪うような行政的措置（精神保健福祉法29条に基づく措置入院や、入管法39条等に基づく収容など）については31条の適用（準用、類推適用）を認めるべきだとする論者が多い。さらに、それ以外の行政手続について31条が及ぶかどうかについては立場が分かれている。すなわち、大別すれば、行政手続にも31条以下の規定が及ぶ（あるいは準用ないし類推適用される）とする立場と、13条は適正な手続的処遇を受ける権利を保障しているとして、行政手続の適正は13条を根拠とすべきとする立場とがある。

　もっとも、行政活動は多種多様であり、行政手続に31条が及ぶとしても、こうした多様性に応じた検討が必要になるから、いずれの説をとっても、具体的な帰結には大差がないと思われる。

　最高裁は行政手続に31条の保障が及ぶ余地があるとする（最大判平成4・7・1民集46巻5号437頁〔成田新法事件〕）。この判決によれば、刑事手続ではないという理由のみで、行政手続のすべてが31条の保障の枠外にあるということはできない。しかし、行政手続の多種多様性や刑事手続との性質の差異を理由に、行政処分の相手方に事前の告知、弁解、防御の機会を与えるかどうかは、諸般の事情を総合衡量して決定すべきであって、常に必ずこうした機会を与える必要はないとする（本件でも不要であるとした）。もっとも、その後の諸判決を見ても、行政手続に関して31条がどのような要請をしているのかについての最高裁の判断は明らかではない。

　医療観察法は、心神喪失等の状態で重大な他害行為を行った者について、入院医療を受けさせる旨の決定等ができることとしているが、そのためには裁判所による審判手続を経るものとされ、性質等に応じた手続保障が十分になされているとして、31条等には反しないとされている（最決平成29・12・18刑集71巻

10号570頁)。

　最後に、行政手続とは言えないが、刑事罰を科す手続そのものとも異なるので、便宜上ここで触れておくが、法廷の秩序を乱した者に対して、特段の手続上の保障もなく、20日以下の監置等に処することができるとする「法廷等の秩序維持に関する法律」2条1項の規定の合憲性も問題とされてきた。最高裁は、被処罰者に関し憲法の保障する人権が侵害される恐れがないなどとして合憲としているが（最大決昭和33・10・15刑集12巻14号3291頁）、学説上は批判が強い。

(2)　33条と行政手続

　行政手続においても身体の拘束が行われるものがある。出入国管理法による外国人の収容、精神保健法や感染症法等に基づく強制入院、法廷等の秩序維持に関する法律による拘束、警察官職務執行法による泥酔者等の一時的保護などであるが、これらについても手続の性質に応じて33条の令状主義又は31条の適正手続の保障がなされなければならないが、その観点から問題が指摘されているものもある。

　たとえば、出入国管理法においては、退去強制事由（同法24条）に該当すると疑うに足りる相当の理由があるときは、収容令書によってその者を収容できるとしている（39条1項）。ただ、収容令書は令状とは異なり、入管当局に属するという意味で第三者性を欠く主任審査官が発付するものとされており、また、収容の必要性が要件とされていない（全件収容主義と言われる）。

(3)　35条と行政手続

　住居等の不可侵を保障する35条についても、行政手続への適用の有無が議論されている。31条に関して述べたのと同様、学説は分かれている。

　最高裁は、川崎民商事件で、(1)で言及した成田新法事件と同様の表現で（ただし、時期的には川崎民商事件が先である）、行政手続に35条の保障が及ぶ余地があることを示した（最大判昭和47・11・22刑集26巻9号554頁）。しかし、具体的判断においては、当時の所得税法に基づく質問検査に際して、裁判官による令状が求められていないことは35条に反しないとした。その際、質問検査は徴税目

的のもので、刑事責任追及目的ではないこと、実質上、刑事責任追及のための資料の取得収集に直接結びつく作用を一般的に有するものではないこと、強制の程度が低いことが指摘されている。

(4) 38条1項と行政手続

自己負罪拒否特権を保障する38条1項と行政手続との関係についても議論がある。最高裁は、前掲川崎民商事件において、38条1項の保障は、純然たる刑事手続だけではなく、実質上、刑事責任追及のための資料の取得収集に直接結びつく作用を一般的に有する手続には等しく及ぶとした。この事件で問題となった質問検査手続や飲酒運転に係る呼気検査はこうした手続には当たらないとされたが（最判平成9・1・30刑集51巻1号335頁）、国税反則取締法の調査手続はそれに該当するとされている（最判昭和59・3・27刑集38巻5号2037頁）。

Ⅲ　刑事手続上の個別的な基本権

1　総　説

31条の要請を受けて、憲法は特に33条以下で刑事手続上の個別的な基本権あるいは保障を定めており、さらに、これらの規定は刑訴法によって具体化されている。刑訴法およびその下での判例や実務の展開が憲法の要請を十分に反映したものであるかどうかについては少なからず議論の余地があるものの、本書では詳細に立ち入ることはできず、ごく概略的な説明を行うにとどめる。

なお、31条以下の規定のうち、32条の裁判を受ける権利については、刑事手続上の権利の1つとして扱うには射程の広い権利であるので、別途説明する（→憲法Ⅱ14章Ⅱ2）。

2　身体の拘束に対する保障

(1) 逮捕令状主義

33条は、何人も現行犯として逮捕される場合を除いては、権限を有する司法官憲が発し、かつ理由となっている犯罪を明示する令状によらなければ逮捕さ

れないとする。これは、人身の自由が保障されていることを前提に、逮捕について裁判官の発付する令状を要求し（令状主義）、逮捕権の濫用を抑止しようとするものである。

令状主義の例外として、現行犯の場合が挙げられているが、刑訴法ではこれに加えて準現行犯の無令状逮捕を認めている（刑訴法212条2項）。また、緊急逮捕（刑訴法210条）については、その合憲性を疑問視する見解もあるが、最高裁は合憲としている（最大判昭和30・12・14刑集9巻13号2760頁）。別件逮捕と呼ばれる捜査手法について、令状主義の潜脱だとの批判はあるが、最高裁は原則として許されるとしている（最決昭和52・8・9刑集31巻5号821頁）。

(2) 弁護人依頼権と拘禁理由開示

34条前段は、何人も理由を直ちに告げられ、かつ、直ちに弁護人に依頼する権利を与えられなければ抑留または拘禁されないとする。また、同条後段は、何人も正当な理由がなければ拘禁されず、要求があれば、その理由は直ちに本人およびその弁護人の出席する公開の法廷で示されなければならないとする。身体の拘束の重大性にかんがみ、明確な理由に基づくものであることを担保するとともに、弁護人の助力を得て適切な防御ができるようにする趣旨である。

ここで抑留とは身体の一時的拘束をいい、拘禁とは比較的継続的な拘束をいうとされ、刑訴法上の逮捕等は抑留、勾留や鑑定留置等は拘禁に当たるとされる。

34条前段は被疑者の弁護人依頼権の告知を求めている。他方、被告人の弁護人依頼権については、37条3項が保障している。被告人に関しては同条項に基づいて国選弁護制度が憲法上の要請だとされて早くから設けられていた（刑訴法36条以下）のに対し、被疑者について国選弁護制度が設けられたのはようやく2004年になってからである（同法37条の2以下）。また、刑訴法39条1項が被疑者と弁護人等との接見交通権を保障しているのも、34条前段の趣旨を受けたものだとされている（最大判平成11・3・24民集53巻3号514頁）。

34条後段の拘禁理由の開示制度は、刑訴法上は勾留理由開示制度として具体化されている（同法82条以下）。また、人身保護法もこの規定に由来するものだと考えられている。

3　住居等の不可侵の権利

　何人も、その住居、書類および所持品について侵入、捜索および押収を受けることのない権利は、33条の場合を除いては、正当な理由に基づいて発せられ、かつ捜索する場所および押収する物を明示する令状がなければ、侵されない（35条1項）。

　住居が私的生活の根拠として高度なプライバシーが保障されるべきことは明らかであり、書類および所持品についても同様であって、こうした保障はプライバシー権保障の特別規定だと位置づけられるが、一般的なプライバシー権（13条）の観念が未発達な時代から重視されてきた古典的な人権である。最高裁も、35条は、「住居、書類及び所持品」に限らずこれらに準じる私的領域に「侵入」されることのない権利の保障が含まれるとし、自動車にGPS端末を秘かに装着する捜査手法は、同条に服するとした（最大判平成29・3・15刑集71巻3号13頁）。

　住居等の不可侵の権利の保障は、侵入、捜索および押収を行うための正当な理由および捜索場所・押収物の明示の存在と、裁判官（35条2項参照）が発付する令状によるそれらの担保からなる。

　もっとも、35条1項には例外も認められているが、「第33条の場合」の意義については、33条に言及のある現行犯の意味であるのか、それとも、33条で逮捕が認められる場合を広く指すのか、解釈上争いがある。前者の立場からは、令状によって逮捕する際になされる捜索・押収について別途令状が必要となるが、後者の立場からは不要となる点で違いが生じる。刑訴法は後者の立場を前提としており（同法220条参照）、また、最高裁も後者に近い立場である（最大判昭和30・4・27刑集9巻5号924頁）。

　35条との関係では、違法収集証拠排除法則の是非、すなわち、違法な手続で収集された証拠を排除すべきか否かも議論される。この点について最高裁は、証拠物の押収等の手続に、35条およびこれを受けた刑訴法218条1項等の所期する令状主義の精神を没却するような重大な違法があり、これを証拠として許容することが、将来における違法捜査の抑制の見地から相当でない場合には、その証拠能力は否定されるとした（最判昭和53・9・7刑集32巻6号1672頁）。

4 刑事裁判手続に関わる権利

(1) 公平な裁判所の迅速な公開裁判を受ける権利

すべて刑事事件においては、被告人は公平な裁判所の迅速な公開裁判を受ける権利を有する（37条1項）。裁判を受ける権利はすでに32条で保障されているが、特に刑事裁判について、公平・迅速・公開の要請を定めたものである。

「公平な裁判所」とは、「偏頗や不公正のおそれのない組織と構成をもった裁判所による裁判」をいう（最大判昭和23・5・5刑集2巻5号447頁）。

「迅速な裁判」について、この要請に反したことが上告理由になるなどの具体的な法的効果は基本的には認められていないが、第一審の審理が15年に渡って中断するなどの極めて例外的な場合について、免訴の判断をすべきだとした最高裁判決がある（最大判昭和47・12・20刑集26巻10号631頁〔高田事件〕）。

裁判の公開については憲法 I 11章IVを参照のこと。

(2) 証人審問権

公正な裁判を確保するための前提として、刑事被告人は、すべての証人に対して審問する機会を充分に与えられ、また、公費で自己のために強制的手続により証人を求める権利を有する（37条2項）。

37条2項前段は証人審問権を保障するが、その必然的帰結として伝聞証拠排除法則（刑訴法320条以下）が導かれる。同項後段は証人喚問権の保障であるが、被告人が申請する証人をすべて喚問する必要はなく、当該事件の裁判を行うのに必要適切な証人を喚問すれば足りる。

(3) 自白の強制に対する保障

自白は証拠の王ともいわれ、その証拠価値が重視されるがゆえに、捜査機関による自白の強要がなされやすい。その結果、実際にも重大な冤罪事件が後を絶たない。こうしたことから、憲法は自白の強制からの自由として、詳細な規定を置いている。

まず、何人も、自己に不利益な供述を強要されない（38条1項）。「自己に不利益な供述」とは、自己の刑事上の責任に関する不利益な供述、すなわち刑罰

を科せられる基礎となる事実や量刑に関わる不利益な事実などについての供述をいう。氏名はこれに含まれないとされる（最大判昭和32・2・20刑集11巻2号802頁）。これはアメリカ合衆国憲法修正5条の自己負罪拒否特権に由来するもので、人間性に対する配慮と自白偏重による人権侵害を防止する趣旨だとされる。刑訴法による黙秘権の保障（同法198条2項等）は、38条1項の保障を拡大したものである。各種の報告義務が同条項に反しないかが問題とされるが、例えば、交通事故の報告義務について最高裁は、報告事項の内容を限定解釈した上で合憲としている（最大判昭和37・5・2刑集16巻5号495頁）。

次に、強制、拷問もしくは脅迫による自白または不当に長く抑留もしくは拘禁された後の自白は、これを証拠とすることができない（38条2項）。これは自白法則と呼ばれ、刑訴法は、これらに加え、その他任意にされたものでない疑いのある自白も証拠とすることができないとしている（同法319条1項）。なお、公務員による拷問は絶対的に禁止されている（36条）。

さらに、何人も、自己に不利益な唯一の証拠が本人の自白である場合には、有罪とされ、または刑罰を科せられない（38条3項）。これは補強法則と呼ばれる（刑訴法319条2項）。

5　事後法の禁止と二重の危険

39条前段の前半は事後法の禁止（遡及処罰の禁止）を定めるが、これは罪刑法定主義の必然的帰結である。この保障が刑事実体法だけではなく、刑事手続法にも及ぶかどうかについては争いがあるが、最高裁は、殺人罪等について公訴時効を廃止する法改正を行い、それを改正前の行為に適用したことについて、行為時点における違法性の評価や責任の重さを遡って変更するものではないなどとして、合憲だとした（最判平成27・12・3刑集69巻8号815頁）。同様の理由により、親告罪だった性犯罪について非親告罪とする点につき遡及適用を認める法改正も、39条前段前半に反しないとされている（最判令和2・3・10刑集74巻3号303頁）。

これに対して、39条前段の後半は、何人も、既に無罪とされた行為については、刑事上の責任を問われないとする。また、後段は、何人も、同一の犯罪について重ねて刑事上の責任を問われないとしているが、これらの意義について

は議論がある。すなわち、大別すると、これらは裁判の効力に関する規定であって、一事不再理を定めるものとする大陸法的な見方と、そもそも訴追される負担を二度負わせないという二重の危険の禁止を定めるものとする英米法的な見方である。

二重の危険の禁止の観点からは、無罪判決に対して検察官が上訴することの合憲性が問題となるが、最高裁は、危険とは同一の事件においては訴訟手続の開始から終末までの継続的状態であるから、検察官上訴は合憲であるとする（最大判昭和25・9・27刑集4巻9号1805頁）。また、刑罰と行政制裁を併科することが39条後段に反するか否かにつき最高裁は、両者は性質が異なるので合憲であるとした（最大判昭和33・4・30民集12巻6号938頁）。

6　残虐刑の禁止

残虐な刑罰は絶対的に禁止される（36条）。この関係で最も問題となるのは死刑の合憲性である。この点について最高裁は、憲法上死刑を予定するとも思われる規定（「何人も……その生命若しくは自由を奪われ……ない」（31条））が存在することから、火あぶり等の残虐な執行方法による場合は別として、死刑そのものが一般に直ちに残虐な刑罰に該当するとはいえないとした（最大判昭和23・3・12刑集2巻3号191頁〔死刑合憲判決〕）。36条は残虐な刑罰を絶対的に禁止するものであり、例外を許さないものと解されるが、何が残虐な刑罰かは社会通念にも左右される。

上述の31条の文言もあり、死刑違憲論は少数説にとどまる。しかし、政策論としては、国際的には死刑廃止の流れが強まっており、日本の世論は死刑を容認する傾向にあるとしても、死刑存置の是非に関する真剣な検討が求められている。

7　刑事補償

何人も抑留または拘禁された後、無罪の裁判を受けたときは、法律の定めるところにより、国にその補償を求めることができる（40条）。具体的には刑事補償法が定めている。やや詳しくは、憲法Ⅱ14章Ⅱ1(2)参照。

第13章

家族・社会権（生存権・教育を受ける権利）

　本章のⅠでは、家族に関する憲法規定について扱う。日本国憲法24条は、婚姻に関わる権利や夫婦の相互協力や、婚姻や家族に関する諸事項について「個人の尊厳」と「両性の本質的平等」に立脚した法制度形成を求めている。ここにいう権利や平等の意味を的確に捉えつつ、法律による具体的な制度形成がいかなる範囲で認められるのか、見ていくこととしたい。

　社会権は、公権力による積極的な配慮を求めることができる権利である。日本国憲法にもそのような規定として、憲法25条1項に生存権保障が定められた。同26条1項の教育を受ける権利も、人々の人格形成を促し、人々が健康で文化的な人間生活を送れるために国家が積極的役割を行う意味で、社会権の1つに数えられる。ⅡとⅢではこの生存権と教育を受ける権利について学ぶ。

Ⅰ　家族

1　日本国憲法下の婚姻・家族
　　　——明治憲法下の「家制度」との比較

　明治憲法には家族に関する規定は置かれていなかった。しかし、明治憲法期に整備された民法上の「家制度」には、家長の戸主権や妻の無能力、相続に関する家督相続（長子の単独相続）等が含まれていた。

　戦後、そうした封建主義的家族観や夫婦間の不平等を基盤とする家制度が批判的に受けとめられたことを契機として日本国憲法24条が制定された。同条2

項は、「個人の尊厳」と「両性の本質的平等」を基調とする婚姻・家族制度の形成を国会に求めたことから、明治憲法期の民法上の親族・相続に関する規定の多くが、戦後、改正・廃止をたどることになった。もっとも、婚姻や家族の諸制度は、現代における憲法の理解やその他の社会的諸価値との関係で、その後、見直しが実際にされたもの、あるいは、迫られている部分も多い。

2　憲法24条１項

(1)　婚姻の自由

　憲法24条１項は、「婚姻は、両性の合意のみに基いて成立」すると規定し、一般的に「婚姻の自由」を保障したものと理解される。これは、婚姻する両者の合意さえあれば、婚姻に関して国や親族等からの制限を受けることはないといった意味での自由を指す。上述の通り、明治憲法下の家族制度では婚姻に関する家長の同意を必要としていたが、日本国憲法の下では、他者の同意は不要であり、両性の合意「のみ」が要件とされたことに意義がある。

　以上から、皇室典範の婚姻規定も議論の対象となる。同10条は「立后及び皇族男子の婚姻は、皇室会議の議を経ることを要する」と規定する。「立后」とは、皇后（等）を正式に定めることをいう。皇室典範も日本国憲法の下で法律と同様の法形式として定められていることから、天皇やその他の男子皇族の婚姻に関して、本人以外の同意を要請することの憲法適合性が議論される。

　また、民法737条１項は「未成年の子が婚姻をするには、父母の同意を得なければならない」とし、２項は「父母の一方が同意しないときは、他の一方の同意だけで足りる。父母の一方が知れないとき、死亡したとき、又はその意思を表示することができないときも、同様とする」と規定している。これについては従来、判断能力が不十分な未成年者による軽率な婚姻の防止といった理由が示されてきた。他方で、これも婚姻に関する本人以外の介在を許すことになり、その憲法適合性が議論されてきた。もっとも、2018年６月13日に国会が、民事の成年年齢を満20歳から満18歳に引き下げ、婚姻年齢を男女とも満18歳（従来は女性が満16歳）以上とし、未成年者の婚姻に親の同意を求める規定を削除する民法改正を行い、立法解決をみた（2022年４月１日施行）。

(2) 夫婦の平等と相互協力による維持

加えて憲法24条1項は、「夫婦が同等の権利を有することを基本」とする。この点、明治憲法下における民法では、夫婦間において妻は、夫の同意なくして契約などができない無能力者とされ、原則として家長である夫が夫婦の財産管理をするなど、夫婦間での不平等な制度が存在していた。戦後は、そうした不平等規定は廃止されるに至ったのであるが、戦前の家制度の残滓が現在でも見てとれる制度もある。

さらに憲法24条1項は、夫婦は「相互の協力により、維持されなければならない」と規定する。こうした憲法上の規定を受けて、民法752条は「夫婦は同居し、互いに協力し扶助しなければならない」と規定している。そこで、正当な理由なくこれを拒否する場合には「配偶者による悪意の遺棄」と見なされ、離婚原因となることが法定されている（民法770条1項2号）。

(3) 「婚姻」の意味と新たな課題

上述のように日本国憲法には、婚姻には「両性の合意」が必要で、「夫婦が同等の権利を有する」と書かれていることから、規定の文言を見る限り、婚姻は「両性」によるものであることが前提となる。また「夫婦」の日本語の一般的意味も、「夫」は男性を指し、「婦」は女性を指す。このように伝統的法秩序において婚姻は、男女間で成立するとの考え方（異性婚）が採られてきた。

これに対して近時、男性と男性、あるいは女性と女性との間での婚姻をめぐる問題が登場しつつある。いわゆる同性婚である。同性婚をめぐっては、その前段階として同性間にも婚姻に準ずる関係性（パートナーシップ）を制度化する動きが各国で見られた。しかし近年は、より率直に男女間婚姻と同等の同性婚を制度化する国も見られるようになってきている。

同性婚を日本国憲法は認めているのか。これをめぐっては、大きく2つの考え方が提示される。1つは、日本国憲法下の婚姻は、文字通り「両性の合意のみ」と規定されることから、片方の性同士の婚姻の制度化は認められず、仮に同性婚を日本で制度化する場合には、憲法の改定（例えば「両性」ではなく「両者」にするなど）が必要であるといった考え方である。もう一方は、「両性の合意のみ」と規定されたことの歴史的文脈を踏まえることで、同性婚もまた許容

されるとする見方である。日本国憲法において婚姻が「両性の合意のみ」と規定されたことの歴史的意味は、明治憲法下における婚姻に関する他者（家族、家長）の介在を止めさせ、個人主義的な視点からの婚姻制度を構築することにあった。そうであれば、重要なのは「両性」ではなく「のみ」という文言であることから、同性間でも本人の同意のみで婚姻が可能であるとする。この背景には、そもそも「婚姻」という言葉が何を示していると我々が認識するのかという問題が絡んでおり、現代は、その意味をめぐる秩序の転換期に差し掛かっているということにもなろう。

　同性間の婚姻届は、現在の日本では受理されないことから、これを問題とする訴訟が提起されている。他方、市町村や特別区では、同性カップルのパートナーシップについて各自治体独自に証明書を発行する動き（東京都渋谷区、世田谷区など〔2015年11月から〕）が見られる（→憲法Ⅱ4章Ⅲ3コラム参照）。

3　憲法24条2項

(1)　婚姻・家族をめぐる制度形成

　憲法24条2項は、「配偶者の選択、財産権、相続、住居の選定、離婚並びに婚姻及び家族に関するその他の事項に関しては、法律は、個人の尊厳と両性の本質的平等に立脚して、制定されなければならない」と規定している。ここには2つの重要な要素を見てとれる。

　1つが、婚姻や家族制度をめぐっては、法律が具体的な制度形成を担っているとしている点である（家族に関する事項の法定主義）。日本国憲法では、選挙に関する事項などもその傾向が見られるが、国会の定める法形式である「法律」により詳細な制度化を委ねる場合が見られる。こうした憲法の規定を受けて、民法を中心とする婚姻・家族に係る法秩序が制度化されている。

　この視点から見た場合、婚姻・家族制度の形成には、立法府の一定程度の裁量も認められる。例えば民法732条や刑法184条に定める「重婚の禁止」について考えてみる。これについては、憲法上、重婚の禁止を積極的に導き出せる規定は見当たらず、基本的には合憲であると理解されている。その理由は、1つには婚姻に関する「個人の尊厳」（後述）性を見出して、婚姻とは、個人と個人との一対一のつながりを基本とするといった議論もあるのかもしれない。だ

が、そうした考え方から一夫一婦制が憲法上の原則であるとする積極的規範も見出しづらい。そうなると、重婚の禁止は、立法府による婚姻に関する制度形成が行われている例と見てよいのではないか。

(2)　個人の尊厳・両性の本質的平等

もう1つが、「法律は、個人の尊厳と両性の本質的平等に立脚して、制定されなければならない」と規定する部分である。立法府は、制度形成にあたり「個人の尊厳」と「両性の本質的平等」に違反する法律を制定してはならず、そうした場合には違憲の法律となる。

(a)　男女間の婚姻年齢の差異をめぐる問題

婚姻に関する制度として「両性の本質的平等」に違反していないかどうかが直接的に問われてきた事例として、男女の婚姻可能年齢の差をめぐる問題がある。日本では戦後、民法731条により、男性18歳以上、女性16歳以上に婚姻をそれぞれ認めてきた。これについては、「女性のほうが男性に比べて二次性徴を迎えるのが早い」といった生物学的理由に加えて、男性の経済的自立や「男性よりも女性のほうが早婚である」といった文化的背景などが理由とされてきた。しかし、現在でもそうした理由が正当化されるのかは疑問である。この点、女性の婚姻年齢も18歳以上に変える民法改正が行われたことで、男女間での差異取扱いはなくなることとなった（2022年4月1日施行）。

もっとも、これにより女性の場合には、婚姻可能年齢が、より制限されるが、こうした措置に問題はないか。この点、憲法的視点からすれば、婚姻制度は、結局のところ、立法による制度形成を前提としており、16歳か18歳かといった婚姻適齢の設定に関する制度形成を国会が行うことは立法府の裁量内にあるとの評価がなされることになろう。

(b)　夫婦同氏制をめぐる問題

他方、夫婦間の事実上の差異取扱いになっており、それが一定の問題をもたらすのではないかとして議論されることとして、夫婦同氏制がある。最高裁（最大判平成27・12・16民集69巻8号2586頁）は、同制度について憲法14条1項に違反しないとしたことは前述の通りである（→憲法Ⅰ4章Ⅲ3(3)参照）。他方で最高裁は、憲法24条に違反するか否かを検討する場面では、次のように述べ、

「個人の尊厳」や「両性の本質的平等」の確保を踏まえた議論が展開される。すなわち、「夫婦同氏制の下においては、婚姻に伴い、夫婦となろうとする者の一方は必ず氏を改めることになるところ、婚姻によって氏を改める者にとって、そのことによりいわゆるアイデンティティの喪失感を抱いたり、婚姻前の氏を使用する中で形成してきた個人の社会的な信用、評価、名誉感情等を維持することが困難になったりするなどの不利益を受ける場合があることは否定できない。そして、氏の選択に関し、夫の氏を選択する夫婦が圧倒的多数を占めている現状からすれば、妻となる女性が上記の不利益を受ける場合が多い状況が生じているものと推認できる」といった具合である。しかし、結果的に最高裁は、憲法24条の視点からも合憲とする判断をしている。

4　家族をめぐる諸問題

(1)　家族のなかの子ども

伝統的に家族は、夫婦のみではなく子どもその他の構成員で構成される。憲法24条2項は、「個人の尊厳」と「両性の本質的平等」を基調とした「家族に関する」事項に関する法制度形成を求めたことから、婚姻を基礎とした親子関係に関する制度形成に関しても述べていると考えられる。これにより、具体的には、親による子の監護権（親権）その他につき憲法の枠組み内で国会が制度形成できることになるが、この親の権能が、子の人権（あるいは個人の尊厳）を侵すことがあってはならない。例えばドイツ連邦共和国基本法（憲法）6条2項は、「子の監護および教育は、両親の自然的権利であり、かつ何よりも先に両親に課せられた義務である」とすると同時に、同3項には、法律に基づき子を親から分離することができる旨を規定する（→本章Ⅲ2(2)参照）。

(2)　多様な家族のあり方

伝統的な家族は、婚姻夫婦とその子ども（これにより構成される家族を「核家族」という）、さらにはその両親や親族から構成されるものと理解されてきた。しかし、近時の家族は、そうした特定の枠には留まらない展開を見せている。最高裁も平成期の家族像について、「いわゆる晩婚化、非婚化、少子化が進み、これに伴って中高年の未婚の子どもがその親と同居する世帯や単独世帯が増加

しているとともに、離婚件数、特に未成年の子を持つ夫婦の離婚件数及び再婚件数も増加するなどしている。これらのことから、婚姻、家族の形態が著しく多様化しており、これに伴い、婚姻、家族の在り方に対する国民の意識の多様化が大きく進んでいる」と示している（婚外子法定相続分規定をめぐる最大決平成25・9・4民集67巻6号1320頁。→同決定について詳しくは、憲法II4章III4(3)を参照）。憲法24条2項を現代の社会のなかで理解するには、こうした家族をめぐる時の経過にも目を向けていく必要がある。

II　生存権

1　諸規定の意味

　憲法25条1項は、人々に「健康で文化的な最低限度の生活を営む権利」を保障し、2項は、社会福祉、社会保障、公衆衛生の向上と増進のための国家の努力義務を定める。これらの諸規定を受け、社会福祉立法としての生活保護法、児童福祉法や、社会保険立法としての国民健康保険法、国民年金法、さらに公衆衛生立法としての地域保健法、食品衛生法等が、国会で制定されている。このように生存権は、憲法上の規定と諸法律で実質化されている。

　憲法25条の1項と2項との関係をめぐっては、かつて堀木訴訟控訴審判決（大阪高判昭和50・11・10判時795号3頁。→本事件については後述3）が、①2項の規定は、国による積極的に貧窮を防ぐ政策に関する努力義務を示し、②そうした努力にもかかわらず、なお貧窮が収まらない場合に、1項の規定により、国による事後的、補足的、個別的に貧窮を救済する施策をする責務が設けられている、との2段階の理解を示していた。この理解によれば、1項の規定は、絶対的な基準としての貧困状態を観念できた場合の救済を定める一方、2項の規定は、制度形成を広汎な立法裁量に委ねることになる。

　ただし同判決は、1項における絶対的な貧困からの救済としては、生活保護法による公的扶助に限定しており、この判決の理解ではほんの一部を除いて立法府の裁量が広く及ぶことになる。そこで学説には、1項と2項とをこのように切り分け、かつ、1項に関する施策として生活保護法だけを念頭に置く論理

に対して厳しい批判がある。通説は、25条の規定を一体的に解している。

2　法的性格

(1)　学説状況

憲法25条の法的性格をめぐっては、従来、次のような学説がみられた。

(a)　プログラム規定説

第一に、プログラム規定説である。プログラムとは「計画」や「指針」である。要するに、憲法25条に法的効力はなく、単に政治的な指針であるとする理解である。日本国憲法制定後の初期段階で憲法25条の法的性格が問われた事件に食管法事件がある。この事件で最高裁（最大判昭和23・9・29刑集2巻10号1235頁）は、プログラム規定説に立脚する判断をしたと理解されている。

(b)　抽象的権利説

第二に、抽象的権利説である。この学説は、プログラム規定説とは異なり、憲法25条の法的効力を認める。ただし、この規定の内容は極めて抽象的であることから、国会の定める法律によってそれが具体化された権利となる。現在、一般的にはこれが通説的見解であるとされる。

(c)　具体的権利説

第三に、具体的権利説である。この学説は、国会による法律の制定がなくとも、憲法に定める生存権規定に具体的な内容を持つ権利性を読み取る考え方である。これによれば、本来であれば憲法25条から直接見出せる権利について国会が法律による権利保障の手立てをしていないために、その権利に基づく給付が行われない状況が生じている場合、国会の立法不作為の違憲状態の確認訴訟でその具体的権利性を主張できるといった理解となる。

(2)　現在の評価

生存権に法的効力はないとするプログラム規定説に対しては、多くの場合、否定的な意見が向けられている。もっとも、プログラム規定説のなかには、25条の規定が、何らかの政治的な指針あるいは法解釈の指針となる以上、法的意味合いがあるのではないかとの見解もある。その意味では、プログラム規定説と権利説との差異が、見出しづらくなる。

他方、プログラム規定説と権利説とは区別できることを前提に、抽象的権利説と具体的権利説との差異は相対的であるとする評価もある。抽象的権利説の場合、憲法25条には、そこに定める具体的権利が見出せないために、法律による具体化がない限り、立法不作為の違憲状態の確認訴訟などを起こせないと一般的には考える。しかし、立法不作為の違憲国賠訴訟などは、生存権をめぐる問題を含め、法律による具体化がない場合の救済手法として用いられるようになっている。そうなると抽象的権利と具体的権利との関係性は相対化する。

3　「健康で文化的な最低限度の生活」保障をめぐる判断

(1)　生存権の保障基準──朝日訴訟

　生存権保障に関する有名な事件に朝日訴訟がある。この事件では、生活保護法8条1項に基づいて当時の厚生省（現在の厚生労働省）決定した「生活保護法による保護の規準」（昭和28年厚告第226号）により、1956年当時の日用品に関する生活扶助費を月額最高600円としている基準が、生活の最低限度を著しく下回らないかが問題となった。第一審判決（東京地判昭和35・10・19判時241号2頁）は、特定の一時期における「健康で文化的な生活水準」はある程度客観的に決定しうることから、当時の厚生大臣による保護基準設定行為を覊束行為であるとし、またそうした基準を満たしてない場合には、憲法25条違反にもなるとして、原告の主張を受け入れた（ただし控訴審では、一審判決は取り消された（東京高判昭和38・11・4行集14巻11号1963頁））。

　本件については上告中に原告が死去したことから、最高裁（最大判昭和42・5・24民集21巻5号1043頁）は、訴訟を終了する判決を行った。しかし、「念のため」として、「健康で文化的な最低限度の生活」とは抽象的な相対的概念であることから、多数の不確定な要素を総合考量してその内容が決定されるとし、またその判断基準の設定について厚生大臣には一定の裁量があり、裁量の限界を超えた場合、あるいはそれを濫用した場合には、違法な行為として司法審査の対象となるとした。これをもとに本件では、月額最高600円を最低限度の日用品費とする設定について裁量権の濫用はないとした。

(2) 公的年金と児童扶養手当の併給調整——堀木訴訟

次に堀木訴訟を挙げておきたい。この事件では、当時の国民年金法に基づき、障害福祉年金を受給していた視力障害の女性が、夫と離婚して子を育てていたことから、当時の児童養育手当法に基づく児童扶養手当の受給申請をした。ところが、当時の児童扶養手当法には、公的年金給付を受ける場合には同手当の併給はできないと規定されていた。そこでこの女性は、同規定が憲法25条や14条に違反するとして、それに基づく処分を取り消す訴えを起こした。

これに対して最高裁（最大判昭和57・7・7民集36巻7号1235頁）は、「健康で文化的な最低限度の生活」は、朝日訴訟と同様、「きわめて抽象的・相対的な概念」であるとし、その具体的内容は、「その時々における文化の発達の程度、経済的・社会的条件、一般的な国民生活の状況等との相関関係」に基づき決定され、具体的立法にあたっては、国の財政事情や「多方面にわたる複雑多様な、しかも高度の専門技術的な考察とそれに基づいた政策的判断」を必要とするとした。そして、憲法25条の趣旨に基づく具体的な立法措置は、立法府の広い裁量に委ねられるとした。

(3) 裁判所による裁量統制

以上のように従来の最高裁判決では、立法府・行政府の広汎な裁量を認める判断が行われており、法令等が直接的に憲法25条に違反するという判断は見られない。生存権保障は結局、立法府・行政府の政策判断に委ねられており、憲法25条の規範性の弱さが目立つ。これに対しては、そうした広い裁量が認められるとしても、堀木訴訟最高裁判決も「それが著しく合理性を欠き明らかに裁量の逸脱・濫用と見ざるをえないような場合」には裁判所の審査を認めていることを根拠に、裁判所による裁量統制に光を当てる見解もある。

これに関連して、社会保障立法のもとでの行政処分の違法性判断における裁判所による（行政）裁量統制も注目される。例えば、生活保護を受ける世帯において、父親が子どもの学資保険に加入し、その後満期を迎えてその額を受領したことから、福祉事務所長がこれを「収入」であるとして生活保護月額を減らした事件（中嶋訴訟）で、最高裁（最判平成16・3・16民集58巻3号647頁）は、生活保護法の趣旨・目的にかなう目的・態様での貯蓄は収入認定の対象にはな

らず、本件のような学資を準備しようとする努力は、法の趣旨・目的に反しないとした。この判断では、憲法が直接の理由づけにはなっていない。しかし、生存権保障の中身の具体的決定について、行政府の完全な裁量を認めるだけではなく、（憲法もその背後におくことのできる）法の理念に基づき、司法による統制を行うことができ、そうした司法統制が、実質的には権利保護にもつながる点で、近年の憲法学では好意的に受け入れられている。

4　制度後退禁止原則

(1)　「向上及び増進に努め」（25条2項）の解釈

憲法25条2項は、生存権の「向上及び増進に努め」ることを国に求めている。この文言の存在を理由に、近年、一定の利益供与を行う制度の構築が、憲法上の要請ではないとしても、一度それを制度化した場合には、その制度を廃止したり、条件を悪くしたりすることは憲法上許されなくなる（あるいは、客観的な憲法原則に抵触する可能性があるので、憲法に照らし厳しく吟味しなければならない）、という考え方が注目を浴びている。この考え方を「制度後退禁止原則」と呼ぶ。こうした議論が生じる背景には、生存権の規範的内容を「最低限度」論に求めるだけでは、結局のところ憲法上の権利としてのミニマム・ラインを見出すことができず、限界があるからであろう。

制度後退禁止原則は、憲法に明示されていない。しかし、生存権の具体化立法の中心的な役割を担う生活保護法の56条は「被保護者は、正当な理由がなければ、既に決定された保護を、不利益に変更されることがない」と規定する。裁判例でも、憲法上の権利として直接的に議論がなされるわけではないが、生活保護法を根拠に制度後退の「違法」性が議論される事件が見られる。それが、生活保護費の老齢加算の削減、廃止をめぐる問題である。

(2)　老齢加算廃止訴訟

国は、1960年以降、70歳以上の生活保護受給者に老齢者固有の事情を背景とした一定額の加算（以下、「老齢加算」という）をした生活扶助費を支給していた。しかし、2004年3月に厚生労働大臣は、専門家委員会による「生活保護制度の在り方についての中間取りまとめ」（2003年12月）を踏まえ、3年間で老齢

加算を段階的に廃止することを決定した。

　このような制度後退は、生活保護法56条に違反するのではないか。東京高裁（東京高判平成22・5・27民集66巻3号1685頁）は、厚生労働大臣の保護基準設定については、生活保護法3条、8条2項が根拠となるとした。これに対して、56条は保護決定を受けた後の個々の被保護者の権利を擁護する趣旨で設けられたことから、事前の保護基準の設定に関しての適用はないとした（他方、56条の「正当な理由」が必要な場合に事前の基準設定による不利益変更も入るとする裁判例として、福岡高判平成22・6・14判時2085号76頁）。ただし、この東京高裁判決は「厚生労働大臣が、一旦、法3条、8条の定める基準に従い適法に設定された保護基準について、これを何らの理由もなく被保護者に不利益に改定することは、憲法及び生活保護法の趣旨・目的に反し、法律によって与えられた裁量権の範囲を超え又は裁量権を濫用したものとして許されない」とも述べており、厚生労働大臣の裁量権を憲法の趣旨を理由に絞り込むように読める。そして、生活保護法8条2項は、生活保護の基準として「最低限度の生活の受容を満たすに十分なものであって、且つ、これをこえないもの」と規定するが、老齢加算は45年間継続されてきたことからも、裁判所は、保護基準の改定にあたっては老齢加算を廃止する相応の合理的理由が必要であるとしている。

　ところが、同東京高裁判決の上告審で最高裁（最判平成24・2・28民集66巻3号1240頁）は、生活保護法の諸規定に見られる「最低限度の生活」は、抽象的で相対的な概念であることから、その判断にあたっては厚生労働大臣の専門技術的かつ政策的な見地からの裁量権が認められるとしており、制度後退に着眼した判断とはなっていない点に注意が必要である。

「制度後退禁止原則」は憲法上の要請か？

　「制度後退禁止原則」を憲法上の要請と見る考え方には批判もある。その1つは、本文の東京高裁判決もそうであったが、憲法25条1項の中身の確定は憲法で直接行われるわけではなく、（「違憲」論ではない）「違法」論に落ち着くのではないかという点である。

　また、憲法25条1項が要請しているのは、健康で文化的な最低限度の生活の水準を下回ることの禁止であり、制度の向上・後退は、どちらも立法府の裁量

的判断に任せられることになるのではないかという批判である。そこで、立法裁量統制を考えるとしても、制度後退の禁止を理由とするものではなく、判断過程に不備がなかったかどうかをめぐる統制（「当然考慮に入れるべき事項を考慮に入れず、又は考慮すべきでない事項を考慮し、又はさほど重要視すべきでない事項に過大の比重を置いた判断がなされていないか」（最大判平成16・1・14民集58巻1号56頁、補足意見2））を行うしかないのではと指摘される。

Ⅲ　教育を受ける権利

1　学習権としての「教育を受ける権利」

(1) 意　義

　憲法26条1項は、教育を受ける権利を保障する。人々は他者の援助なくして成長できない。また、適切な人格を形成して社会生活を送っていくためには、一定の知識やものの考え方などを学ぶことが要請される。さらに民主主義の維持のためには、人々の政治的知識や判断能力の育成が非常に重要となる。このように人々は、自由で民主的な社会を支える「良き市民」となるべく、教育を受ける権利が保障される。

　教育を受ける権利の中心には子どもが観念される。心身が未成熟な子どもは、一定の適切な教育を受けることで人格を形成し、ひいては先述のような良き市民となることが期待される。旭川学力テスト事件で最高裁（最大判昭和51・5・21刑集30巻5号615頁）は、①国民各自が一個人として、あるいは市民として必要な学習をする固有の権利（いわゆる学習権）をもつことを明言し、②自ら学習できない子どもには、学習の要請を満たすための教育を自身に行うよう、大人一般に要求する権利がある、との考え方を示している。

(2) 「教育権」の所在

　教育を受ける権利をめぐっては、かつて「教育権」の所在をめぐる論争が注目を集めた。この議論は、教育を受ける主体を中心とするのではなく、教育を行う側の権限に関する「国民の教育権」説と「国家の教育権」説との対立であ

った。この問題は、（国民の教育権の観点からは）国家による専断的な教育が行われないよう、教育の権限は広く国民側にあるのではないかといった議論に支えられていた（そこにいう「国民」とは、特に親とその付託を受けた教員を指す）。しかし、先の旭川学力テスト事件で最高裁（最大判昭和51・5・21刑集30巻5号615頁）は、両説の一方に正当性があるとする考え方を否定し、子どもの学習権の観点から判断を展開する。

　国による不当な教育権の行使は当然問題となるものの、その対抗軸として「（公立学校）教員の教育の自由」を観念する場合も学びの主体である子どもにとって、国も教員も公的（権力的）存在であることに変わりはないことから、子どもの人格形成を不当に侵害することは両者ともに許されない。ただし、各教員が創意工夫をし、生徒・児童に必要と思われることを積極的に取り入れることは大切であり、その観点から教員の教育の自由は一定程度認められよう（→もっとも、憲法II9章II2を参照）。

2　教育における国や親の役割

(1)　国の役割

　（子どもの）学習権の法的性質には、国務請求権の側面がある。そこで国は、適切な教育を国民に施す必要がある。もっとも国による教育の作用には、時の為政者、あるいは一部の人々に都合のよい人格形成を行おうとする危険が伴う。これでは自由で民主的な国における良き市民の育成とはならない。そこで教育基本法には、教育が「不当な支配に服することなく」（16条1項）行われるべきことが確認されている。同法には、教育目標として「我が国と郷土を愛する」（2条5号）といった項目が見られる。これは、思想・良心の自由との観点から問題となるが、国による不当な支配が禁止されることに変わりはない。

(a)　教科書検定

　これに関して問題となるのが、教科書検定である。学校教育法では、小中高や中等教育学校などの教育の場では、文部科学省の検定制度に合格した教科用図書を使用しなければならない（学校教育法34条・49条・62条・70条・82条）。憲法26条との関連では、同検定制度が（公教育における）教員の教育の自由への侵害になるとの懸念が示されてきたが、最高裁（最判平成5・3・16民集47巻5号

3483頁〔第一次家永教科書訴訟〕）は、同制度を合憲とした。

(b) 学習指導要領

学習指導要領とは、学校教育法施行規則に基づいて定められたもので、各教科の単元構成等教育課程の基準として文部科学大臣が公示したものである。小中高や中等教育学校などの教育の場では、同要領に従った教育を行う必要があるが、「法律」でも「命令」でもない同要領の位置づけが問題となる。これについて、検定教科書を用いない授業をするなど、同要領に従わずに教育を行った高校教員の教育における裁量の幅が問題となった事件で最高裁（最判平成2・1・18民集44巻1号1頁〔伝習館高校事件〕）は、同要領に法規としての性質があることを認め、同教員による教育は同要領等違反であるとした。

(2) 親の教育の自由

憲法上の根拠規定をめぐっては諸説あるものの、教育を受ける権利との関連で検討すべき点として、「親の教育の自由」がある。従来、「教育を受ける権利」や「教育の自由」は、公教育に関して主に議論されてきた。しかし、憲法に明示されていないとはいえ、教育に関する自由と責任は、保護者としての親などにもあろう。後述のとおり、親には教育を受けさせる憲法上の義務があり、また民法820条には「親権を行う者は、子の利益のために子の監護及び教育をする権利を有し、義務を負う」と規定されている。

ただし、親の教育の自由は万能ではなく、子どもの権利を不当に侵害できない。民法834条は「父又は母が、親権を濫用し、又は著しく不行跡であるときは、家庭裁判所は、子の親族又は検察官の請求によって、その親権の喪失を宣告することができる」とした親権喪失制度を定める。この下で、親の育児放棄の他、宗教教育などが問題となる。つまり、親が信じる宗教を子どもも当然に信じるように親が教育権を行使する場合、他方では子どもの信仰する（しない）自由が問題となり、子どもの利益の観点から見た調整が必要となる。

3　均等な教育の機会

(1) 「能力に応じて」、「ひとしく」（憲法26条1項）の解釈

憲法26条には、教育の均等機会が保障され、教育基本法4条1項には「人

種、信条、性別、社会的身分、経済的地位又は門地によって、教育上差別されない」と規定される。ただし、憲法26条には「その能力に応じて、ひとしく」との条件も付される。このことから、公正な方法で入学試験などで選別を行うことなど、各人の一定の能力に応じた対応をすることが直ちに違憲となるわけではない。これに対して、能力があるにもかかわらず、適切な教育が行われない状況に対しては、国などが一定の援助をする制度化がされてよい。教育基本法4条3項には、「国及び地方公共団体は、能力があるにもかかわらず、経済的理由によって修学が困難な者に対して、奨学の措置を講じなければならない」とする規定が設けられており、このことを裏づける。

　2010年に始まった公立高等学校の授業料無償化制度を契機として、2014年の法改正で定められた「高等学校等就学支援金の支給に関する法律」に基づき、現在、高等学校等就学支援制度が設けられている。保護者の所得制限等が盛り込まれた当該制度の目的は、「高等学校等における教育に係る経済的負担の軽減を図り、もって教育の機会均等に寄与すること」（同1条）とされている。

(2) 障害者教育

　「能力に応じて」や「ひとしく」の解釈について、特に議論が展開されてきたのが障害者教育である。それらをめぐっては、かつて健常者を優先とする解釈や、知的・精神的「能力」以外を理由とする差別をしてはならないといった見解も見られた。現在では、「能力に応じて」とは「個性に応じて」という意味であるとされ、重視されるべきは「ひとしく」であるとする考え方が強い。

　障害者教育をめぐっては、かつて、健常者との分離を前提とする教育が行われていたものの、それには疑問が呈され、ノーマライゼーション・インテグレーション・インクルージョンといった概念のもと、統合教育を推進する状況になっている。2006年の学校教育法改正では、従来、「特殊学校」と称してきた盲・聾・養護学校の名称を「特別支援学校」に、従来小中学校にあった「特殊学級」を「特別支援学級」にして制度の見直しを図ることとした。

　関連して、胸部より下が不自由である小学生が、中学での本人の希望に反した「特殊学級」への入級処分の取消しを求めた事件で、裁判所（旭川地判平成5・10・26判時1490号49頁〔留萌中学校事件〕）は、憲法26条に定める「教育を受

ける権利」は社会権の性格をもつので、自らの教育内容の決定権を有するわけではなく、憲法26条が障害者の教育に関する規範的基準を有するわけではないとして同請求を棄却した。他方で、同判決から16年後の裁判所決定（奈良地決平成21・6・26裁判所HP）は、憲法論を示していないものの、「当該生徒及び保護者の意向」、「当該市町村の設置する中学校の施設や設備の整備状況」、「指導面で専門性の高い教員が配置されているか否か」、「当該生徒の障害の内容、程度等に応じた安全上の配慮や適切な指導の必要性の有無・程度」などを総合考慮し、「障害のある生徒等一人一人の教育上のニーズに応じた適切な教育を実施するという観点から相当といえるか」を慎重に検討した。そして、普通学校での教育は困難であるとする相手側（市町村）の主張は、「いずれも抽象的な危険のおそれをいうにすぎず、近年の障害のある生徒の自立や社会参加に向けた取組を支援するという特別支援教育の理念に反する」としている。

4 義務教育

　憲法26条2項は、「すべての国民は、法律の定めるところにより、その保護する子女に普通教育を受けさせる義務を負ふ」と定めている。ここで義務が課せられるのは、教育を受ける子女ではなく、保護者である。

　同項の後段は「義務教育は、これを無償とする」と規定する。これは最低限の教育に関する経済的負担を軽減することで保護者の義務の履行を担保しつつ、国や地方公共団体の義務的負担を要請する規定である。教育基本法5条3項は、「国及び地方公共団体は、義務教育の機会を保障し、その水準を確保するため、適切な役割分担及び相互の協力の下、その実施に責任を負う」と定める。「無償」の意味は、判例で授業料の徴収をしないことである（最大判昭和39・2・26民集18巻2号343頁）。この点、教育基本法5条4項でも「国又は地方公共団体の設置する学校における義務教育については、授業料を徴収しない」との規定を置く。現状では授業料のほか、義務教育での教科書が、「義務教育諸学校の教科用図書の無償措置に関する法律」を根拠に無償で配布される。

第14章

労働基本権・
国務請求権
（国家賠償請求権・裁判を受ける権利）

　労働基本権は、労働条件や労働環境の改善を求めて行使しうる権利であり、生存権と同様、人々が「健康で文化的な最低限度の生活」が送れることを目的とする。また、国務請求権のなかで学ぶ各権利も生存権等と同様、国家に積極的な行為を求める権利である。こうした権利は、人々が安心して社会生活を送るにあたっての法的救済を支えるものである。

I　労働基本権

　働くことは、人々の生活にとって重要な意味をもつ。それは単に生活のために収入を得ることにとどまらず、人々の生きがいにもつながる。憲法27条では、人々の「勤労の権利」を保障すると同時に、「勤労の義務」を規定するように、労働は人々の生活に不可欠なものと捉えられている。

　労働条件をめぐる歴史を振り返ると、かつては、必ずしも労働者にとって適切な場、待遇が保障されるものではなかった。失業や劣悪な労働環境のもとで健康を害する場合も多かった。さらに過酷な児童労働が特に規制もなく行われていたとされる。しかし、社会権思想の登場と相まって、人々が「人間らしく」労働を行える環境整備が必要ではないかといった発想が生まれた。そして、労働条件の向上には、弱い地位にある労働者自身がその改善を訴えることが必要で、そのために労働者同士が団結してそれを訴えるといった契機が重要であるとの認識が高まった。その結果、労働者に必要となる諸権利としての労働基本権が憲法にも登場した。

1　内容と性質

(1)　契約自由の原則と労働者の保護

　雇用者と労働者との関係は、一般的には民事上の雇用契約である。こうした契約は、私人間における法的行為であり、基本的には私的自治の原則が働く。しかし、雇用者と労働者とは、社会的に見れば、事実上、対等の関係にはない。つまり、雇用契約に何も制約がなければ、雇用者が自由に労働者の低賃金を決め、劣悪な労働条件を設定したとしても、もしそれが嫌であれば辞めればよい、といった論理を振りかざすかもしれない。この場合、労働者は力関係において不利な立場に置かれる。そこで、雇用者と労働者との関係については、労働者も雇用者と対等の地位に置くような法的ルールを形成する必要が生じる。こうしたルールの基本原理がここに見る労働基本権であり、また、諸法律で構成される「労働法」の分野では、そうしたルールを学ぶ。

(2)　内　容

　労働基本権と呼ばれるものの1つは、まず、団結権である。これは、労働者が同じ立場にある者同士で自ら団体を組織し、雇用者との対等の地位を得るための権利である。具体的には労働組合の結成の権利である。

　次に、団体交渉権である。これは、労働組合が、雇用者と対等に労働条件等について交渉する権利である。労働組合法では第3章に「労働協約」の章が設けられており、同14条によれば「労働組合と使用者又はその団体との間の労働条件その他に関する」ことを労働協約で定めることが示されている。

　最後に、団体行動権である。これは、労働協約の中身などの労働条件の実現に向けて、労働組合が団体行動をする権利のことをいう。具体的には争議行為などを行う権利のことをいい、これを争議権と呼ぶ。争議行為については、労働関係調整法7条で「同盟罷業、怠業、作業所閉鎖その他労働関係の当事者が、その主張を貫徹することを目的として行ふ行為及びこれに対抗する行為であつて、業務の正常な運営を阻害するもの」と定めており、具体的にはストライキなどのことを指す。

(3) 法的性質

労働基本権にはまず、社会権としての性質があり、人々は国に対して労働者の権利保障に関する積極的作為を求めることができる。もっとも労働基本権は、そうした国務請求権的な意味合いの社会権としての性質にとどまらず、国家がそうした労働者の諸権利を妨害するようなことがないように、国家による不当な制約を禁止するという自由権的性質もある。

さらに労働基本権は、その性格上、対雇用者との関係において、労働者の権利侵害を止める性質を有している。その意味において労働基本権を定める憲法諸規定は、雇用者と労働者との間で、直接的な適用を受けるとされている。これは、いわゆる「憲法の私人間効力論」（→憲法Ⅱ2章Ⅲ）における間接適用説の視点からすれば、例外的なものであり、注意が必要である。これは憲法27条3項に定める「児童酷使の禁止」にもいえる。

2 労働組合と労働者の関係性

労働組合は労働者たちの団結により結成される。そうなると、団体とそれを構成する諸個人との関係性が問題となる。特に団体を構成する個人の考えが、団体としての労働組合の方針とは異なる事態が生じた場合には、どのように考えるべきか。これについて労働組合の場合、他の諸団体などに比べると、労働組合による統制を認めてよいのではないか、といった考え方も強い。そこで正当化される統制の範囲と限界とが問題となる。

(1) ユニオン・ショップ協定

ユニオン・ショップ協定とは、労働者を雇用者が雇用するにあたり、同労働者に対して労働組合への加入義務を課し、組合加入をしない場合（あるいは組合脱退・除名の場合）、雇用者が同労働者を解雇する協定のことをいう。この協定の締結は、結果的に組合への強制加入が求められることを意味する。しかし、これは、「結社の自由」（憲法21条等）から派生する「結社をしない自由」、「結社に入らない自由」を不当に侵害することにならないか、といった問題が生じる。これに対して最高裁は、解雇の威嚇のもとでの、特定労働組合への加入強制につき、労働者の組合の選択の自由や、その他の労働組合の団結権を侵

害するような場合、認められないとして、こうした協定の効力を限定的に解している（最判平成元・12・14民集43巻12号2051頁〔三井倉庫港運事件〕）。

(2) 労働組合の内部規律との抵触

労働組合では組織自体が一定の行動方針を立て、組合員に対してそれに沿った行動を要請する。しかし、これに従わない組合員もいる。その場合、組合は組合員に対しそれに従うよう強く要請をし、さらに従わない組合員に対して、組合員資格の停止などの制裁処分をすることがある。しかし、こうした組合の要請や処分がどこまで許されるのかが問題となる。

このことに関して、ある労働組合が、市議会選挙で同組合が決定した統一候補の選挙応援をしようとしたところ、同選挙での組合統一候補にもれた組合員が独自に市議会選挙に立候補をしようとした。これに対して労働組合の役員が、立候補の断念を促し、もし立候補したら、組合からの除名処分や組合員としての権利停止を行うことを示唆した。この行為が、選挙の自由を妨害するとして、役員が公選法上の罪に問われた〔三井美唄炭坑労組事件〕。この事件で最高裁（最大判昭和43・12・4刑集22巻13号1425頁）は、組合の合理的範囲内での統制権は憲法28条の精神に由来するとして認めたものの、選挙における立候補の自由（憲法15条1項）を制約する場合にはこの権利の重要性を十分考慮する必要があるとした。そして、本件のように立候補を思いとどまるよう勧告・説得すること自体はなしうるものの、従わないことを理由に統制違反者として処分することは、組合の統制権の限界を超えるとした（→憲法Ⅱ9章Ⅰ4も参照）。

3　公務員の労働基本権

(1) 法律上の制約

公務員の労働基本権には、一般企業の労働者の労働基本権とは異なり、法律上の特別の制約が設けられている。例えば、争議権の行使は法律上すべて禁止される（国家公務員法98条2項、3項、地方公務員法37条等）。これは、現業公務員、公共企業体職員、特定独立行政法人の職員（国家公務員）も同じである。

また非現業の一般公務員は（団体交渉権の一種である）団体協約締結権が制限される（国家公務員法108条の5第2項等）。さらに警察職員（国家）、海上保安庁

職員、刑事施設職員、自衛隊員、警察職員（地方）、消防隊員は、労働基本権の３種の権利がすべて制約される（前三者につき国家公務員法108条の２第５項、自衛隊員につき自衛隊法64条１項、後二者につき地方公務員法52条５項等を参照）。

　日本ではかつて、日本専売公社（現、JT〔日本たばこ産業〕）、日本国有鉄道（現、JR各社）、日本電信電話公社（現、NTT）が三公社、郵便事業、大蔵省（現、財務省）印刷局、同造幣局、国営林野事業、（工業用）アルコール専売事業が「五現業」と呼ばれ、これらの公共企業体職員も公務員であった。その後、民営化、独立行政法人化が進み、三公社および郵便事業、アルコール専売事業は、株式会社となり、法律に基づく（国家公務員としての）労働基本権の制限がなくなった。しかし現在も、独立行政法人のうち、「行政執行法人の労働関係に関する法律」（かつての「国営企業労働関係法」、「特定独立行政法人（等）の労働関係に関する法律」にあたる）に定める「行政執行法人」に勤務する一般職の国家公務員には、争議行為が禁止されている。

(2) 判例の状況

　公務員の労働基本権を広く制約する現在の法規定をめぐっては、以前から違憲の疑いが示されてきており、実際にいくつかの事件で検討の対象となっている。ただし、以下に見る1960年代の最高裁大法廷判決と1970年代のそれとは、その評価と論理とが大きく異なっている点に注意が必要である。

(a) 1960年代の２つの判決

　1960年代の最高裁は、公務員の労働基本権に配慮を見せる判決を示していた。全逓東京中郵事件では、郵便職員の組合であった「全逓信労働組合」の役員が、東京中央郵便局職員に対する争議行為のそそのかし行為を理由に起訴された（当時の郵便職員は公務員であり、それらにより結成される労働組合もまた公務員法制に組み込まれていた）。この事件では、こうした争議行為を禁止する当時の公共企業体等労働関係法（現在の行政執行法人の労働関係に関する法律にあたる）17条（争議行為のあおり行為の禁止等〔刑事罰は付されていないことに注意〕）が合憲かどうか、また、郵便法79条１項前段違反をしたとされる被告人に、正当な争議行為を理由とする刑事免責は及ぶか（違法性が阻却されるか）どうかが問題となった。この事件で最高裁大法廷は、労働基本権の制限にあたっては、制限の必

要最小限度性や、国民生活にもたらす重大な支障のおそれを避けるためのやむをえない場合には、刑事制裁の最小限性、代償措置の必要性、などが検討されなければならないとして、これらの審査の結果、同法17条を合憲とした。他方で、正当な争議行為には、労働組合法1条2項の適用が及び、本件の場合には刑事免責が及ぶとして、郵便法79条1項前段違反で起訴された被告人を無罪とした（最大判昭和41・10・26刑集20巻8号901頁）。

　また、都教組事件では、東京都教職員組合の役員が、都教育委員会が実施する勤務評定に反対するため、同組合に所属する教職員にストライキを行わせようと指令の配布等を行った。地方公務員法37条1項は、職員の争議行為とそのあおり行為を禁止しており、同61条4号では、そのあおり行為にのみ刑事罰を科す。そこで組合役員の行為があおり行為にあたるとして起訴された事件である。最高裁は、法規定自体は合憲としつつも、これを合憲とするには限定的な解釈をしなければならないとし、対象となる争議行為の範囲を限定しつつ、さらに処罰対象となるべきあおり行為の範囲も限定し（いわゆる「二重のしぼり」）、被告人を無罪とした（最大判昭和44・4・2刑集23巻5号305頁）。

(b)　1970年代の判決

　以上の判例の流れは、その後、公務員の労働基本権の全面的制限を許容する判決へと変化していく。その契機となったのが、全農林警職法事件である。上記の都教組事件が地方公務員法違反であったのに対し、この事件は国家公務員法違反であるが、問題の構図はほぼ同じである。つまり、当時の国家公務員法98条5項（現、98条2項）では争議行為とそのあおり等行為を禁止し、同110条1項17号ではあおり等行為のみを処罰の対象としている。そのもとで、全農林労働組合の役員が、警職法改正のための反対行動の一環として、各県の労組本部にストライキの指令を出したりした行為が、争議行為のあおりに当たるとして起訴された事件である。最高裁は、上記の都教組事件などとは異なり（判例変更をし）、国家公務員法による一律かつ全面的な制約を合憲としている（最大判昭和48・4・25刑集27巻4号547頁）。以降の最高裁では、都教組判決の考え方が岩手教組学テ事件判決（最大判昭和51・5・21刑集30巻5号1178頁）により、全逓東京中郵事件判決の考え方が全逓名古屋中郵事件判決（最大判昭和52・5・4刑集31巻3号182頁）により、それぞれ覆された。

II 国務請求権

1 国家賠償請求権・刑事補償請求権

(1) 国家賠償請求権

(a) 憲法17条の意義

憲法17条は、「何人も、公務員の不法行為により、損害を受けたときは、法律の定めるところにより、国又は公共団体に、その賠償を求めることができる」と規定する。これを国家賠償請求権という。歴史的に見ると国家が自ら行った違法（不法）な行為について、国民に適切な賠償をするという考え方は希薄であった。というのも、かつては、国家を無謬な（間違いをしない）存在と認識する考え方が、特に英米では強かったからである（「王は悪をなさず」）。しかし、国家もまた国民に対して間違いをすることがあり、それによる損害に人々の請求権を認めることが重要であるとの認識が高まった。また、具体的に不法行為を行う人物としては公務員が考えられるが、公務員個人にその損害賠償を求めることにより、①公務員自体が萎縮して十分な公務ができなくなるといった考え方や、②公務員個人の財産の範囲で賠償責任を負うとなれば、請求する人々に対する賠償が十分に行われなくなるといった考え方もあり、賠償の対象を「国又は公共団体」としたことも重要である。憲法17条の「法律の定めるところにより」とする規定から、国家賠償請求権を具体化する法律として国家賠償法が制定されている。同法では、公権力の行使に関する公務員の不法行為責任に関する国（公共団体）の賠償（同法１条）と、公の営造物の設置・管理の瑕疵に関する国の無過失責任（同法２条）が定められている。

以上をめぐっては、「国又は公共団体」の責任とは別に、公務員個人に対する賠償責任を求めることができるか否かが問題となる。最高裁は、国による賠償が認められる場合には、公務員個人が直接の責任を負うことはないとする、いわゆる「公務員個人責任否認の法理」を示している（最判昭和30・4・19民集9巻5号534頁）。これに関して、国家賠償法１条２項では「公務員に故意又は重大な過失」がある場合、国による公務員に対する「求償権」を定めている。求償権とは、国が賠償金として払った額を公務員個人に対して求める権利のこ

とをいう。ただし国が公務員個人に求償権を行使する事例は少ない。

(b)　郵便法違憲判決

憲法17条に関わる事件として郵便法違憲判決（最大判平成14・9・11民集56巻7号1439頁）が挙げられる。郵便事業はかつて国の事業であり、（旧）郵便法68条・73条では、郵便配達に関する国の損害賠償責任の一部（具体的には書留郵便についての差出人・受取人による責任追及）が免除または制限されていた。これについて最高裁は、（軽過失による不法行為に基づく国の損害賠償責任の免除・制限は違憲にはならないが）「特別送達郵便物について、郵便業務従事者の故意又は過失による不法行為に基づき損害が生じた場合に、国の損害賠償責任を免除し、又は制限している」ことが憲法17条に反しており違憲無効であるとした。

(2)　刑事補償請求権

憲法40条には、「何人も、抑留又は拘禁された後、無罪の裁判を受けたときは、法律の定めるところにより、国にその補償を求めることができる」と規定する。ここにいう刑事補償とは、「賠償」と異なり、国家が正当な方法・手続により、結果的に裁判で無罪となる人を抑留・拘禁したこと自体は「合法」であることを前提とする。しかし、不必要に身柄を拘束されたことに変わりはなく、それには適切に国家が金銭的に補償しようとする考えである。

「拘留又は拘禁された後、無罪の裁判を受けたとき」の解釈をめぐっては、最高裁が「無罪となつた公訴事実に基く抑留または拘禁はもとより、たとえ不起訴となつた事実に基く抑留または拘禁であつても、そのうちに実質上は、無罪となつた事実についての抑留または拘禁であると認められるものがあるときは、その部分の抑留及び拘禁もまたこれを包含する」と判断した（最大決昭和31・12・24刑集10巻12号1692頁）。また、少年審判手続における不処分決定に係る身柄拘束に関する刑事補償の請求も同様に考え、刑事補償請求はできないとした（最決平成3・3・29刑集45巻3号158頁）。

2　裁判を受ける権利

(1)　「裁判を受ける権利」に関する憲法上の諸規定

憲法32条には、「何人も、裁判所において裁判を受ける権利を奪はれない」

と規定している。「裁判を受ける権利」は、政治権力からは独立した裁判所による公平な裁判を求めることができる意味で国務請求権の一種である。

「裁判を受ける権利」を実質的に保障するには、適正な手続を経た、公正な裁判所による裁判が行われなければならない。憲法76条2項の特別裁判所の禁止も組織面からそのことを担保する。他方、内容面では、刑事事件における迅速公平な刑事裁判の保障が、憲法37条1項に明記される。さらに憲法82条の裁判の公開法廷に関する規定も、権力に都合のよい裁判が行われないようにする観点から、裁判を受ける権利を実質的に保障する。

(2) 「非訟事件」をめぐる問題

民事上の紛争処理の制度には、民事上の法律関係に関する事件について簡易審理で解決を図る、いわゆる「非訟事件」がある。非訟事件は現在、2011年に制定された非訟事件手続法に基づいて行われるが、同法によれば対審は原則非公開（同30条）である。当事者や利害関係者の参加を認めるが（同20条、21条）、基本的には当事者主義ではなく職権主義の要素をもつ。

この非訟事件は、憲法32条や82条に違反しないかどうかが問われる。最高裁は、32条の「裁判」や82条の「公開の原則の下における対審及び判決によるべき裁判」とは、純然たる「訴訟」事件に適用されればよく、非訟事件の審判とは区別し、合憲としている（最大決昭和35・7・6民集14巻9号1657頁）。

なお、刑罰ではない「過料」については、刑事訴訟法ではなく、非訟事件手続法の規定が適用される（同119条参照）。

(3) 訴訟事件における裁判の「非公開」

裁判の公開に関連して、通常の訴訟事件でも裁判の非公開が認められる場合がある。2004年4月施行の人事訴訟法では「この法律において『人事訴訟』とは、次に掲げる訴えその他の身分関係の形成又は存否の確認を目的とする訴え……に係る訴訟」（同2条）であるとし、婚姻・離婚、子の認知、養子縁組に関する無効・取消の訴えをめぐる民事訴訟法の特例を設けている。そして、同22条は「人事訴訟における当事者本人若しくは法定代理人……又は証人が当該人事訴訟の目的である身分関係の形成又は存否の確認の基礎となる事項であって

自己の私生活上の重大な秘密に係るものについて尋問を受ける場合において
は、裁判所は、裁判官の全員一致により、その当事者等又は証人が公開の法廷
で当該事項について陳述をすることにより社会生活を営むのに著しい支障を生
ずることが明らかであることから当該事項について十分な陳述をすることがで
きず、かつ、当該陳述を欠くことにより他の証拠のみによっては当該身分関係
の形成又は存否の確認のための適正な裁判をすることができないと認めるとき
は、決定で、当該事項の尋問を公開しないで行うことができる」と規定する。
これは、憲法82条2項が、「裁判所が、裁判官の全員一致で、公の秩序又は善
良の風俗を害する虞があると決した場合には、対審は、公開しないでこれを行
ふことができる」と規定することから、「自己の私生活の重大な秘密に係る」
尋問も、「公の秩序又は善良の風俗を害する虞があると決した場合」にあたる
として行われた立法措置であろう。国民の間のプライバシーや個人情報保護等
の権利意識の高まりがあるにせよ、憲法82条2項後段に「但し、政治犯罪、出
版に関する犯罪又はこの憲法第三章で保障する国民の権利が問題となつてゐる
事件の対審は、常にこれを公開しなければならない」とあるように、裁判を受
ける権利の実質的保障のためには、裁判の公開が重要な要素でもある。

(4) 裁判員制度

　地裁の刑事裁判には一部、裁判員裁判が導入されている。問題となるのは、
裁判員を含む人々による裁判が、裁判所における「裁判を受ける権利」を満た
しているのかという点である。これは、裁判所での裁判は通常、職業裁判官に
よって行われるべきであるという思考が背後にあるからである。この点、最高
裁（最大判平成23・11・16刑集65巻8号1285頁〔裁判員制度合憲判決〕）は、特に下級
審において国民の司法参加を憲法が禁じているとはいえず、「直ちに憲法上の
『裁判所』に当たらないということはできない」とし、裁判員制度は憲法32条
に反しないとしている（憲法 I 11章 I 6参照）。

第15章

参政権

　本章では参政権について学ぶ。参政権とは、人々が国や地域の政治・行政や意思形成に、能動的に参加する地位に立つことができる権利のことをいい、民主主義の発展とともにその内容が拡充されてきた。なお、端的に参政権といってもその中身は多様であり、人々が国や地域の政治・行政の実施に直接的に関わる場面（直接的参政権——公務就任権や国民表決、国民発案、住民投票など）と、間接的に関わる場面（間接的参政権——選挙権や（議員の）解職請求権など）とに分類される。さらに憲法16条に定める請願権にも参政権的側面がある。

I　選挙権

1　選挙権の法的性質

　選挙権とは、一定の人々が、国や地方公共団体の機関を構成する代表者を選出する権利または権限のことである。日本では、明治憲法のもと、一定の税金を納めた男性のみに選挙権が付与される制限選挙が導入された（1889年）後、成人男性のみが投票できる普通選挙が認められた（1925年）。第二次大戦後は普通選挙の範囲が拡大され、成人男女一般の普通選挙制が確立した（1945年）。

　日本国憲法は、主権者である「日本国民は、正当に選挙された国会における代表者を通じて行動し」（前文）と明記するように、国政に関する間接民主主義を原則とする。国会における国民の代表者たちを含む公務員の選出は「国民固有の権利」（15条1項）であると規定し、それらの選挙は「成年者による普通

選挙」（同条 3 項）で行われる。

　選挙権（国政）は、国民の国政への参加の機会を保障する基本的権利であって、議会制民主主義の根幹を成すものであり、民主国家では一定の年齢に達した国民すべてに平等に与えられるべきである（最大判平成17・9・14民集59巻 7 号2087頁）。選挙権の法的性質としては、選挙人が、選挙を通じて政治に関する自分の意思を主張できるという意味で「権利」性があるのと同時に、選挙人団の一員として、公務員の選定作業に参加する「公務」に参加する性格があるとの考え方（権利・公務二元説）が通説である。

権利一元説と権利・公務二元説の対立

　選挙権の法的性格をめぐる権利・公務二元説に対しては、権利一元説からの批判が見られた。そこでは、権利と（公務という）義務とを同時に認めることは論理矛盾であるとされ、公務性を認めると選挙における投票放棄などが認められず、制限選挙が正当化されやすいといわれた。逆に権利説であれば強制投票の禁止や普通選挙制が導かれるとされた。しかし、こうした議論は現在では下火になっている。理由としては、選挙のどの次元を観察するかで、公務性と権利性の側面との語り方が変化するにすぎないといった考え方や、選挙権の法的性質の違いが、制限選挙と普通選挙、あるいは強制投票と自由投票との区別を決定づけるわけではないといった考え方が登場したからである。

2　選挙権保障の要件

(1)　成年者による普通選挙

　普通選挙原則の観点から考えると選挙権は広く保障されるべきであるが、一定の保障要件もあわせて要請される。

　まずは「成年者による普通選挙」（15条 3 項）の要請である。これにより未成年者には一律に選挙権が付与されない。これは未成年者の政治的決定能力の観点からの制限であると考えられるが、憲法は直接「成年者」が何歳であるかを示していない。日本では長年、公職選挙法で満20歳以上を選挙権者と定めてい

たが、2015年の法改正により2016年6月19日以降、日本での選挙成人年齢は満18歳以上とされた（→憲法Ⅰ6章を参照）。

(2) 国民要件と居住要件

選挙権行使の主体は、法律上「日本国民」（公職選挙法9条）であると規定される。憲法では公務員の選定は国民固有の権利であると規定しており、国民要件は憲法上の要請とも考えられる。しかし、すべての選挙に同要件が必要かどうかをめぐっては考え方に争いがある（→憲法Ⅱ2章Ⅰ1の「外国人の人権」を参照）。

なお、都道府県の知事と議会議員の選挙については「引き続き3カ月以上その都道府県内の同一の市区町村に住所のある者」で、市町村の長と議会議員の選挙については「引き続き3カ月以上その市区町村に住所のある者」であるといった居住要件が法律上加わる（公職選挙法9条2項・4項）。

3　選挙権の制限

(1) 選挙事項法定主義

成人である日本国民には選挙権が認められることになるが、他方で、実際の選挙制度では選挙権（行使）に関する諸制限が設けられてきた（どのような選挙権制限が問題になってきたのかは次の4で見る）。こうした選挙権（行使）制限に大きな役割をしてきたのが、憲法43条2項、44条、47条といった「選挙事項法定主義」に関する憲法規定である。つまり、選挙に関する諸事項は、国会が（その裁量の範囲内で）定める法律で決めることができ、一定の制限も行える。

参議院議員地方区選挙の一票の較差問題をめぐる最高裁大法廷判決も、この選挙事項法定主義を再確認している（最大判昭和39・2・5民集18巻2号270頁）。また身体障害者の在宅投票制度廃止をめぐる国会の立法不作為に対する国家賠償請求訴訟（最判昭和60・11・21民集39巻7号1512頁〔在宅投票廃止事件〕）で最高裁は、国民の選挙権行使を事実上奪う身体障害者の在宅投票制度の廃止が違憲であるか否かの判断はせずに国家賠償責任の不認定の判断を示しているが、その際にこの昭和39年判決を先例として引用し、選挙に関する事項の決定が国会の裁量的権限であることを広く認めている。

(2) 近年の傾向

　以上のように選挙に関する事項の決定に国会の判断が必要であることは、憲法上の要請である。もっとも、在外国民の選挙権をめぐる平成17年最高裁判決（最大判平成17・9・14民集59巻7号2087頁〔在外国民選挙権訴訟〕）は、選挙権の重要性を示したうえで、権利制約の正当性を審査する判断枠組みを以下のように提示したことが注目された。それは、①「自ら選挙の公正を害する行為をした者等の選挙権について一定の制限をすることは別として、国民の選挙権又はその行使を制限することは原則として許されず、国民の選挙権又はその行使を制限するためには、そのような制限をすることがやむを得ないと認められる事由がなければならない」ということと、②「そのような制限をすることなしには選挙の公正を確保しつつ選挙権の行使を認めることが事実上不能ないし著しく困難であると認められる場合でない限り、上記のやむを得ない事由があるとはいえ（ない）」という2点である。それがない場合の選挙権（行使）制限は、憲法15条1項および3項、43条1項、44条ただし書に違反するとしている。

　これら2つの判断枠組みの特徴は、まず、相当程度の「やむを得ない事由」がない限り、選挙の公正を害した者以外の選挙権制限はできないことを強く述べた点である。また、以上に見た選挙事項法定主義にほぼ言及していない点である。さらに、この判断枠組みは、その後の選挙権の制限に関連する諸判決に大きな影響を及ぼした点である。

4　選挙権（行使）制限に関する諸事例

(1)　在外国民の選挙権行使制限

　日本では「選挙人名簿」への登録資格は、「引き続き3箇月以上当該市町村の住民基本台帳に記録されている者」（公職選挙法21条1項）とされる。しかし、海外に住む在外国民はかつて「選挙人名簿」への登録がなく、衆参両議院議員選挙で投票できない状態にあった（同法旧42条1項）。後に1998年の法改正により「在外選挙人名簿」が導入され、比例代表選挙の投票が認められるようになったものの、選挙区選挙はこの時点でも引き続き投票ができなかった。

　以上の制度が在外国民の選挙権（行使）を不当に制限するとして起こされた訴訟（在外国民選挙権訴訟）の判決で最高裁は、先述の判断枠組みの下、選挙権

（行使）制約について「やむを得ない事由」があったかどうかを判断した。

　そこで最高裁はまず、1998年に比例代表選挙の存外選挙制度が創設される前に、すでに1984年4月には内閣が衆参両議員選挙の全般の在外選挙制度の創設を内容とする公職選挙法改正案を国会に提出しながら実質的審議をしないまま、1986年6月2日に衆議院が解散となり、以降制度不在のままになってしまった点に注目する。そして、最高裁は、公正な選挙を実施するために候補者情報などが適切に各地に伝達できるかどうかといった問題があるにしても、1984年の時点で、内閣がその解決が可能であるとして法律案を国会に提出していたことからすれば、法律案廃案後、国会が10年以上も在外選挙制度を創設しないまま放置してきたことに「やむを得ない事由」はないとした。

　他方で、1998年以降も衆議院小選挙区選挙や参議院選挙区選挙における在外選挙での投票を認めてこなかったことについても、次のような理由で違憲だとしている。すなわち、それまでに何度か在外選挙が実施されており、通信手段の発達から候補者個人の情報を適正に伝達することもできるのに加え、参議院比例代表選挙において非拘束名簿式が2001年施行の参議院通常選挙から採用され、氏名を自書するシステムが比例代表選挙にも導入されたことを踏まえると、それらを認めてこなかったことに「やむを得ない事由」はないとしている。

(2) 成年被後見人の選挙権制限

　成年被後見人とは、「精神上の障害（認知症・知的障害・精神障害など）により、判断能力が欠けているのが通常の状態にある方を保護・支援するための制度」（法務省HP）である成年後見制度で後見を受けた人のことをいう。公職選挙法11条1項1号は、成年被後見人の選挙権（被選挙権）を制限していた。

　こうした成年被後見人が、自らの選挙権を制限する公職選挙法の規定を違憲であると主張した事件で東京地裁は、日本の法律では、成年被後見人とならない限りには一般的に選挙権を付与しており、「選挙権を行使するに足る能力を欠く者が選挙に参加した場合に、選挙の公正を確保することが事実上不能ないし著しく困難であるという事態が生じていることを窺わせる証拠はな」いとし、成年被後見人に対する選挙権制限は、憲法15条1項および3項、43条1項

ならびに44条ただし書に違反するとした（東京地判平成25・3・14判時2178号3頁）。本件は国に控訴されたが、それとほぼ同時に法改正の動きが見られ、本件制限は立法的に解決され、選挙権・被選挙権が成年被後見人にも保障されるに至った。これを受けて同裁判の控訴審では和解がなされている。

(3)（禁錮刑以上の）刑事施設被収容者の選挙権制限

　他方、現在でも選挙権の制限を受けている者もある。まず、禁錮刑以上の刑罰を受けている刑事施設被収容者に関する選挙権の制限（公職選挙法11条1項2号、3号）である。このことに関連して、死刑囚の選挙権制限が争われた事例で東京地裁は、選挙権制限は合理的であり、憲法44条に違反しないと判断している（東京地判平成7・2・28判タ904号78頁）。ただしこの判決は、制約の正当化の論証には不十分さが見られる。そこで禁錮刑以上の受刑者の選挙権制限がなぜ許されるのかについては、もう少し理由が必要となろう。

　この点、懲役刑の執行を受けていた人が、その間に行われた参議院議員選挙での投票ができなかったことの違憲性を主張した事件で、大阪地裁（大阪地判平成25・2・6判時2234号35頁）は、一定の刑罰を受けた者については、「法秩序に対する違反が著しいこと」を選挙権制限の正当化理由とする。さらに「選挙権を適正に行使できる環境が実質的に保障できないおそれがある」というように、情報等からの隔離により適正な選挙の行使ができないとする。　この地裁判決に対して高裁判決（大阪高判平成25・9・27判時2234号29頁）は、受刑者の選挙権を一律に制限していることに「やむを得ない事由」はないとして、こうした選挙権制限を違憲と判断している（国賠請求は棄却）。他方、別の事件では、選挙権制限を合憲とした高裁判決（広島高判平成29・12・20裁判所HP）につき、最高裁が上告棄却決定をしている（最決平成31・2・26判例集未登載）。

　法秩序の侵犯により懲役や禁錮刑を受ける以上、権利・自由の一部制限を受けることは、刑の性質を考えればやむをえないことかもしれない。しかし、選挙権制限は本来科している刑罰とは何ら関係のない制裁になる可能性も否定できない。また、遵法精神と選挙での投票とを表裏一体の関係として考えてよいのかといった点が疑問となる。さらに情報等からの隔離を理由に適正な選挙実施が困難であれば情報を適切に伝える運用が必要となろう。加えて、選挙権を

認められない刑事施設被収容者は、強い拘束を受けながらも、自らの処遇に関して声を上げる手段がないことも考えれば、適切に刑罰を受けて矯正を受けつつも、選挙への参加が別途考えられるべきとの考え方も成立しよう。

(4) 選挙犯罪者の選挙権停止

さらに、公職選挙法等に定める選挙に関する犯罪や政治資金規正法に定める犯罪を行った者の選挙権の停止の制度も存在する。選挙犯罪者の選挙権停止に関して最高裁（最大判昭和30・2・9刑集9巻2号217頁）は、選挙の公正を害する罪を犯した者に選挙に関与させることは不適当であるとし、一定の期間、公職選挙への関与から排除するのは適当であるとした。また、選挙犯罪の場合に一般犯罪の場合と比べて、厳しく選挙権や被選挙権の停止の処遇をしたとしても、差別とはいえないとした。平成17年の在外国民の選挙権訴訟をめぐる最高裁判決も、選挙権制限の判断枠組みを示す際、「自ら選挙の公正を害する行為をした者等の選挙権について一定の制限をすることは別として」と明示しているように、選挙関連犯罪を理由とする選挙権剥奪については肯定的に解した。

(5) 障害者の在宅投票制度

選挙権は投票ができることに実質的意味がある。では、選挙権の付与そのものはされているとして、事実上投票ができないことは選挙権制限といえるのか。これは選挙権「行使」の制限の問題であるが、これに関しては障害者の在宅投票制度をめぐる訴訟で問題視された。

(a) 身体障害者の在宅投票制度

まず注目されたのは、身体障害者に関する在宅投票制度の廃止をめぐる立法不作為に関する国賠訴訟である（在宅投票廃止事件）。1952年施行の公職選挙法の一部を改正する法律では、それまで認められていた「疾病、負傷、妊娠若しくは身体の障害のため又は産褥にあるため歩行が著しく困難である選挙人」について、投票所に行かずに現在する場所で投票用紙に記載をして投票できる在宅投票制度が制度化されていた。しかし、1951年4月の統一地方選挙で在宅投票制度の不正利用があり、選挙無効・当選無効訴訟が続出したため、1952年の上記改正法でこの制度が廃止された。そうしたなか、自身の身体的障害により

投票所への移動が困難になった人が、制度の未復活は在宅で選挙をしたい人の選挙権の行使を妨げ、それが憲法15条等の規定に違反すると訴えた。この事件では、本件の第一審判決（札幌地小樽支判昭和49・12・9判時762号8頁）では在宅投票制度の廃止法が、第二審判決（札幌高判昭和53・5・24高民集31巻2号231頁）では在宅投票の未復活が、それぞれ違憲であると指摘されていた。しかし、最高裁判決（最判昭和60・11・21民集39巻7号1512頁）では、国民の選挙権行使を事実上奪う身体障害者の在宅投票制度の廃止が違憲であるかどうかの判断はせず、国家賠償責任の不認定の判断に終始し、選挙に関する事項の決定が国会の裁量的権限であることが広く認められてしまった。他方で、以上の問題意識はすでに国会でも議論の対象となっており、1974年6月の段階で、重度の身体障害をもつ人の在宅投票制度は、立法により復活した。

(b) 精神的原因による投票困難者の在宅投票制度

ところが、重度の身体障害を持つ人以外の、精神的な障害をもつ人に関しては、現在も在宅投票制度は用意されていない。これについて新たな訴訟の契機となる判決が登場した。それが先述の在外国民の選挙権をめぐる平成17年判決である。というのも同判決では、「国が国民の選挙権の行使を可能にするための所要の措置を執らないという不作為によって国民が選挙権を行使することができない場合」についても、やむを得ない事由がなく国民の選挙権（行使）を制限することが憲法15条等違反になるのと同様であると明言したことから、この判断枠組みが在宅投票制度の対象とならない投票困難者にとっての在宅投票制度の確立を求める1つの根拠となりえたからである。そこで登場したのが、精神障害者の在宅投票制度の不在の問題である（ただ精神障害者は、昭和26年の在宅投票制度廃止以前の在宅投票制度も利用できる対象者ではなかったことに注意）。

最高裁（最判平成18・7・13判時1946号41頁〔精神的原因による投票困難者の選挙権事件〕）は、平成17年判決の判断枠組みを参照しつつ、精神的原因により投票所での選挙権行使ができない場合にも、国は所要の措置を執るべき責務があるとした。しかし最高裁は、①この場合の投票困難者をめぐっては、各自の精神的原因が多様であり、かつ、状態が固定的ではなく、（療育手帳に記載されている）総合判定も、投票所に行く困難さの程度と直ちに結び付くものではない、②精神的障害を理由とする投票困難者の選挙権行使については、（身体障害者の

場合に比べて）国会でほとんど議論がなされたことはない、との2つの理由のもと、精神障害者の在宅投票制度の不設置は違憲ではないとの立場を示した。精神障害者の障害が固定的でないといった理由は確かに一面としてはあるかもしれない。もっとも、固定的ではないとしても継続的に続く障害が認定されれば、一定期間の在宅投票を認めるという考え方も成立しよう。他方、国会での立法課題となっていなかったという理由づけは、国会の懈怠の存否の審査を経て権利制限の不当性を導く手法であり、近年の最高裁判決でよく見られる。

II　被選挙権

1　被選挙権の法的性質

　被選挙権とは、選挙で当選人としての地位に就くことができる権利・資格のことをいう。それは、選挙で必ず当選できることを保障したものではない点に注意を要する。日本国憲法は、選挙権に関する規定は置くが、被選挙権の保障に関して明記していない。また、選挙権に比べて被選挙権の法的性格をどのように捉えるべきかをめぐっては、歴史的に見ても紆余曲折していたといえる。最大判昭和30・2・9刑集9巻2号217頁の斉藤・入江裁判官の意見では「選挙権については、国民主権につながる重大な基本権であるといえようが、被選挙権は、権利ではなく権利能力であり、国民全体の奉仕者である公務員となり得べき資格である」という考え方も見られた。

　被選挙権を「立候補する権利」と理解すべきか否かをめぐっては、憲法15条1項や44条を根拠にその権利性を認める場合が多い。最高裁は「立候補の自由は、選挙権の自由な行使と表裏の関係」にあるとして、被選挙権（特にその立候補の自由）を直接的に規定する憲法条項はないものの、憲法15条1項の保障する重要な憲法上の権利と考えるべきであるとした（最大判昭和43・12・4刑集22巻13号1425頁）。もっとも被選挙権（立候補の自由）は、憲法上の権利としての選挙権の保障内容の1つとして憲法上の保障を受けるにすぎないとして、多選制限などは、自由に候補者に投票する自由を過度に制約しておらず、許容されるという学説も見られる。

実際に人々が選挙で立候補するにあたり、選挙管理執行機関により妨害を受けることがあった場合、公職選挙法205条１項の「選挙の規定に違反すること」に該当するとして、選挙自体が無効になった事例がある（最判昭和27・12・４民集６巻11号1103頁）。一方、選挙管理執行機関ではない一般事務機関であっても、選挙での立候補に必要な戸籍抄本等の交付事務は選挙管理執行機関と密接な関連があり、こうした戸籍抄本の交付を怠った場合にも、公職選挙法205条１項に該当するとして選挙無効の判断がなされたことがある（最判平成14・７・30民集56巻６号1362頁）。このように「立候補の自由」の法的性質は、候補者の主観的な権利という側面よりも、選挙の自由と公正を阻害したという点での客観的な法秩序の保持に重要な役割を果たしている。

２　具体的問題──連座制、供託金制度、多選禁止

(1)　連座制

　公職選挙法では、選挙における候補者の関係者による選挙犯罪があった場合には、当該候補者の当選無効や、５年間の立候補禁止などを定めている（251条の２）。これを「連座制」という。連座制に関しては、候補者本人の選挙犯罪ではないことからも、その合憲性が議論される。最高裁（最判平成８・７・18判時1580号92頁）は、立候補の自由は憲法15条１項の保障する憲法上の権利であるとしながらも、公正な選挙を実現することは重要な法益で、その目的は合理的であるとし、選挙運動で重要な地位を占めた者が選挙犯罪をして刑に処せられたことを理由として、「公職の候補者等であった者の立候補の自由を所定の選挙及び期間に限って制限すること」は、古い判例（①最大判昭和37・３・14民集16巻３号530頁、②最大判昭和30・２・９刑集９巻２号217頁）の趣旨からも、立法目的を達成するために必要かつ合理的なものだとした。しかし、これら古い判例のうち、①判決は、当選無効の合憲性を検討した判決であり、立候補の禁止を判断したものではなく、また②判決は、通常犯罪の処刑者とは異なる選挙犯罪者の立候補停止の合憲性を示したにすぎない。つまり平成８年判決は、連座制に固有に生じる立候補制限の問題点を示すことなく、合憲判断をした。

　1994年の公選法改正では、総括主宰者・地域主宰者・候補者親族の他に、秘

書や組織的選挙運動管理者を連座制の対象に加えている（拡大連座制）が、最高裁はこれも合憲としている（最判平成10・11・17判時1662号74頁）（→憲法Ⅰ6章Ⅰ3(3)）。

(2) 供託金制度

　公職選挙法92条・93条・94条は、人々が公職の選挙へ立候補するに当たり、選挙の種別に応じた一定の額を法務局に供託する制度を定める。例えば衆議院小選挙区選出議員選挙の場合、立候補にあたり1人300万円の供託金が必要となる（同92条1項1号）。また同選挙で有効投票の総数の10分の1が獲得できなければ、その金額が没収される（同93条1項1号）。供託金制度の導入には、立候補者が売名行為などのために選挙での立候補制度を利用しないようにするため、また泡沫候補が乱立することを防ぐため、といった理由がある。しかし、供託金は高額で、一定金額を集められない人（あるいは没収を恐れる人）は、事実上立候補できなくなる。これは、かつて財産がある者だけが立候補できた制限選挙にもつながりかねないといった懸念が示される。もっとも裁判所は、供託金制度に関して違憲の判断はしていない（東京高判平成22・12・27判例集未登載、東京地判令和元・5・24判タ1473号194頁など）。

(3) 多選禁止

　現在の法制度では禁止されていないが、一時期、選挙での多選制限をすべきとする考え方が登場した。もっともこうした多選禁止をめぐっては、職業選択の自由（22条1項）の保障の観点から公選職への就任を不当に制限するとの懸念が示されている。もっとも、（憲法研究者も2名参加した）総務省設置の「首長の多選問題に関する調査委員会」の報告書（2007年）では、「被選挙権又は立候補の自由は選挙権から独立した別個の基本的人権として保障されているものではなく、立候補の自由が不当に制約されることによって選挙権の自由な行使が阻害されることとなる場合に、その制約が憲法上問題となりうると考え」るとし、また職業選択の自由などの観点では、そもそも公選職は「職業」であるといえるのかといった問題提起をし、「憲法の基本原理である立憲主義及び民主主義の観点から地方公共団体の長の権力をコントロールする合理的な手法の1つとなりうる」として、首長の多選制限を合憲とする。

Ⅲ　その他の参政権

1　国民投票・国民表決権

　有権者が、直接的に参政権を行使するシステムとしては、国民表決（レファレンダム）が挙げられる。国民表決とは、国家機関が提案する事項の賛否の表決に国民（有権者）自らが参加するシステムである。日本国憲法のもとでは、憲法改正の国民投票がこれにあたる。

　地域レベルでは、憲法95条に定める「地方自治特別法に関する住民投票」の実施が挙げられる。ここにいう「地方自治特別法」は、現在ではほとんど制定されておらず、これに基づく住民投票制度も利用されていない。また法律レベルでは、いくつかの住民投票制度が設けられている。地方における議会の解散請求、議員と首長の解職請求につき、これらを決する住民投票制度（地方自治法76条・80条・81条）がこれにあたる。他方、各自治体が条例などに基づき、各自治体の政策判断を住民に直接求める制度としての「住民投票」もあるが、この投票には法的な拘束力をもたせることができない（→憲法Ⅰ7章Ⅰ3を参照）。もう1つ、国民が国家機関に対して政策などを発案する、国民発案（イニシアティブ）が考えられるが、日本では採用されていない。

2　公務就任権

　国民や住民が、公務に就ける権利のことを公務就任権という。公務就任権は、国や地域の政策決定・執行等に能動的に関わる点で広い意味での参政権の1つに入れられる。人々が公務員になるという選択は、それ自体が「職業」としての公務員を選ぶことにもつながり、憲法22条1項に定める職業選択の自由の保障をも受けると考えられる。公務就任権をめぐっては定住外国人が主張できるかが問題となる（→憲法Ⅱ2章Ⅰ1の「外国人の人権」の解説を参照）。

3　解職請求権

　解職請求権とは、公職者の解任の請求に国民や市民が参加できる権利のことをいう。憲法15条には、国民による公務員の罷免権が規定されてはいるが、こ

れにより一般的網羅的に公務員を解職できるわけではない。日本国憲法で規定される具体的な解職に関わる制度としては、最高裁判所裁判官の国民審査制度がある（79条2 - 4項）。この制度は、審査用紙に記されている最高裁判所裁判官について罷免を可とする場合に、審査用紙に×をつけ、それが投票者の過半数を超えた場合には罷免となるシステムである。在外国民が同審査に参加できないことについて東京高裁は、（憲法15条1項並びに）国民審査権を規定する憲法79条2項、3項に違反するとした（東京高判令和2・6・25判時2460号37頁）。

　また、地方に関する政治制度としては、法律上の制度として、住民による地方自治体の首長や議員の解職請求制度が設置されている。こうした制度は、地域政治における住民自治の達成のために大きな意味合いを果たしている。

4　請願権

　以上のほか、参政権的側面がある憲法上の権利として、請願権（16条）が挙げられる。請願権とは、人々が国などに一定の要望を申し述べることができる権利のことをいう。それを受けた国が適切に対応をする意味で国務請求権の性質も有する。請願の手法などを定めた請願法によれば、「この法律に適合する請願は、官公署において、これを受理し誠実に処理しなければならない」（5条）と規定される。ここにいう「誠実」な「処理」とは、そこから「処理」の結果としての具体的な要望を叶えなければならないといった法的義務が生じるものとは解されていない。同制度は、国民主権以前の時代に国王などへの平穏な要望のために観念されたことから、国民主権や普通選挙が確立した現代では、その意義が失われている部分もある。もっとも選挙権や被選挙権のない未成年者や外国人による政治へのアクセスの手法として期待が高まっている。

　請願権をめぐっては、署名活動における署名簿への署名行為は憲法16条の請願権により保障されるとした地裁判決があり、署名者や署名活動する人に不当な圧力を加えるような行為は請願権侵害となるとした（岐阜地判平成22・11・10判時2100号119頁）。控訴審判決（名古屋高判平成24・4・27判時2178号23頁）、最高裁判決（最決平成24・10・9判例集未登載）も、地裁判決の結論を認容している。

事項索引

271

●著者紹介

新井　誠（あらい・まこと）
広島大学大学院人間社会科学研究科実務法学専攻（法科大学院）教授
慶應義塾大学大学院法学研究科後期博士課程単位取得退学（2001年）、
　博士（法学）
［第2章Ⅱ・第13章・第14章・第15章］

『議員特権と議会制——フランス議員免責特権の展開』（成文堂、2008年）
『ディベート憲法』（編著、信山社、2014年）ほか

曽我部真裕（そがべ・まさひろ）
京都大学大学院法学研究科教授
京都大学大学院法学研究科博士後期課程中退（2001年）、修士（法学）
［第1章・第7章・第8章・第12章］

『反論権と表現の自由』（有斐閣、2013年）
『情報法概説〔第2版〕』（共著、弘文堂、2019年）ほか

佐々木くみ（ささき・くみ）
東北学院大学法学部教授
東北大学大学院法学研究科博士後期課程修了（2005年）、博士（法学）
［第2章ⅠⅢ・第4章・第5章・第6章］

「憲法学におけるプリコミットメントの意義(1)～(2・完)」法学71巻1号
　～71巻2号（2007年）
「「思想の自由」を真面目にうけとること」ジュリスト1400号（2010年）ほか

横大道　聡（よこだいどう・さとし）
慶應義塾大学大学院法務研究科教授
慶應義塾大学大学院法学研究科後期博士課程単位取得退学（2007年）、
　博士（法学）
［第3章・第9章・第10章・第11章］

『現代国家における表現の自由——言論市場への国家の積極的関与とその憲
　法的統制』（弘文堂、2013年）
『憲法学の現在地——判例・学説から探究する現代的論点』（共編著、日本評
　論社、2020年）ほか

日本評論社ベーシック・シリーズ＝NBS

憲法II 人権 第2版

（けんぽうII　じんけん）

2016年 3 月25日第 1 版第 1 刷発行
2021年 3 月10日第 2 版第 1 刷発行
2024年10月30日第 2 版第 5 刷発行

著　者―――新井　誠・曽我部真裕・佐々木くみ・横大道　聡
発行所―――株式会社　日本評論社
　　　　　　〒170-8474　東京都豊島区南大塚3-12-4
電　話―――03-3987-8621（販売）
振　替―――00100-3-16
印　刷―――精文堂印刷株式会社
製　本―――株式会社難波製本
装　幀―――図工ファイブ

検印省略　©2021 M.Arai, M.Sogabe, K.Sasaki, S.Yokodaido　　ISBN 978-4-535-80689-4